U0661920

斯特娜的自然教育法

[美] M. S. 斯特娜 著

胡敏 编译

精典教育

The Nature Education of M.S. Shitenna

Wuhan University Press
武汉大学出版社

一位 30 岁的夫人，生下了一个小女孩——一个不漂亮的小女孩。正是这个小女孩，让母亲的人生自此变得丰富多彩且意义无限；正是这个小女孩，成为至今仍然风靡的自然教育法的典型范例。这个小女孩，3 岁时，能够熟练拼写、阅读，并开始写诗；4 岁时，可以用世界语完成剧本；5 岁时，完成出版多部作品；6 岁时，熟练使用打字机，自录经典诗篇千首；8 岁时，用世界语翻译了经典名著《鹅妈妈》；9 岁时，通过了美国斯坦福大学和威斯康星大学麦迪逊分校的入学考试；10 岁时，能熟练使用 13 门语言……这位夫人就是自然教育法的开创者、斯特娜夫人；这个小女孩就是斯特娜夫人的女儿、小维妮弗蕾德。

小维妮弗蕾德的其他才能同样卓越非凡：她很小的时候就会拉小提琴，弹得一手好钢琴，绘画才能令艺术家都惊叹，数次在国际象棋锦标赛中获奖。可以说，小维妮弗蕾德在音乐、美术、文史、数学、雕塑等诸多领域均才能出众。

当年的小维妮弗蕾德曾自编自创无数经典的知识歌谣，比如《骨之歌》《玛丽的小羊之歌》《五只小猪》《三只瞎眼鼠》《让大黄蜂飞吧》《蜗牛从你的小洞爬出来》《吝啬鬼的灵魂》《小婴儿奇妙长大》等，直到今天，这些歌谣的集萃仍然不断再版，成为父母帮助孩子记忆的最佳读物。小维妮弗蕾德幼时所做的关于美国历史的诗歌至今仍有人能够一字不差地背诵，至少大多数人都知道诗歌的前两句：十四世纪，哥伦布在蓝色的海洋航行；这片土地，这片自由的土地，这片我们深爱的土地……

斯特娜夫人的自然教育法脱胎于老卡尔·威特的早期教育法，她开办了三所自然教育学校，告诉大家如何用最简单的方法将自然学校搬回家。自然教育深信每个孩子都是带着某种天赋降世，母亲有责任开发孩子的天赋；自然教育对想象力和创造力的培养、开发，高于一切；自然教育注重个性化的单独培养，而不是群体模式的同质化培养……斯特娜夫人希望让爱和兴趣成为教育的主导，应该调动孩子所有的感官参与，通过有目的性的游戏体会教育的乐趣，"解放"他们。

　　小维妮弗蕾德的卓越表现无疑是斯特娜夫人自然教育法的最有力证明。斯特娜夫人一如当年的老卡尔·威特，用自己的教育实践向世人证明：神童不是天生的，任何一个孩子，只要教育得法，都可以成才。

　　本书以自然教育法的原著版本为基础，参阅了近年来自然教育法的多种国内译本，用更系统的结构、更清晰的层次、更细节化的游戏描述，综合性地介绍了这一教育方法。既可以使读者了解自然教育法的宗旨，又对自然教育法中涉及的众多领域做了系统介绍，描述了数学、外语、生物、地理、历史等学科的游戏学习方法，对孩子的感官能力、思维动力、动手能力、品德素质的培养都提供了训练方法及操作原则。

　　母亲是孩子的第一位老师，也是最重要的一位老师，我们由衷希望所有母亲能了解自然教育法，践行自然教育法，把自己的孩子培养成才。

contents
目 录

第一篇 什么是自然教育法 / 001

1. 自然教育法的基础理念 / 002
2. 自然教育法的 5 个目标 / 016
3. 自然教育法的 30 条原则 / 017

第二篇 如何使用自然教育法 / 019

1. 工具：1 — 6 岁自然教育工具单 / 020
2. 使用：自然教育工具怎么用 / 022
3. 榜样：为孩子树立优等模型 / 039
4. 牵引：再普通的孩子也是带着天赋降世 / 045
5. 鼓励：小家伙们依靠我们获得进步 / 050
6. 强化内部动机：表扬与奖励要恰当 / 057
7. 交流：不要再用"汪汪"代替"斑点狗" / 061

第三篇 自然属性法则 / 065

1. 母亲：推动摇篮之手也能推动整个世界 / 066
2. 食物：大脑要食物来"营养"，不是要食物来"迟钝" / 071
3. 学校：自然教育学校什么样 / 079
4. 自然：大自然是最好的教科书 / 085

第四篇 五官官能延伸法则 / 091

1. 听：并非摇篮曲的叙事训练法 / 092

2. 看：颜色冲击及颜色竞技训练法 / 099

3. 说：完整规范的语言系统发展法则 / 104

第五篇 学习法则 / 109

1. 英语：系统的英语学习模式 / 110

2. 外语：各种有趣的外语学习法 / 115

3. 音乐：七彩音色游戏法 / 119

4. 数学：为枯燥学科创造趣味盎然的学习方法 / 126

5. 美术：多感官的综合训练及意识拓展训练 / 135

6. 历史及文学：戏剧化的上演，节奏化的记忆 / 141

7. 地理：学习地理可以和听童话一样有趣 / 149

8. 生物：物种学习基于自然生态 / 158

第六篇 思维动力法则 / 165

1. 记忆力：孩子的记忆天赋非常强大 / 166

2. 观察力：敏锐观察力源自不断训练 / 170

3. 创造力：肯动脑筋，孩子就可以创造 / 173

4. 专注力：无论有多少干扰也不把正在做的事情停下来 / 177

5. 想象力：想象支配着整个世界 / 181

第七篇 身体能动力法则 / 187

1. 运动力：不要束缚孩子的手足，妨碍他的成长 / 188

2. 动手力：放手让孩子去做 / 193

3. 习惯性：只有父母坚定不移，孩子才更有信心 / 198

第八篇 品行法则 / 201

1. 品行训练的基本原则 / 202

2. 自制力：幸福的人能支配自己 / 209

3. 自信心：当母亲对孩子说"你能行"，孩子就会迎难而上 / 212

4.坚韧性：坚韧不拔、勇于争取的心不是与生俱来的 / 218

5.责任心：无论孩子的年龄多小，都要为自己所做的事情负责 / 222

6.诚实：无意的谎言与故意的谎言，只差一小步 / 226

7.自尊心：如果没了自尊心，一切道德规范都无从谈起 / 230

第九篇 社会能力法则 / 235

1.社交能力：社交能力是孩子成长过程中不可缺少的 / 236

2.表现力：孩子的内心有表现自我的想法 / 240

3.共融性：让孩子懂得世界美丽，是因为人们互相体谅 / 242

第十篇 气质怡人法则 / 245

1.美丽：很多人因外表散漫而一生失意无为 / 246

2.快乐：如果我们快乐，回报给我们的也将是快乐 / 250

3.幸福：失去了童趣的人，难以得到真正的幸福 / 254

后 记 / 258

附：自然教育图书书目节选 / 261

第一篇

什么是自然教育法

1. 自然教育法的基础理念

　　有些人认为，教育就是指从小学到中学，再到大学的一步步学习，一步步提升，借此来不断获得更高的文凭和学位。而对于我来说，用一张纸作为教育成果的证明并不能让人信服。最近，一位从大学毕业堪称受过高等教育并且会多国语言的人在波士顿因为流浪被收留。他抱怨自己缺乏工作的实际能力和经验，他说："尽管我受过良好、完整、全面的教育，但我挣的钱还不如一个文盲多。"真的有人受到过完整全面的教育吗？真的可以像搬木材填满仓库一样完成教育吗？

» 教育须伴孩子一生

　　当一个孩子诞生之初，第一次晃着可爱的小手、第一次轻柔地呼吸时，教育便已经开始了，并且会贯穿他的一生。正如卡莱尔所说："我们无法站在原地不动，要么前进，要么后退。"这是一个没有终点、一直在改善中发展的世界，而我们每个生命个体，也需要一直通过教育来提升、改善自己。教育永无止境，是不断发展、终其一生的过程。

» 文凭，那不是教育的内涵

　　尽管社会的发展让我们确信需要文凭，但是即便得到了文凭，也不能证明我们接受的教育已经完成。这样的教育过程只是说明我们经过了一条也许能探索自己、认识自己的道路，而不能证明我们已顺利到达知识的世界。

» 不要"6 小时"的学科还有"主义"

我并不是要批评学校或者大学教育，但是我相信美国著名教育家奥谢博士曾经表述过的意见，那就是只有 3% 的大学生从大学生活中获益良多。我相信我们在"学科"或者"主义"上花费了太多的时间，至少占去了我们学习的大多数时间，每天 6 小时或者更多。如果更妥善地利用这些时间，我们也更有可能学习有效技能而成为一个有益于社会的人。最重要的是我们应该记住一句颇具艺术性的话：优秀的童年教育，可以成就出色的人生。

» 谁知道大学该学什么？

在这里，我依然借用奥谢博士的说法。正如他所说，大学生应该学习与孩子教育相关的那些课程，这些课程包括：学习如何成为出色的父母；学习针对不同身体特质的孩子采用相应的喂养方式；该用什么样的方法教育不同天性的孩子；学习如何布置、装饰房屋；学习财务、社会学、经济学；当然还要学习历史、艺术、科学和现当代文学。尽管教育机构数目众多，但却极少培养出伟大的人，孩子们更是对现代的教育形式了无兴趣。

» 谁不喜欢被教育？

教育是多么美好的一件事情，可是为什么现在的年轻人却不喜欢这么富有意义的事情？主要是因为在我们现行的教育世界里，扼杀了个性化的创造力和想象力，只是对孩子成堆地进行同化教育。早在孩子上学之前，父母就应该自行承担教育孩子全面发展的责任。可他们总是习惯在孩子到学龄时，将孩子交给学校和教育机构，对孩子品格的教育，数学的教育或者拼音的教育那时才真正开始。而那个时候，孩子最好的教育时间已经错过了。

» 孩子与成功间有七座基石，还缺哪样？

奠定好孩子迈向成功的七座基石是：遗传基因、环境、健康、个性、知识、雄心和鼓励。所有的这些基石都应该在孩子的少儿时代就搭建好。父母如果受过良好培训，知道如何做孩子的合格父母，那么他们自然会在最早期为孩子铺垫好这些基石，让孩子在适宜的环境中成长。

» 遗传和环境，如剪刀的两翼

伯班柯先生认为，但凡具有生命属性的物种，不管是动物还是植物，抑或我们人类这样的高级生物，一代又一代都经过优胜劣汰、适者生存的法则，只有这样才能获得更好的物种基础。我相信遗传的力量，但遗传必须有环境这块非常重要的基石支撑。遗传和环境的相互关系如同剪刀的两翼，少了任何一侧都不能正常运作。倘若我们把最美丽、最优异的种子放入毫无生长希望的贫瘠土壤，那么它最终一定会丧失曾经拥有的卓越和美丽。希腊过去曾创造出很多杰出人才，正是因为希腊人相信环境的力量对胎儿的作用。

» 让我们祈福世界更干净些

母亲必须清楚地意识到自己的责任。我们必须保护这个世界，让这个世界更干净一些，更健康一些，因为我们的孩子也要来到这个世界。我们必须不断地和各种黑色的灾难作斗争，我们有责任守护我们的孩子。

» 你知道何时开始教育孩子吗？

有人曾经说，对孩子的教育应该在他出生前三百年就开始，我们确实没法计算出那个日子，也没法追溯回去，但是如果我们想有好的孩子、好的世界，我们的教育应该从今天就开始，从现在就开始。年轻的男孩女孩们，在你们为人父母之前，就应该接受教育，学会保护自己，照顾好自己的身体，以便能成为健康合格的父母。

» 我们给孩子的是什么？

我们有怎样的环境，我们就呼吸怎样的空气；我们进行怎样的思考，我们就成为怎样的人。当孩子已经在摇篮的时候，我们进行了多少的努力呢？我们拥有什么样的身体？我们又学到了什么？我们有多少，就能给予孩子多少。

» 太聪明的孩子，该怎样帮他？

自然教育的另一目标是帮助那些"聪明的孩子"。我们的很多教育体制是为教育正常的孩子而构建的，但是对于那些聪明的孩子却很难设定一个教育模式，帮助他们发展，促使他们尽情施展才华。这也是为什么我们很难再产生维多利亚时期那样的大文学家，并不是因为那个时代多产天才，而是因为我们现在的教育方式扼杀了天才儿童想象的翅膀。在学校的教育体制下，孩子们必须坐到一起上课，老师不能因人而宜地施教。虽然也有"快班"的存在，但是"快班"也并不是发展天才的好场所，依然是类似的教育模式。我们的学校就如同各种类型的马都在同样的赛场上奔跑，相互牵绊，谁也无法快速奔跑。

» 学校和老师大变身

我的意思并不是去反对老师或者学校，他们在这个世界上做了很多卓有成效的工作。但是如果我们的学校每个班级只有不到十个孩子，并付给老师更高的薪水，给予他们更短的工作时间，让他们有更多的时间享受生活、充实自己、提升自己，那我们的下一代是不是会更有希望？他们会是真正意义上的好老师，他们热爱知识，并不断学习知识，他们薪水很多，生活高贵。他们自觉进步而不是为了其他因素被迫充电。

总有一天，学校不用打铃，孩子们就跑回座位准备开开心心地学习；总有一天，即便父母把孩子交给老师，孩子同样也可以在宽松的环境和个性化的培养方式中茁壮成长。自然教育的目的便是为了这一天的到来而努力。

» 谁敢说学校很民主，很公平？

如果谁说学校是公平民主的，那肯定是胡说八道。我观察过很多学校的孩子，家境较差的孩子并没有和家境好的孩子一样获得平等的对待，势利行为、恃才傲物、互相攀比难免会出现。我们从婴幼儿期就教育孩子用友好的方式礼貌地对待他人，鼓励孩子有绅士情结和淑女精神，对着每一个过路人微笑。即使他们的邻座再过分，他们也会妥善处理，保持平等。不过，为了所谓的民主精神，让孩子接触患病的孩子，这样多少有些冒险，孩子很有可能被传染疾病。

» 心灵和身体，一同成长

如果在孩子的身体发展到一定程度时再培养孩子的心灵，那会是一个很大的错误。在这点上我们应该学习印第安人，他们的妈妈会抱着孩子坐在树上，呼吸自然的空气，聆听鸟叫的声音，一起感受身边大自然的美丽。

» 这样对待孩子很残忍

有些人说，在漆黑的夜晚，我们应该让孩子们自己睡，以便让他们具备强壮的神经功能；有些时候可任由他们哭喊，以便让他们肺活量更充沛，更健康；按照他们的要求，我们还得抑制我们的亲吻、我们的爱，因为害怕亲密接触给孩子传播细菌。如果真这样，我们就成了残酷的、严重损坏孩子发展进程的罪人。

» 自然界不存在真空地带

自然界不存在真空地带。孩子的大脑由无数的印象、记忆组成，如果你的大脑没有装满美好的事物，那就会装下你不喜欢的事物。正如你所知道的，孩子早期所保留的印象是否美好会影响孩子的一生。嫩叶总是趋向大树，大树一弯，树枝也会弯向同一侧。

自然界不存在真空状态，孩子的大脑其实也一样。为什么我们让孩子的大脑在婴幼儿时期，处于空闲状态？当孩子哭的时候，他或许饿了，或许不舒服，也或者他其实就是想让你逗逗他，陪伴他。如果父母对着孩子笑，并且演示如何笑，那么孩子很小就能学会回报笑容。母亲在孕期就应给孩子传输快乐，在摇篮期也应该继续对孩子微笑。笑容才是最美丽、最健康的艺术。母亲应该尽早培养孩子的视觉能力，并且训练孩子所有的感官，来更好地保护他的身体，认知这个世界；母亲也要教会孩子拥有自制力，并教会孩子善于从助人中获得精神的快乐。如果父母忽视训练孩子的思维力和精神能量，仅仅给孩子提供身体上的满足，那孩子很可能没有获得均衡发展，并且在学校只干三件事——逃学、意志消沉或者让老师意志消沉。

在孩子两岁到两岁半期间，大脑高速发展，充满了精神能量，他需要一些事情来填充他的小脑袋。一些人认为，不要让孩子看书，不要教知识，还应该采用硬性的方法管制调皮的孩子，这种方法绝对是愚蠢而粗鲁的。有个小男孩说，难怪所罗门总是惩罚小孩，因为他有700个絮絮叨叨的老婆，300头凶猛的嗷嗷叫的豪猪，他的生活太惨了，所以需要发泄。是的，在这文明的时代，早就应该摒弃体罚。就让孩子的心和大脑，充满灿烂的记忆，让他们充分绽放，吸纳童话故事、吸纳爱并发展各种兴趣，远离惩罚和管制。

» 如何引导顽皮的孩子？

有一种古老的说法，说坏孩子往往能成为好水手。换言之，如果孩子的能动力得到正确的、有建设性的指引，而不是破坏性的引导，孩子往往可以成就成功人生，这也是自然教育的又一目标。在幼儿园教育孩子的过程中，应该将顽皮的孩子引向具有建设性而非破坏性的游戏。

» 别冤枉爸爸，孩子好斗可能是妈妈造成的

但凡母亲都惧怕战争，惧怕打架，并且责怪男人的残忍和血腥，责怪男人使得孩子们也学得好斗。其实很可能正是我们这些母亲造成了孩子的好斗，比如，我们在孩子尚在蹒跚学步时，就给他们刀剑玩具、

手枪玩具;我们领孩子去看那些参战士兵的烈士纪念碑(而不是带他们去看那些具有建设性、有伟大贡献的天才人物的纪念碑);我们送孩子去学校,他们在书本上学习那些描述战争的历史,学习关于一幕幕屠杀的散文或者诗歌。

是我们的引导,造成了孩子的好战。

» 给孩子树立真正的榜样

我们给那些因战争逝去的勇士募集资金建造纪念碑,但却忽视那些活着的为人类的发展做出突出贡献的伟大人物;我们给那些夺取无数生命的战争者无上荣耀,却对那些拯救无数生命的人只给予了微薄的奖励。如此这般,我们又如何期望我们的孩子厌恶战争呢?我祈祷那些信仰自然教育的人们,为那些为人类做出卓越贡献的人(比如爱迪生)建立丰碑,以这些人为孩子树立正面的、积极的榜样,而不是宣扬那些战争英雄的事迹。

» 要头脑发达,也要四肢发达

我们强调孩子发展的三个方向,即德、智、体均衡发展。有些父母很有雄心,希望孩子进入所谓的"快班",希望孩子卓越非凡,因而过于关注孩子智力的发展,忽略了孩子的体能发展。依照此原则培养出来的孩子,很像古老文学书中描述的文学天才的翻版,"空洞的眼睛、凹陷的双颊、苍白的脸,像一个书虫般,贪婪地吞噬着他人的学识,却没有给后人留下什么"。为什么人们总会觉得天才就是病恹恹的?其实这样的想法毫无道理。良好的血液循环有助于大脑的开发,相当多的伟人都很健康,历史和现实都可以很好地证明这一点。

» 棍棒加喋喋不休的说教早过时了

那些将粗暴的棍棒,外加喋喋不休的说教作为教育方法的父母,往往最终逼孩子走上了恰是父母力图避免他们走的道路。尽管很多人都在这样教育孩子，但请千万不要使用这种地狱魔鬼式的教育法，自然教育强调在任何事情上都要有约束力，都要有限度。具有很好均衡力的父母能够意识到孩子的教育应该是帮助孩子德智体全面发展，使孩子成为一个有用之人、快乐之人，让幸福之光伴随孩子一生。

» 上帝会让孩子带着天赋降世

除了德智体的基本教育，我相信每一个看似普通的孩子都被赋予了某种天赋，这种天赋的前景取决于父母在孩子六岁之前是否能发现他特有的才华，并促其蓬勃发展。当我这样说时，经常会有人反驳我，他们会说："照你所说，这么多的孩子都带着某种天赋来到这个世界，那为什么我们现在看不到那么多有天赋的成人？"那是因为很多天赋在孩童时期没有被发现、被挖掘、被发展，这些本来具备的才华在萌芽期就被忽略、被阻塞而逐渐湮灭了。也有时候，这些天赋足够强大，而无法被压抑，因而日益显见。如果父母发现了这朵美丽的天赋花蕾，请浇灌它、呵护它、滋养它，直到它变得充满力量，使孩子的人生更加灿烂。

» 说不定你的孩子有伟人潜质

在自然教育法里，我列举了大量的例子说明很多伟大的人物在他们少年时期就已经表现出了成名的趋势。可是，还有很多伟大的人物在小时候被叫作笨孩子，只是因为他们的数学成绩跟不上。按照我的观点，我觉得我们浪费了太多珍贵的时间去算那些计算机本就可以处理的数据，这些被耗损的时间里，孩子们更应该敞开心扉去学习大自然里活生生的物种，去认识和感受大自然的灵动。对于那些厌恶枯燥数学教育的孩子，说实话，我实在不愿意责备他们。

孩子有兴趣，就不会损耗思维

对孩子的早期教育一直存在一种争议，那就是很多父母担心孩子的智力由于早期过度开发而造成对大脑的损耗，甚至导致生命力的衰竭。如果孩子对所做所学之事充满兴趣，那么就不存在这种所谓的大脑开发过度。只有我们强迫孩子做什么，非要孩子怎么样，才可能造成这样的伤害。很多天才孩子过早殒命的原因是家长太过关注他们的智力发展而极大忽略了他们的身体健康，这些孩子大部分都有些神经质，喜怒无常、不够理智。另外，那些常年奔波于各国的音乐家或者艺术家，生活毫无规律，这样的生活甚至可以导致成人的死亡，更毋论孩子了。

» 天才总是古里古怪的吗？

许多天才人物存在这样的问题——某一方面的能力高度发达，而某一方面的能力却有点趋于弱智，要么被高度开发，要么未能开发，很难均衡。这使得人们产生这样的信念，天才和傻瓜之间只有一线之隔。记得纽约一位医疗杂志的记者曾经说过，如果某位作家的童年时期没有被心理医生进行过分析，没有一些不正常的成分，那么这位作家似乎很难成为文豪。看来，人们认为但凡天才必须有些神经兮兮。

天才一定存在某种"非正常成分"，这样的看法是没有道理的。但有一点是肯定的：**任何天才若想达到更高的境界，就需要承受更大的痛苦和磨炼，需要更艰难的心路历程。**

我们可以把人和树做个比较，当所有的树枝都相对均衡地发展时，这就是稳健、美丽的树，而若有一个树枝发展得很好，其他的则矮小稚嫩，那么这棵树也会长成畸形。

» 孩子不用样样红

拜托父母，教育你的孩子掌握多种技能，而不只是仅成为某一技能的专家。我们的目标并不是把孩子发展成为天才，而是为他们努力构建健康快乐、全面发展的和谐人生。让孩子成为精于一种、多项发展的合格人才，在成长中，他会在人群中脱颖而出，成为榜样。他会多角度、多层面地过好他的人生，并获得真正的快乐。

» 什么最能使孩子恐惧乃至崩溃？

恐惧导致抱怨与不和谐，为了平复恐惧，我们会抱怨，会焦躁。在孩子出生前产生的恐惧不仅伤害母亲的健康，也会损害孩子的健康。在学校，对学习感到恐惧会导致我们无法到达那充满快乐的知识王国。

导致恐惧的原因之一是考试，每年接近考试时，都有孩子自杀，尤其在考试非常严格的德国，自杀的数量更是令人触目惊心。有位教授在芝加哥一个女性俱乐部的演讲中说到，孩子一半的紧张是由于考试问题造成的，许多女大学生在期末考试后都变得神经衰弱。

» 换个方式考试

本杰明·富兰克林曾经说过，我们都受到一些规则的约束。我们的老祖宗有考试制度，我们也继续持续这种制度，尽管我们知道它们并不能真正考量孩子到底知道多少，学到多少。你可能认为考试制度是必要的，因为如果取消考试制度，就没有合适的新制度可以起到等同的替代作用。作为考试的替代品，我通常使用三种工具：打字机、字典和儿童百科全书。孩子们在字典、百科全书里寻找知识，寻找信息，并且用打字的方式强化印象，并不是非要通过考试来判断孩子的大脑里有多少学问和知识保存下来，又有多少知识蒸发掉了。

» 语法分解是学英语的笨办法

我反对那种传统的教孩子语法的方式，没有孩子是通过学习分析语法的方式学好英语的。如果希望孩子成为一个语法规范的专家，我们必须有可以教会孩子的父母说好正统英语的培训课程。一周有 168 小时，老师给孩子教英语课的时间不超过 25 小时，母亲和街区的生活占据了他们其余的时间，父母占据着和孩子交流的重要角色。尽管有那么多的语法规范，但如果老师告诉孩子"I saw a cat"，而父母却说"I seen a cat"，那么孩子就会受到困扰，而无法形成正确的语感。真正学好一门外语，不是依赖语法分析的。

» 培养孩子要趁早

有些人指责我，认为我把孩子的童年填得太满、太满了。我不是一个填鸭式教育的倡导者，但是我相信在 12 岁之前，即在所谓的理性尚未开启的时期，孩子拥有最优秀的记忆能力和学习能力。既然如此，我们为何不用毫不费力的游戏的方法让他们的思想填满美丽的记忆和丰富的内容？在他们暮年之际，他们会想起这些美好的记忆并感谢使他们拥有这些记忆的人。

» 青春期，休息期

我确信我们如今有如此多的神经质的男男女女们，是因为他们在青春期就承担了过重过量的工作。青春期，应该是一个休息的时期。我反对孩子在青少年时期就工作，那个年龄的孩子正处于散漫的爱做梦的年龄，他们正处在蝶蛹期，既不是毛毛虫也没成为蝴蝶，很自然地，他们喜欢幻想而不是行动。青春期，这还是一个不用承担工作的阶段。如果我们在孩子青春期之前做好引导，给他们的脑袋里装满美好的思想，并提供他们丰富且有价值的阅读资料、知识储备、学习习惯，那么他们就不会过早放弃读书而去工作。

» 不要给蝶蛹期的孩子任务

几乎每一天我都会收到不同地区的母亲的来信，询问我正处在青春期的女儿是什么情况。

现在的维妮弗蕾德正处于学习的盛期，我也知道她不会再跌回到无知黑暗的愚昧状态。她习惯将书本作为她最亲爱的朋友，她热爱音乐、艺术和自然。我引导她自然而然而非强迫性地吸纳知识，而且在她的有生之年，她将继续不断汲取知识的源泉。

目前维妮弗蕾德没有什么特别指定的任务或者工作，她和自己的宠物自由玩耍，读一定数量我推荐的书，如果有灵感就写故事，或者散步、弹钢琴、拉小提琴。她从不觉得无聊，而且她也不用难过或者感到有压力，因为我并没有指定她在这个年龄要完成什么任务或达成什么目标。

» 漫长假期怎么过？

通常我不认为孩子应该有漫长的假期，而且老师们常告诉我，孩子们在放假期间忘记了他们所学的东西，一开学总要花很久的时间重新温习曾经学过的知识。我认同很多假期的存在有其合理性，但我不同意假期终止所有的学习达数月之久。

很多父母喜欢孩子待在学校，当学校放假时，他们也要送孩子去补习班，总之是希望孩子不要待在家中。因为在家里他们太吵太闹，还把家里弄得脏兮兮的。愿意牺牲自己的生活和娱乐时间来陪孩子玩有目的性游戏的父母还是很少。

植物在很长一段时间没有被关注，没有被滋养，就会枯萎。教育就如同我们的日常饮食，不能从我们每日的生活中砍掉。

我们不能学习九个月，剩下假期的三个月就停止运用我们的大脑。撒旦一定会为我们闲置的双手和大脑制造一些恶作剧。我们如何能够指望孩子在漫长而不用思考的假期后依然记着他们在学校所学过的东西？自然教育家们相信，不论在家里还是在学校，都应该持续教育。他们需要休息，假期也是频繁的，老师可以借此有新的收获和发展，整理出新的教育思路；而孩子们在假期需要每天都通过不同渠道吸纳一点新知识，比如通过有意义的游戏学习知识，还可以在树林散步、逛动物园、看看天空、查查字典或者读读百科全书。

» 妈妈，我现在干什么？

让孩子们无所事事是错误的。他们能从完成任务获得的成就中感受愉悦。他们喜欢带有任务性、而不是没有目的的游戏。带有目的的游戏能让他们在获得成功、达到目标的同时，也获得更大的快乐。当一个孩子问你"妈妈，我现在干什么"的时候，他并不是在要求独自一人玩耍。**孩子在向成人提要求和建议的时候，是他们渴望获得发展的诉说。**

» 游戏教育站站有

游戏是开发智力、强健体魄、深化灵魂的最有效介质。我很希望能将我已经介绍给很多家庭的游戏方法推荐给学校。这些游戏非常有趣，我非常希望能看到孩子们在学校玩这种游戏，而且他们也会在回家以后，包括假期都乐意玩这样的游戏。

在这些游戏中，我尽可能地加入许多重要的知识，而维妮弗蕾德把它们编成了有韵律的歌谣，方便记忆。

» 音乐——教育的小捷径

音乐，正如柏拉图所说，可以陶冶心灵，带来优美的一切。我将节律尽可能多地放入游戏中，以利于实现教育的五个目标：观察力，浓厚的兴趣，注意力，想象力和探索性。音乐可以更快地达到教育的目标。

» 孩子想说什么就说吧

我鼓励孩子们在学校和家庭中尽量表达自己的想法，而且我确信我们需要的是个性化的教育而不是群体形式的同化教育。我们必须培养孩子的爱心和浓厚的兴趣。打开孩子智慧大门的钥匙正是孩子的兴趣，而不是采用强制的方法。我们必须促进孩子德智体的全面协调发展，但如果没有实际用处，我们就不需要深究可以用仪器就完成的数学和人类统计学。我们不需要给孩子填鸭式的教育。我们应该让孩子们知道如何运用知识达到目的，我们必须让更多的父母明确质量比数量更重要。

» 这是孩子的时代

我们曾经有过母系时代，也经历过父系时代，现在我们进入了儿童时代。人们越来越意识到孩子是未来发展最有价值的资源。大量的精神或者身体有缺陷的孩子意味着一个民族的衰亡，培养更多的高能力的孩子有利于民族整体素质的提升。孩子有权利健康地出生，有权利受到良好的教育，有权利开心地生活、表达内心的喜悦。

正如韦伯斯特所说："如果我们雕刻的是大理石，它终会慢慢消磨；如果我们打磨的是铜器，它终会随着时光黯然；如果我们修建的是庙宇，它终会土崩瓦解化为尘埃；只是，如果我们教育的是不朽的灵魂，那我们将在碑石上镌刻下永久的光辉。"

世界上没有比孩子更重要、更充满趣味的事物；如果有人想从事慈善事业或者成为对世界有用的人，就应该努力为儿童做一些事情。如果人们渴望成为智者，那么他们应该去研究儿童。如果人们想永葆青春和快乐，他们就应该去同快乐的孩子一起生活。

» 童话相随

孩子们都知道，童话在家里、在学校里都必不可少。而消除担心、恐惧还有恶魔也需要童话相随。如果一个人幼年时通过枯燥的学习和惩罚的方式获得知识，那么他以后就不知道该怎样更好地学习，甚至会厌恶学习。童话不能从孩子的世界里驱除。

» 请遵循拉斯金的意见

父母应遵循拉斯金的意见，努力为孩子们筑起快乐的思想之源，在孩子幼时就灌输美好的思想。因为那时候留下的记忆是最持久、最有显性或隐性的长效影响力。"我们年轻时没人知道，因为我们没有被如此教育过，美丽的想法构筑的童话宫殿可以经得起逆境的考验。美丽的童话、幸福的回忆、神圣的历史、坚定的信仰，还有珍贵而平和的思想宝库，这些思想不会丢失，会和我们永生相随，即使痛苦、低迷和贫困，也不能使其离开我们的心灵家园。"自然教育的目的就是建立这些快乐的殿堂，促进即将成人的下一代公民的良好发展。

2. 自然教育法的5个目标

1. 围成一个教育圈：爸爸、妈妈、老师和孩子。

建立以父母及老师为核心的教育圈，将爸爸、妈妈、老师和孩子一同带入充满爱与赞美的自然教育中来。在这样的教育氛围中，父母以及老师都有机会就如何教育孩子自由表达观点，而孩子也可以帮助老师了解父母的教导方式，教育理念。

2. 奠定一种教育基础：先教父母，再教孩子。

在社会及学校中设立有关父母教育的培训课程，通过对这些父母或者准父母的培训，使其真正具备教育好孩子的能力，从而奠定每一个孩子德、智、体全面发展的外部基础。

3. 形成一种教育新策略：游戏教育法。

通过有目的的游戏创造充满欢乐的教育情境，从而使孩子在愉快的游戏中体会和收获。

4. 培养一些优秀品质：自我控制和乐于助人。

培养孩子的自我控制力和乐于助人的品质，让孩子在助人中感到快乐，获取愉悦。通过有效的教育让孩子成为一个对社会有益的合格公民。

5. 创造一种教育氛围：爱和兴趣。

在家庭、学校中建立爱的规则和宽松的氛围，让爱和兴趣成为主导。

3. 自然教育法的 30 条原则

1. 教育终其一生，永无止境。

2. 培养父母为自然教育首要原则。

3. 自摇篮期便开始进行心灵、身体、智力的三项全面教育计划。

4. 父母要善于发现每一个普通孩子的天赋，并促其发展。

5. 教会孩子如何进行有效游戏，如何进行有意义的游戏。

6. 发展五种感官能力，优秀的感官能力是保护孩子身体健康、安全的盾牌。

7. 鼓励孩子做大自然的探秘者。

8. 提倡父母回答孩子的问题，从不拒绝。

9. 开发孩子的想象力和创造力。

10. 孕育万物的自然界是孩子最天然、最美丽、拥有最丰富知识的老师。

11. 不要压抑孩子的想法，鼓励孩子尽情表达。

12. 鼓励孩子传授其所学于他人，鼓励孩子善于分享。

13. 个性化的培养远远优于模式化的群体培养形式。

14. 给孩子们具有建设性的玩具而不是破坏性的玩具，给孩子们传授给予、感恩的人生观念，而不是索取和贪婪的人生观念。

15. 给孩子 5 — 12 岁的记忆进程中填满美丽的记忆，那么在 12 岁以后，孩子的表现会投射这些美丽且有益的思想。

16. 可以在 12 岁以前，用自然而然的方式教给孩子多国语言。

17. 通过协调的韵律培养孩子的节奏感。

18. 最初的音乐的训练应该自耳朵开始，对于声音的练习应该在眼睛识物之前就开始。

19.通过童谣、歌谣、顺口溜教会孩子日常生活中重要的事情使之可以铭记于心。

20.传授孩子有效的知识，使其成长为有能力的合格公民。

21.不要让孩子只为了应试而死记硬背书本。

22.为了提高教育质量，应该给老师更高的薪金，缩短老师的工作时间，并只要求他们教授少量的孩子。

23.可以通过照料小花园，或者照料年龄更小的孩子来培养孩子关怀、照顾他人的天性。

24.给孩子创造与世界沟通的方式，教会他们使用外语，提供广泛的国际交流的工具。

25.教会孩子读、写、听、说的能力，练习打字是一个非常好的提高记忆的方法。

26.不论在家里，还是在学校，孩子的世界里都要有童话，有爱，有同情心，还有喝彩声。

27.让孩子的心远离恶魔、担忧、恐惧与慌乱。

28.在孩子的世界里，删除"我不能"，使用"我试试"。

29.让孩子怀有崇高的理想，远大的抱负。

30.奠定教育的五块基石：观察力、浓厚的兴趣、专注的能力、模仿力以及探索力。经由学习控制自我、享受成功，进而体悟教育的终极意义。

第二篇

如何使用自然教育法

1. 工具：1-6岁自然教育工具单

» 第一年工具单

多色气球；七彩棱镜；镜子；圣诞铃铛；不同音色的铃铛；拨浪鼓；一元硬币；跳跳球；洋娃娃；沙盒；家具组合类玩具。

» 第二年工具单

除继续使用第一年所用教育工具外，可增添如下教育工具：各种球类；不同风格的洋娃娃；有字母和数字的木块；数字和音符色块；诺亚方舟的玩具；小村庄模型；船；积木；七彩图片；橡皮泥；象牙白的盒子和有触感的数字；彩色纱线；剪刀；贝壳；全音阶的模型小乐器；一棵树。

» 第三年工具单

除继续使用前两年所用的教育工具外，可增添如下工具：可组合重构的字母（拼音）块；电动类玩具；彩色蜡笔；水彩盒；小工艺桌；装有粗糙或光滑触感的小物件的盒子；装有豆子、小卵石、小徽章等的盒子；鱼缸；宠物狗；小猫；小鸟。

» 第四年工具单

除继续使用前三年所用的教育工具外，可增添如下工具：鸟和动物形状的图片；骰子；地球仪；鼓；有孔的珠子；多米诺骨牌；精细地图；

挂墙大地图；七彩陀螺；大理石；扑克；各种印刷制品；磁铁；算盘；量筒类度量工具。

» 第五年工具单

第五年的教育，可增添如下工具：陶土板；用来编织的纤维和藤条；稻草人；放大镜；测量线；剪贴本；铅笔；小型照相机；自然教育游戏纸牌。

» 第六年工具单

第六年的教育，可增添如下工具：钢笔；弹球；缝纫装备；管弦乐器；编钟或木琴；卷尺；直尺；人工攀登树；园艺工具；各个国家的国旗；缩影房屋玩具；跷跷板；滑梯；英语或其他语言的游戏道具；象棋；扮木匠的玩具；万花筒；摇摇马；动物玩具；明信片；立体镜；建筑积木；迷你房屋；纸娃娃；茶具；各种硬币；古董；串珠；语言教育磁带或光盘。

» 自制工具

当一些母亲看到我列出的这一长串教育工具单时，可能会眼睛发晕，脑袋发胀，觉得采购玩具要花费大量的金钱和精力。但是，如果仔细看下清单，便会发现许多玩具可以一直使用到六岁，甚至更久。当然，也没有必要购买所有这些教育工具。很多工具若是买不到或者制作不了，父母可以用相似功能的工具替代，毕竟，属于孩子世界的物品种类越来越丰富。

这些小工具都是自然教育的最好的小帮手，借用这些工具可以使教育过程变得快乐、高效。母亲可以通过这些工具带给孩子无尽的快乐。聪明的母亲甚至可以用自己的双手制作出比玩具店更有价值的玩具。**对孩子来说，自制玩具更有趣，而且孩子的更多创造力能在这个过程中被激发。**

2. 使用：自然教育工具怎么用

» 球类玩具最管用

如果在所有的玩具中做唯一选择，那么我会给孩子选择球类玩具。球类玩具堪称最有力的游戏小助手，它如同运动中的小精灵，包含着运动因素的精华，不仅给孩子，也给老人，还有年轻人带来健康和快乐，所以球类玩具当之无愧地被誉为"药球"，具有系统地康健身体的效用。

很小的孩子就喜欢看球被扔到空中再被接住的过程。他们喜欢看球被高高弹起，然后就感觉自己像天生的棒球或足球运动员，本能地在球被掷到空中时试着去接它或踢它。

当小维妮弗蕾德还是个婴儿时，就对我用细绳拴在两把椅子之间的球非常感兴趣。所有的孩子都是天生的球员，小维妮弗蕾德坐在铺于两把椅子之间的被子上，去踢那个摆来摆去的球，偶然有所触碰，她便兴奋无比，并努力瞄准再度去碰来碰去，乐此不疲。这项活动有助于锻炼她小小的脑袋和稚嫩的身体之间的协调性，并能在快乐的游戏中，持续锻炼她的肌肉。从她不知疲倦的努力和异常兴奋的叫声中，我可以感知到，她从这项运动中获得了无比的快乐。不过，每次玩这项游戏都不应该超过 10 分钟，因为对于婴儿来说，这个游戏实在需要耗损太多精力。

» 球类游戏的婴儿玩法

我依然是用同样的球教小维妮弗蕾德学会观察——强化眼部功能和反应能力，锻炼视神经。目前为止，尽管维妮弗蕾德已步入青春期，我仍会和她玩这种不断升级的球类游戏。

维妮弗蕾德小的时候，还坐不稳，我把她放在游戏毯上，周围铺上垫子或者枕头以防她摔倒。我坐在她对面，以微损形象的不雅姿势张开双腿，也将孩子的双腿摆成同样姿势。我轻轻地把球推向她，开始时小维妮弗蕾德自然接不到球，但是她总会举起胖乎乎的小手试图去碰球。一次又一次，我不停地滚球给孩子，试图让她学习，回滚给我。大约一个星期后，小维妮弗蕾德终于成功地将球滚回给我。经过几周的训练，她学会了将球掷向我的方向。这样的球类游戏，不仅锻炼了她的肌肉，还训练了她的眼部和手部功能。

我们的扔球游戏玩得越来越熟练，当小维妮弗蕾德不需任何特别反应就能熟练接球时，我们便开始学习诗歌，常常是我念一句，她对一句，来来回回，一边扔一边念，一场游戏下来能够熟读不少诗句。当然，也可以用球类游戏练习数数。在拍球的时候，我从一数到五，后来逐渐增加。孩子刚开始并不明白我在拍球的时候发出的"1、2、3"是什么意思，但当她开始牙牙学语时，玩"拍球"时便也会模仿着说"1、2、3"。等小维妮弗蕾德更大些时，这个游戏就变成了应和着儿歌、语言等的拍球游戏。比如，她一边拍球一边唱着她和我编的简单儿歌。当她漏球的时候，我便得到了拍球机会，我们甚至记录分数，看看谁拍的时间更长，数的数字更多。通过这个游戏，我们学会了多种语言的字母，学会了数数，学会了很多诗歌、顺口溜，小维妮弗蕾德甚至还用这种方法教会了别的小孩子复述英语字母。

» 气球，孩子的第一个小"哑铃"

小维妮弗蕾德的第一个玩具是气球。对于一个六周大的婴儿来说，真正的球类游戏尚不能吸引他的注意力。但你若将一个鲜艳的红色气球拴到婴儿的手腕上，他的小手会随着悬浮的气球运动，或者说气球随着他挥动的小手来回浮动。母亲可以温柔地告诉婴儿，这个气球是红色的，是圆形的，很轻很轻，可以飘起来，可以上下浮动，孩子锻炼了小手，还将在无意识中认识他的第一个玩具的特性。

任何婴儿都会挥挥手臂或者踢踢小腿来锻炼他的肌肉，只是这样的动作大多是无意识的，如母亲设定辅助目标，他会更早进行这样的动作。随着飘浮的气球锻炼如何协调手部肌肉，这时这个气球就像是孩子的第一个小"哑铃"。

随着孩子逐渐长大，气球的功能也应相应增加。我们可以用孩子身体的各个部位和各种辅助材料大胆探索气球的多种玩法，培养孩子的创造力。可以用头顶气球，可以用手拍气球，可以用脚踢气球，可以吹气球（别吹太大，以防爆裂），可以给气球放气、看它像老鼠般乱窜，在这些过程中激发孩子的快乐情绪，让他体验合作与游戏的乐趣。气球是所有家庭不可或缺的、最简单、最便宜的幼儿玩具。

» 棱镜投射光波游戏

用棱镜或镜子反光投射，是逗婴儿最简单的方法之一。拿着棱镜或镜子在阳光下晃动，让舞动的精灵之光在孩子头上的屋顶四处窜动，甚至可以把阳光反射到他的床单上。不断地投射、晃动，只要坚持下去，孩子终会被快速闪动的带着颜色的光波所吸引，甚至饶有兴趣地去抓那些闪动的"光波"，对视力有很好的作用。

» 铃儿叮当响训练法

我将不同音调的铃铛，绑在婴儿床的床脚上，当小维妮弗蕾德蹬脚时，铃铛就会叮当作响，发出悦耳的声音，蹬得越用力，声音越响亮，如同简单的小乐章可以培养孩子的乐感一样。每个铃铛都应系上不同颜色的鲜艳丝带，以便充分发挥色彩的刺激功效。当红丝带的铃铛摇响时，母亲可以告诉孩子这是"红色铃铛"。如此这般，日复一日，在小维妮弗蕾德六个月大的时候，已经可以按我的要求敲响红、蓝、绿等颜色的铃铛。当然，对于小小的生命来说，这个游戏时间不宜过长。

我越来越坚信，让孩子听音乐好处颇多。母亲总能发现培养孩子乐感的方式，比如挂在门上、人过就会碰响的风铃；比如窗边的竖琴，风过弦就会响,甜美悦耳;再比如婴儿床边的摇铃。只是不要经常随意地晃动,而应形成某种节奏,比如 3/4 或 4/4 的拍子,为这个尚在襁褓中的小听众弹奏属于婴儿世界的乐章。

» 磨牙银元的按摩

中间开洞的银元可以帮助孩子长牙。当然,银元要经常用沸水煮,以杀灭细菌。孩子小的时候,喜欢用嘴来感受物体,亮闪闪的银元对他来说无疑很有吸引力。当孩子看到挂在链子上的银元时,很自然地会抓住含入口中,这样可以非常有效地按摩他的牙床。不用担心,银元足够大,不会被孩子吞咽下去。

» 漂浮的洗澡玩具

看看鸭妈妈的戏水原则:它是带领着小鸭子到池塘游泳,而不是跟在小鸭子后面驱赶它们下水。我试着将洗澡变成一项游戏或者娱乐,这样给孩子洗澡就不会那么难应付。浴缸中同孩子一起玩的最有用的玩具是能漂浮起来的空心玩具。可以在不喜欢水的孩子洗澡时在浴缸中放这样的玩具,孩子看着玩具随着水波漂来漂去,会去抓它、推它,由此将注意力集中在漂动的玩具上,忘记了妈妈在为自己洗澡。小维妮弗蕾德总是很喜欢和洋娃娃还有一个小小的白桦树皮制成的独木舟一起洗澡。甚至她太过于喜欢洗澡,以至于我必须锁上浴室的门,避免她溜进去玩水。

» 沙盒训练游戏

很多母亲不让小孩玩沙子,怕小孩玩得很脏或者误吞沙子。其实沙盒是每一个儿童都应拥有的玩具。我曾将二十个婴儿作为实验对象,训练他们玩沙子。一旦婴儿要吞沙子我就紧抓他的手,这样他便觉得失去了自由,由于怕失去自由,他自然不会再把东西放到嘴里。让孩子明白嘴不是什么都能放的"食物储物柜"并非一件难事。我相信如果我们喂饱了孩子，在他们不能够分辨什么东西可以吃、什么东西不可以吃的时候，不允许他们自己进食，是可以避免孩子把嘴当成"食物储物柜"的。沙盒还可以用来教授孩子地质等知识，同时可以让孩子感受不同成分的物质。

» 字母（数字）识别玩具

孩子喜欢木块儿，喜欢搬木块、拼木块。母亲可以用木块作为教授孩子知识的工具。不同类型的标有字母或者数字的木块可从儿童商店购买。母亲可将红色或是浅绿色的纸剪成字母、数字或者音符，贴在婴儿室的墙上，指着墙上的字母"A"，然后和孩子一起寻找木块儿"A"。不要尝试一次就教会孩子。

木块也有其他功效，比如练习数数，比如搭房子等。

» 彩虹旋转陀螺的妙用

这种会旋转的动态玩具陀螺，任何孩子都会喜欢。很多民族都有这种玩具并且代代传承下来，只要有儿童，陀螺玩具就必不可少。印着紫、蓝、青、绿、黄、橙、红色的七彩陀螺旋转时，缤纷美丽，灿烂炫目，孩子会觉得十分漂亮。这不仅培养了孩子的色彩感觉，而且唤起了孩子的想象力。同女孩相比，男孩缺乏色彩感，这在他们成人后会有所体现。没有通过色彩测试的男人往往多于女人，如果这些男人在幼儿时期能够接受陀螺训练，他们通过色彩测试的概率会很高的。

当陀螺停止旋转时，你可以告诉孩子："看看这个可爱的红色！"母亲要坚持始终从红色开始，不管是以前的彩带训练，还是以后的颜色测试纸训练，直到孩子完全掌握这个颜色。

» 诺亚方舟，生物学摇篮

孩子天性喜爱动物，即便是木刻或石刻上的简单动物图形也十分吸引孩子。诺亚方舟集合了多样的物种，通过母亲的正确指导，这些木制动物可以给孩子带来很多乐趣。母亲可以通过诺亚方舟告诉孩子一些生物学的知识，各种动物的习惯。母亲可以生动地描述动物的样子，甚至可以假扮狮子、老虎玩动物游戏，也可以编动物故事，开启孩子的想象力。

母亲可以和孩子一起裁剪或者折叠动物形状，也可以在拼字游戏中丰富演绎猫的特征。比如，当孩子拼写"猫"的时候，就可以边拼写边模拟猫的动作，并配合猫的叫声，或者唱关于猫的儿歌，使单纯的拼字游戏变得丰富多彩，饶有趣味。

建议母亲们买一些场景模型作为游戏背景，在玩游戏及教孩子历史故事时模拟场景是十分有效的。

» 塑料剪刀的创作功能

所有的母亲都应该学会如何用硬纸板剪出椅子、桌子等模型。孩子对这些纸玩具很感兴趣，剪纸类玩具能够提供更广阔的想象空间。

在孩子小的时候不妨给他们一把安全的塑料剪刀，并教他们剪出简单的动物或者房子的纸板模型。他们会对自己创造的作品充满兴趣和成就感。可以画出简单的人物、动物或其他图形，也可直接购买画好的图形，让孩子从纸上剪下来。稳妥地使用剪刀剪纸，可以锻炼大脑和身体的协调性。

大家非常熟悉的翻绳游戏也有类似功效，孩子们都喜欢这种古老的锻炼手指灵活性的游戏，而锻炼手指无疑对大脑的发展有很好的促进作用。

» 艺术感培养游戏

由于孩子在幼儿时期不会去注意任何没有颜色的物品，因此给孩子看鲜艳的图片是很有必要的。如果母亲将那些伟大作品的副本描上鲜艳的颜色，孩子就会被那些美丽的颜色吸引，随后关注图画的表现内容。艺术类图书、图画、彩色照片、画册，甚至明信片，这些都能在母亲给婴儿传输艺术感时起到潜移默化的作用。照相机也是很有帮助的，全家人可以在晚饭后一起享受拍照片的乐趣，并共同欣赏。

看有意义的电影也是非常好的选择，好的电影从内容到形式都对孩子的艺术感受力起到推进作用。

» 精致小盒很受宠爱

孩子们都喜欢小一点的、可爱的东西。任何小型玩具都能让他们感到欢喜。小维妮弗蕾德的选择充分印证了这个道理。有一次，我的一个朋友让她选择两个球形的糖果盒，一个如同真的足球般大小，而另一个还没有核桃大。小维妮弗蕾德显然知道两个盒子都装满了糖果，按照常规理解，朋友认为她会去拿有更多糖果的大盒子，可是小维妮弗蕾德看了又看，说道："哦，可爱的糖果！大足球盒子里肯定有更多的糖果，但是小盒子实在太可爱了。如果您同意的话，我要拿小盒子。"这件事情，令大人们颇感意外。但是可爱的小物件总是令人十分着迷，心生怜惜，对女孩子来说尤其如此。

» 触感培训聚宝盆

可以通过让孩子触摸或粗糙、或光滑、或尖利、或圆钝的小东西，来培养孩子的触感。孩子可以通过触摸砂纸感受"粗糙"；可以通过触摸白纸感受"光滑"。将一些豆子、纽扣、贝壳、卵石、别针、米粒、陶瓷小动物、骰子、弹珠、小木片、珠子、咖啡豆和硬币放在一个大盒子里，当成孩子触觉感知训练的聚宝盆。蒙上孩子的眼睛，让他们每次只拿出一样东西，看他们是否能描述出这些东西的特性：是尖的、钝的、粗糙的，还是光滑的？同样的方法也适用于年龄稍大些的孩子，给孩子摸不同的东西并让他们说出这种东西的名称。有个小孩儿，将粗糙材质制作的小猫叫作"普通的小猫"，而将光滑材质制作的小猫称为"乖乖的小猫"。

有个小男孩儿总爱把大头钉和别针往嘴里放，通过盒子游戏可以帮助他改掉将这些东西放入口中的坏习惯。我让他将盒子中所有会对他造成伤害的尖锐东西放进另一个小盒子，同时教他识别别针、针、图钉等小东西。男孩将这些东西小心地拿了出来，放入另一个盒子并交给了他的妈妈，他说："伤害汤米的坏东西，再也不吃了，再也不吃了！"从此以后，那个孩子不再吞咽这些尖锐的小物件。**对孩子来说，禁止不如引导他主动选择。**

还可以用这些盒子里的小物件玩有趣的"奇偶"游戏。母亲在手里攥着一定数目的小物件，问孩子"是奇数还是偶数？"孩子来猜，然后母亲和孩子一起数，看看猜得是否正确。

» 猫狗做伴的权利

宠物能够给孩子提供乐趣并唤起孩子的情感，激发孩子关心他人、照料他人的本能。如果从小注意对孩子的情感进行培养，他们便懂得如何去爱，如何去付出。尽管一些宠物可能会给儿童传染疾病，但我宁愿冒着孩子生病的风险，也不剥夺孩子和猫狗等小动物做伴的权利。如果家里有地方可以让鸟儿自由地飞，我建议养一只金丝雀做宠物，但如果必须将鸟儿一直关在笼子里，那我就不提倡养鸟了。我们有一只很棒的金丝雀，在家中的某些地方它可以自由飞翔，有时候它还站在打字机的架子上唱歌；有时候还能学着跳绳；在小维妮弗蕾德拉小提琴时，它还站在她的肩膀上，哼着美妙的曲调并随着音乐的展开起身伴舞。

并不是每一个家庭都方便养鸟，但至少，父母可以为孩子提供一个鱼缸，养鱼并非难事。我用一个圆球缸养了六条鱼，并养了很多年。鱼缸可作为装饰品，还能教儿童一些鱼类知识并使其了解这类生物的特点。

» 万花筒旅行

万花筒有助于激发儿童对图片和图案的兴趣，孩子通过千变万化的万花筒图案，感受图片变幻的乐趣。匹兹堡自然教育学校的一位老师，通过万花筒和明信片带女儿到世界各地旅游，她每星期至少进行一次这样的万花筒旅行，极大地丰富了孩子的地理知识和图片欣赏能力。

» 音乐发生器作用

　　一些音乐设备比钢琴更为有用。如果想要教育孩子热爱古典音乐，教师必须是一个真正的音乐家，必须花费很多的时间去练习，并且在为孩子演奏的时候尽心尽力。老师可以与儿童一起听音乐、做表演，教他们熟悉韵律并玩一些音乐游戏。通过音乐设备，孩子们可以熟悉所有伟大的作曲家，可以听到伟大歌手的声音。借助音乐训练，他们可以伴着甜美轻柔的旋律进入"安静"的状态，休息放松，或是在活泼欢快的音乐氛围中翩翩起舞。这些都不用老师的特别指导。

» 儿童家具设定形式

　　儿童淘气的原因之一是因为家庭所构建的功能不能适应儿童需求。为了孩子而进行特别建设的家庭实在是少之又少。我目前仅见过一个为了孩子而特别设定家具格局的家庭。那家有三个聪明可爱的孩子，父母正按照自然教育法的原则培养他们。在那对父母系统地了解我的教育法则之前，他们就认为，孩子出生来到这个世界，父母应令孩子开心，并自觉承担一切应承担的责任，提供给孩子健康快乐的生长环境。他们家建立了一个美丽的艺术房，有着低低的可以坐上去的窗台，孩子可以坐在那里望着窗外，喝水或者玩游戏、看图画书。他们家里既有适合成人的桌子，也有适合孩子的桌子；有大人坐的椅子，也有为他的三个孩子特别挑选的可爱椅子；浴室里，孩子可以站在低低的水池前洗脸洗手。家里的每一处都有特别为孩子准备的地方，整个楼上有专门给孩子使用的很大的游戏室，里面有各种玩具和用品，用来使那些幼小的心灵得到快乐。孩子们为拥有这样的房间而感到自豪。他们正是遵循着"为孩子"的想法布置了一个家，一个平等、温暖、舒服而自由的家。

一些孩子受到父母的严格限制，孩子想要看哪本书要经过妈妈的允许，想要坐哪一把椅子，要征得父亲的同意。有的父母不断唠叨，家里哪被孩子弄脏了，哪被孩子弄坏了，哪个东西被孩子砸碎了，孩子该洗脚了，该刷牙了，为什么没有叠被子……许多男孩因不堪忍受父母的这些唠叨，而选择离家出走。我的一个朋友说："即便到了天堂，我也不想见我妈妈。如果在天堂遇见妈妈，她会说的第一件事仍然是，'你给我回来洗脚'。"

虽然我也尚未建立一个适合儿童的家的格局，但是在我的居住范围内，我尽力把每个房间的某些部分给小维妮弗蕾德，并预留一个房间作为她的特别游戏室。她的大部分玩具都放在游戏室里，她的玩具娃娃和最喜爱的书可以放在家里的任何一个房间。而且，玩具娃娃也被当成真正的孩子一样，放置在舒适的椅子上。图书呢，都整理好，摆在桌子或者窗台上。正如她的父亲一直把办公室整理得井井有条一样，小维妮弗蕾德也将自己的游戏室收拾得井然有序。在维妮弗蕾德小的时候，我们教她用她那双可爱的小手将游戏室的所有物品归整好，因为童话里的皇后每天晚上都要检查游戏室，如果她发现物品遗落或者有乱七八糟的地方，皇后就会生气，而生气的皇后是不会再将礼物放在小女孩的枕头下的。

» 省心橡皮泥

知不知道一盒橡皮泥可以让母亲少操多少心？几乎所有的孩子都喜欢玩泥巴，做泥饼。泥巴里有各种细菌，这项活动多少有些麻烦，而最好的替代品，就应该是橡皮泥了。橡皮泥颜色丰富又干净卫生，孩子们可以用它做出馅饼、蛋糕、火车、坦克等模型，有些孩子还能做出小房子、家具、动物、人物像模型。"自然放养长大"的小维妮弗蕾德的童年时代过得很顺利，她用一种类似于现在橡皮泥的东西制作小蛋糕供给我们的模拟面包店，并用珠子作为装饰以使它们更迷人；她还制作小土豆和各种蔬菜放在我们的小杂货店售卖；她还要为动物园做一些新动物，其中的一些泥塑动物造型确实不错；同时她努力设计各种风格的建筑物。在小维妮弗蕾德不到六岁时，还成功塑造了莎士比亚的半身像，这像至今我仍然珍藏着。这些泥塑游戏常常让小维妮弗蕾德忙得不亦乐乎。橡皮泥实在是父母教育孩子非常省心的工具。

» 自然教育树

一位靠洗衣服和熨烫衣服维持生计的母亲希望我能为她的孩子提供一种游戏方式，这样她在工作时，也能让孩子玩耍而不至于干扰她。她说，孩子总是打开她的抽屉乱翻并且在所有的家具上爬上爬下，令她非常困扰。为什么非要孩子限制自己的好奇心呢？为什么非要抑制孩子像猴子似的攀高爬低的本能呢？我告诉这位母亲，锁上你的抽屉，然后给孩子一盒便宜的玩具，如球、卵石、木块等，但是要将所有的玩具拴在一棵小树上，树下放一些垫子（这样如果他掉下来也不会受伤），让他享受爬树的乐趣，而不再去爬家具。

若要求居住在城市中的母亲为孩子准备一棵树可能不太现实，空间小的家庭更是无法在家中容纳一棵树。我们可以制作"自然教育树"，这棵树有着异常结实的树干，可设定粗细不同的半径，以及光滑的树枝，可以悬挂一些物件。这棵树可以调整高度，以适合儿童的不同身高。"自然教育树"光滑的树皮和树枝不会弄伤孩子的眼睛或皮肤，这棵树的下方会放置气垫或旧床垫，这样当孩子掉下来时也不会有什么危险。"自然教育树"同时能避免孩子像在户外爬树那样弄得一身脏。

» 梯子练习法

小型梯子也是非常益于儿童发展的工具，可以锻炼孩子的四肢及协调能力。木制阶梯也不错，由轻质的两英寸宽、一英尺长的木块做成阶梯，摆成一排，在房间允许的范围内摆得越多越好，然后让孩子试着不磕绊地跑上顶端。小孩子如果每天都做一些这样的练习，那么很快他们就能学会掌握平衡，就像他们有四条腿一样稳健。

» 地球仪的用处

对于孩子来说，任何圆形的东西都比方形的更有吸引力。婴儿会喜欢地球仪，并在地球仪的快速旋转中感到新奇和快乐。可以将地球仪悬挂起来，球体内安置发音装备，使地球仪与众不同。在学校，给每一个孩子提供一个小地球仪要比全班共用一个大地球仪更有意义，孩子更能保持兴趣。老师指出大地球仪上一些特别区域，孩子们则在自己的地球仪上找到相应位置。老师可讲一些关于这个地方的故事、歌谣，或者这个区域的特别的动植物，以激发孩子们的兴趣，拓展孩子们的思路。有时候老师和学生可以一起设定地球仪旅行游戏，一起计划要去某地旅行，由牙签代表旅行者从一个地方穿越到另一个地方的路线，中间经过水路、陆路，经过不同的民族和国家，最终到达目的地，完成旅游。

» 节奏鼓的作用

对于小孩子来说，鼓是最简单的工具。教孩子敲鼓可以培养他们的节奏感。在行军游戏或者节奏游戏中，鼓也是非常好的辅助工具。

» 珠子串串训练法

无论是安静型的孩子还是调皮型的孩子，见到珠子——这种圆圆的、有不同色彩和大小的玩意儿，都会很开心。孩子串珠子可以锻炼手指的灵活性，也可练习计数，在碗中放置大小不同的黄豆、绿豆、花生米等，让孩子从碗中夹出光滑的豆子，也能锻炼孩子的手部能力及计数能力。

» 多米诺骨牌作用

通过玩多米诺骨牌，小孩子可以学习数数，学习排列，学习轨迹。

» 地图虚拟旅游法

花花绿绿的地图挂图可以像漫画图片一样令儿童感兴趣。可以通过挂图玩虚拟旅游游戏，孩子可以从一个国家到另一个国家旅游，并能掌握相对距离的概念。

» 地图拼图比赛

在进行地图拼图前，父母最好先给孩子传授与这些拼图相关的知识，这样孩子在拼图过程中能做到更多地参与和追忆，使得每一块拼图都有了意义和内容。在使用美国地图拼图时，我给孩子们指出得克萨斯州是美国最大的州，罗得岛州是美国最小的州，而宾夕法尼亚州就像一个长方形等，孩子在这些知识系统下再去拼图，效果会更好。

» 几何图形的游戏

使用细木杆、冰棍棒、普通牙签，可以摆成多种几何图形。摆图形的游戏有助于给孩子灌输几何概念，也可以锻炼孩子的手部能力，细棍也可以玩挑起游戏，挑起一根小棍，而不要动其他小棍，直至挑完所有的小棍。

» 磁铁原理

磁铁在教育儿童时也很有用，可以通过磁铁两极的相吸相斥、磁铁吸铁游戏等让孩子逐步接触关于引力法则的科学原理。

» 剪贴画簿

剪贴画簿是孩子非常喜爱的记录形式。剪贴画簿的内容可以非常丰富：可以是孩子喜欢的图片，可以是伟人的照片或作品，可以是孩子自己的成长照片或有趣的语录；可以为图片配上故事，可以为故事配上插画……让孩子尽情地记录，尽情地创造记录形式。妈妈可以用剪贴画或者日记的形式制成孩子的成长手册，记录孩子何时长出第一颗牙，何时迈出第一步路，何时讲出第一句完整的话，等等。等孩子长大后，他们会为拥有这些童年的纪念品对母亲深怀感激。一位美国名人告诉我，他此生最深的遗憾便是母亲没有记录下他小时候说的话，也没有给他做过小时候的照片剪贴簿。小维妮弗蕾德就有一本贴满卡片、礼物、信和画片等的册子，她从小就很喜欢它。希望小维妮弗蕾德从会写日记开始，就坚持写下去，当她长到她奶奶这么大的岁数时，阅读这些早年的日记将会非常有趣。

» 珠算算术

中国和日本几个世纪以来一直使用这种老式计算仪器，它是教儿童加法、减法和乘法计算时的好帮手。

» 放大镜作用

放大镜可以给孩子展示物体细节部分，比如向孩子展示花朵不同部分的构成、昆虫的翅膀或者触须，还可以形象地向他们解释某些物理定律或者生物特性。

» 长度及重量量具练习

每一个幼儿园都应该有测量工具，比如天平和量筒工具，这样孩子可以尽早学习有关距离和容积的知识。小朋友可以在比较中学习长度的概念，学习一个单位与另一个单位的换算关系，学习买卖关系。

» 金星和银星的考核标准

很多学校都用小红花或者金银星作为考核系统的指标。当孩子表现好时，奖励他一个金星或者一朵小红花。如果表现只是较好，则给他一个银星。如果他因为顽皮没有得到星星，就将一枚剪下的骑士徽章贴在孩子的品行表上。许多家庭都正在使用品行表和我的性格分析图表，相信这比棍子能起到更好的效果。

» 木琴的乐感培养

通过击打小木琴，激发儿童对音乐的喜爱，培养乐感。

» 小型照相机

正如我曾说过的，母亲才是孩子战争意识的引发者。**如果母亲想对和平女神有所贡献，她们在育儿室中应该引入建设性的而不是破坏性的玩具。**如果我们给孩子的第一个圣诞礼物是玩具刀剑或者手枪，则是鼓励他们有好战的倾向，那么他们长大后将更有可能拿着刀枪去战斗，这样的话，我们又怎能期望我们的下一代成长为和平爱好者呢？所以不如教他们用小型照相机对准他们的大自然的朋友，鸟类、兽类或者植物类，而不是用枪对着这些可爱的生灵。一个母亲在她的孩子出生时，送给他的最好的礼物应该是一个照相机。她可以在孩子降生的第一时间就给他拍照，直到孩子长大成人。这些照片将会给母亲和孩子带来无尽的快乐。

» 家居婴儿健身设备

可以在家中设定孩子的健身游戏设备，一个小滑板、跷跷板、吊着的圆环或者秋千，都可以为孩子健身做好准备。也可以准备儿童木马，帮助孩子模拟如何成为骑手，教孩子怎样跨上马背，良好的坐姿标准，如何正确地抓住缰绳等。

» 套装模拟玩具

可以寻找系列模拟玩具，比如有的玩具公司会出售"玩具商店"，其中包含一个小规模的商店和小包装的大米、面粉等，这样的玩具在玩算术游戏和学习国内经济时是非常有用的；比如木匠系列玩具或者手工艺人配备的工具箱，可以给孩子们示范如何使用各种工具。比起妈妈的五斗橱抽屉，小女孩儿对于用藤条编织的篮子更感兴趣，制作画框则对小男孩有更大吸引力。至于父母，我相信他们会非常开心地看到他们的孩子们从事有益的游戏，而不是把旺盛的精力通过破坏东西消耗出去。

» 卡通玩具组合

购买经典儿童文学作品中某些形象的小玩具组合，借用这些玩具生动再现故事情景，还有故事中的人或物，也能让孩子充分发挥他的想象。当然也可让孩子重新组合这些玩具，自己再构思出一个新故事来演绎叙述——所有孩子都喜欢把零散的部分拼在一起，组合成新的故事。另外，在听完与这些玩具有关的故事后，他们会去讲给别人听，这样可以加强他们讲故事的能力和想象力的发挥。

» 茶道锻炼法

茶道玩具是有益的，可以通过茶具向孩子展示一些茶艺知识、茶艺文化或者科学知识，这对训练他们的综合感觉也很有帮助。孩子可以借助茶具玩身份游戏，比如将自己装扮成一位高贵的夫人，优雅地将茶水从她小小的茶壶中倾倒而出，小心翼翼而不溅出一滴，这样也促使她更好地学习如何控制眼睛和手。

» 古玩及民俗的文化教育

不同种类的古玩或者具有民族特色的物品可以提供教授不同课程的基础。应鼓励孩子多与其他民族或者国家的孩子沟通，可以向其他地区的人们馈赠本国特色的民俗物品，可以寻觅国外具有民族特色的纪念品。这些东西，可能会引出一个个生动的地理话题、民俗话题或者历史话题，用最具象的物质演绎历史或者文化。

» 各国硬币的作用

孩子对于金钱的实际价值的认识可以通过一个个硬币来逐渐形成。硬币可以成为购买游戏中的道具，也可用于描绘各种图形——用五十分或者五分的硬币，任何孩子都能轻而易举地画出圆形轮廓。也可以通过玩国外硬币让孩子熟悉外币，了解外国的风土人情。

» 教育纸牌游戏

各类型的纸牌（天文类、植物类、动物类、水生生物类等），对于教师和学生都有很大的帮助。通过纸牌游戏，孩子能熟悉大部分的野生动物、树木、花卉等。

» 最经典的工具——打字机

我将最好的工具留到最后再说，就像小女孩将她精挑细选的零食留到晚饭后再吃一样。在一系列的自然教育工具当中，打字机无疑是最有用的。

自孩子两岁开始，就应该通过在打字机上打字教他们字母和数字，甚至包括标点符号。通过让他们用打字机誊写段落来阅读文字，学习文字、句子还有文章。打字是非常实用的方法，它能够让孩子记住拼写方式，还能帮助背诵。打字也强化练习了孩子的手指，使他能更好地弹奏钢琴或拉小提琴。在打字机的帮助下，不到两个星期，我教会了孩子阅读一些简单的故事。年龄大些的孩子可以打印长点儿的文字，大声地读出并复写出来。

» 最美的自然教育工具

刚出生的婴儿是那么地虚弱、无助与孤独。他们想要得到充满爱的轻抚，他们想看到笑脸，听到最甜美的声音。在这个世界上最美、最纯、最天然的教育工具就是爱抚、笑脸和母亲的声音。

3. 榜样: 为孩子树立优等模型

» 孩子纯洁的心在各种模型参照中成长

好的母亲才能教育出好的孩子。这虽然不是金科玉律,但适用度极高。每个对子女抱有美好愿景的母亲,首先自己就要做个合格的母亲。**孩子是父母的影子,孩子的一切善恶品性,甚至微小习惯都是从父母那儿学来的。尤其是母亲的一言一行,对孩子的成长起着巨大的作用。**

如果父母想让孩子成为健康、快乐、聪明、有价值的人,那么先来反观一下自己是什么样的父母原型,因为你无疑是孩子成长过程中最重要的首个参照模型。如果你是一个爱撒谎、虚伪、悲伤、懦弱或暴躁的母亲,那么你的孩子这一生一定会存在某种缺憾,即便今日你依然感受不到孩子有何问题,但终归有一天,你对孩子施加过的负面影响会以某种形式闪现。作为母亲,请一定要经常自省。你的所言所行、所作所为,都是孩子模仿的内容,孩子天然稚嫩的心将在各种模型的参照中成形。请自孩子出生时,就为他树立一个足够好的优等的父母参照体系,在好榜样的渲染与滋润下,孩子将成为足以令父母自豪的优秀之人。你的努力与自控,将给孩子最温馨、最健康的记忆,将为孩子以后的人生赢得最宝贵、最灿烂的笑容。

正如"一日之计在于晨,一年之计在于春"一样,人的一生,最开始的部分往往是最重要的部分。孩子的心是一张晶莹纯净的白纸,怎样描绘便有着怎样的形态,尽管遗传的因素对人有一定的影响,但是我们仍然坚信:父母是最有建设性的雕塑师。父母所创造的作品与他们的心性、价值观一脉相承,孩子将在父母的雕琢中日渐成型。

暴躁的母亲很可能培养要么暴躁，要么走向另一极端——懦弱的孩子。而性格恬静、内秀、柔和的母亲，很可能自然而然地将这种感觉投射到自己的女儿身上，充分证实了有其母必有其女的自然规律。在别的孩子疯狂、淘气、大吵大嚷时，她的女儿更有可能如同自己的母亲那般静静坐着，以这样柔和的方式来表达自己的参与。

在有了小维妮弗蕾德后，我对自己的行为、语言、态度、习惯、处事风格都做了严格的要求，从行走的步态、着装的配搭，到接待客人时的礼仪、读书的方式，哪怕是吃饭、喝水、上厕所、问候的小习惯，我都尽量让自己做到完美，做到得体，以维护我作为母亲的形象，从而为我的小维妮弗蕾德树立优等模型。

每个母亲都希望自己的孩子喜欢学习，为了培养孩子的学习兴趣妈妈们可谓是用心良苦。但其实好的学习习惯可以让孩子在效仿与模拟中形成。如果你不想未来为孩子不愿意读书而无可奈何，那么请从今天起为孩子读书。当维妮弗蕾德两三个月大的时候，我就开始为她诵读图书。我总是习惯随手拿过一本充满感情色彩或者可以激发美好想象的书，声情并茂地为她朗读。久而久之，每次小维妮弗蕾德看到我坐在书桌前，就会找一本自己喜欢的书，乖乖坐在我身边，像模像样地看起来。而且我相信，这样的好习惯会持续终生。

» 阳光气质的母亲是最好的参照系

理想的母亲应该宁静、友善、富有爱心和同情心，知道管教孩子的恰当方法，愿意花时间陪孩子成长，关注并欣赏孩子的正面行为，对孩子抱着必胜的信念，愿意与孩子一道讨论问题，不放弃教育孩子的责任。

我们容易忽视孩子的敏感，其实在孩子稍微懂事、也就是两三岁时，倘若母亲哭泣，孩子很可能会随着母亲一起哭泣。**在孩子的世界里，笑和哭都是具有传染性的，孩子能够敏感地捕捉到母亲的情绪并产生应和。**父母情绪的不安，孩子会很快感受到，父母的快乐也会最快地影响到孩子。总是流泪、忧伤、沉闷的母亲永远不能意识到自己究竟给孩子的未来带来了什么样的负面影响，这种忧伤带来的潜在纠结很可能会缠绕孩子一生，在某一天从孩子的身体或者情绪中不可逆转地迸发出来，并且很可能具有极强的毁灭性。

许多不幸的婚姻从一开始就错了，两个人匆匆忙忙地迈入婚姻殿堂、肆无忌惮的行事风格、意外怀孕而依然不收敛的生活态度，等等，这类成人所犯的错误，后果却不得不由孩子来承担。这种什么都没有准备好的母亲经常会精神忧郁或者脾气暴躁。总是阴晴不定的母亲又怎能给孩子带来健康的身体和快乐的心情呢？在俄亥俄州的一个小镇上，一个面目憔悴、身心疲惫的母亲生下了她的第19个孩子。当记者访问她时，她不停地抱怨自己如何被6个小家伙折磨得痛苦不堪，自己的生活如何困苦与贫穷，她甚至诅咒自己刚生下的孩子像那些躺在坟墓里的兄弟姐妹们一样，从她的生命里彻底消失。她的愚昧与无知毁掉了她先天具有的伟大母爱，在繁衍了许多孩子以后，却给予不了他们任何有价值的东西，更不能给他们塑造有价值的品格和人生。"母亲"这个称呼，对她来说不配。母亲应该有一份责任，一份沉甸甸的爱与教育的责任。从一开始，孩子就应该在阳光般的母爱的照耀下睁开他迷迷糊糊的眼睛，看见温暖而甜蜜的妈妈，从此就应让母亲勇敢而柔软的爱滋润他一生。

生活就像天气，充满了不确定因素，有时阳光灿烂，有时乌云蔽天。可是我们都知道，态度可以决定很多。生活的评判和驾驭皆取决于心情、心性。生活就是一架天平，一端托着幸福，一端托着痛苦，支点正好就是我们的态度。

母亲需要通过各种方式消解自己的负面情绪，做一个生机盎然而气质明媚的快乐母亲。母亲应当懂得克制烦恼、忧虑和困扰，用平静和欢快的心去迎接她们的孩子，用微笑照亮整个家庭。快乐的母亲能培养出快乐的孩子，而一个快乐的家庭环境会帮助孩子在智力、体力和道德方面取得快速均衡的发展。我一直努力安排好自己的生活，使自己身心不受坏情绪影响，从怀孕之初到我生命之终，我都会尽力去做一位有修养的母亲。我会每周去看一次戏剧，也非常乐于参加高雅的沙龙聚会。**一个人经常接受高雅、有趣、美好的东西，自然不会被坏情绪左右——开阔的视野有利于营造开阔的胸襟。**另外，我也为自己准备了一些励志类、美文类或者哲理性的书籍。我相信，每一个人都有一些能够迅速分解或者宣泄自己负面情绪的方式，比如说吃一块香喷喷的奶酪蛋糕，或者是去野外散步，或者去购物，去聊天，去运动，我的秘诀则是放在书架二层左手边的一排书，那些书可以让我心无旁骛，安静祥和。

维妮弗蕾德快3岁的时候，我经历了一次手术，术后的很长一段时间伤口都在作痛，这对我来说无疑是一种难耐的煎熬，而且为时不短。我不希望我的宝贝看到一个懦弱且可怜的母亲，我要锻炼她具有迎接痛苦的勇气和战胜负面情绪的信心，我认为最好的方式是交流和疏解，这是我们面对死亡和痛苦时都应该学会的方法。我见过很多人后悔不曾向自己病危的父母坦陈甚至告别。我并没有向维妮弗蕾德回避我的痛苦，但也不会表现出沮丧和怯懦，而会和她一起仔细讨论伤口的愈合情况、我的感受，一起探讨健康以后我的计划。就这样，维妮弗蕾德被我的坚毅乐观与平和所感染，很快从悲伤的情绪中脱离出来，而且主动要求来为我读书。从那以后，我们还养成了这样的习惯——无论谁生病了，没生病的就会为生病的人读书或者读报。小维妮弗蕾德生病时，总会安安静静地听我读书，而不像其他孩子那样无助地哭闹或者折腾父母。在我的影响下，小维妮弗蕾德已经具有了面对痛苦所需要的勇气和信心，令我这个母亲非常自豪。

如果家中出现困难或者危机，父母更多表现出来的是担忧和恐惧，而不是勇敢地迎接问题的勇气和解决问题的决心与态度，那么这种坏情绪必然会影响到孩子。懦弱的父母让孩子变得懦弱，勇敢的父母让孩子变得勇敢。有阳光气质的母亲愉快地应对生活并妥善地处理生活中的每一件事，她的孩子们就是阳光下的孩子。

世上有些女人似乎生来就不知愁为何物，她们勤勉工作、操持家务、生儿育女，似乎随时随地都过得相当惬意，她们总是有洪亮清晰的声音、爽朗的笑声和即使听不到、看不见也能感受到的无穷活力。这种快乐，可以感染很多生命，为了新诞生的那个有无限未来的生命，做母亲的有快乐的责任。

» 谁决定了孩子的气质和品性？

我们并非宣扬"龙生龙、凤生凤"的宿命论，但是相信每个母亲都不怀疑家庭教育与父母的品格对孩子成长及教育的影响程度。每个妈妈都希望孩子身上具备坚强、勇敢、坚毅、豁达、乐观这些正面品质。孩子们的第一任老师——父母，所具备的品格、文化、修养等因素，对孩子的影响很大，可以决定孩子的气质、品性，甚至孩子的人生格局！

虽然有无数寒门出贵子、自强不息的例子可以证明，并非家庭出身就决定了孩子的命运，但那样环境下的孩子就要付出更大的辛苦、更大的努力。倘若父母可以用自己的奋斗和坚毅的品格，为孩子提供更好的家庭成长环境、更好的发展空间，那么就努力担起这份责任，不要懒惰，不要怨天尤人，一点点地努力，一点点地改变，坚持不懈，这样一代总比一代幸福。

教育的真正目的不仅仅是向孩子传承知识和技能，更重要的是塑造他们的优秀品格。对孩子品格的培养并不像知识和技能的传承那样通过训练就可以做到。一个孩子是否热爱真理，是否公正无私、坚毅勇敢、豁达乐观，那要看孩子的父母是什么样的人，正如小猫会从母猫那里学会如何抓老鼠的本领一样，孩子也会从父母身上继承他们的行事风格、处世态度。

老威特说过："所有的儿童都像我们大人一样，应该平等对待。"不要以为孩子小，不能理解，不能明白，我们就懈怠，就忽略，就任性，就妄为。决不要忽略父母的行为对孩子的影响力，决不要忽视家庭的教育环境。柏拉图说过，"没有人自甘堕落"，一个人之所以变坏，堕落，人生混乱，是由于没有受到良好的教育。孩子身上最重要的品质源于他的父母，所有孩子成长的大部分时间都由父母（尤其是母亲）陪伴，父母对他们潜移默化的影响就如同滴水穿石一样有效，向左还是向右，是偏还是正，母亲都起着举足轻重的作用。如果父母希望他

们的孩子有知识并且具有很好的人格魅力，那么他们在品格上就必须给孩子树立一个好的榜样。

当小维妮弗蕾德尚在摇篮中的时候，我和她的父亲就以身作则。我们希望女儿在长大之后成为一位彬彬有礼、有修养的女士，希望她气质高贵，性格怡人，所以即便在最轻松的气氛中，我和维妮弗蕾德的父亲也不会随便开有损形象的玩笑，不会讲低俗笑话，不会恣意妄为。我们并非只是把她当成一个婴儿看待，而是从她的角度去思量，去交流，尊重她的意愿和选择。尽管她还很小，但我们会通过各种方式尽力和她交流，去了解她真实的想法，尊重她的想法。

我曾见到一个小男孩，张口闭口爱说"笨蛋"，这其实正是他父亲的口头禅。这个男孩还从父亲那里学会了虐待动物，他将自己只有一两个月大的小狗倒悬在半空中，那只可怜的小生命呜呜地悲咽着。当我问他为什么这样做时，他非常自豪地告诉我，这是男子汉才做的事情，爸爸就是这样的男子汉，而他已经是个小男子汉了。生活中我们经常会看到这样可悲的事情，父亲流连于俱乐部，打扑克、赌博、抽烟，对家庭完全不放在心上，孩子长大后很可能效仿父亲，成为毫无责任心的浪荡子。

父母是孩子的第一任老师，他们自身的心理素质、品德素质和文化素质等都会对孩子形成潜移默化的影响。观察和模仿是孩子主要的学习方式，父母对长辈、子女、朋友、同事等的尊重，可能成为孩子学习的内容；父母对事业的执著与热爱，对生活的勇敢承担，面对挫折的乐观态度，会使孩子养成坚韧的品质和社会责任感；父母富有爱心、同情心、助人精神，孩子也可能善良而无私。只有在父母正确的引导下，孩子才能顺利度过幼年、童年、少年，最终走向成年，拥有健康人生。

4. 牵引：再普通的孩子也是带着天赋降世

» **为什么我们会觉得自己的孩子实在没天赋？**

自然教育法则相信每一个孩子都有天赋，不管多么普通、多么平常的孩子都一定有某种天赋。如果今天他们看起来那么普通，那么平凡，看上去已没有任何才能可以激发鼓励，那一定是在他小的时候，父母的教育存在某种缺陷，父母没有做好必要的牵引工作，致使他们那带着天赋的孩子日渐平凡。我们并非在倡导把每一个孩子都培养成天才，但我们一定要去发现孩子的天赋并加以引导，让那小小的天赋的蓓蕾蓬勃绽放，为他今后的生活添姿加彩。

为什么我们经常会觉得自己的孩子实在没什么天赋，只是个普通平凡的小孩呢？为什么那么多孩子的天赋和才能都湮灭了呢？为什么那么多的成人都已经找不到与众不同之处呢？唯一的原因，就是孩子们的这些天赋没有被发现，没有被很好地牵引指导，没有走向正确的方向。有时候孩子的天赋是如此强大，以至于它无法被扼杀被阻碍，它破茧而出，熠熠生辉，日渐强大。但是，更多的时候，孩子的天赋和才能被忽视、被阻碍，最终使孩子泯然于众人。作为母亲，我们必须用心发现孩子的天赋，并保护它、牵引它，直到它能给孩子带来快乐、带来成功。请相信每个正常的孩子与生俱来就带有一些与众不同的天赋和才能，请每位母亲努力去发现自己孩子的天赋。

每一位母亲都一定记得孩子迈出的第一步，那蹒跚而充满奇迹的第一步；记得孩子第一次含糊不清地叫妈妈；记得孩子开始学会认字、数数的样子。然而孩子一天天长大，很多的琐事，让很多母亲慢慢忘记了这条原则——每个普通的孩子一定是带着某种天赋来到这个世界上的。

很多杰出的人物在很小的时候就显示出了不同于其他小孩的卓越之处，这样的表现令父母惊喜并冠之以天才的称呼。但实际上，还有很多很多被誉为天才的伟人，小时候都是学校的所谓笨孩子，不喜欢学习、逃课或者对数学一窍不通。但是，这些"笨孩子"日后却拥有了成功的人生，因为他们早期得到了父母的启发和引导，迸发出了上天恩赐的天赋，最终通向成功之路。歌德非常幸运，他成功地从他那颇有洞察力的父亲那里接受了早期教育，在 15 岁之前，就已经有了大量的写作练习，而终成为举世之伟人。基于歌德对自己发展模式的感受，他对公立学校的教育方式颇有微词。还有康德，7 岁的时候就已经是颇受众人欢迎的小老师，有一群孩子愿意追随他，愿意听他讲课。他那时候还那么小，不得不站在箱子上讲课，这样才能被大家看见。但是，他拥有作为一个传播者所具备的领袖气质，天赋如此。约翰·密尔 3 岁时，就熟知希腊字母表；5 岁时就能纠正比他大的孩子的拉丁语和希腊语错误。这也是源于他喜欢问形形色色的问题，还有就是他父亲的引导，使他获得了成功的早期教育。

》 孩子天赋成长的关键期

格拉斯哥大学的詹姆斯教授相信，孩子对这个世界表现出兴趣时，就是这个孩子该接受教育的时候了，而对孩子的教育应该按照他所表现出来的发展趋势进行，这个兴趣和趋势在某种程度上就昭示了孩子的天赋所在。还记得老卡尔·威特的故事吧，他 52 岁得子，却发现儿子是一个有先天缺陷的弱智婴儿，老卡尔·威特伤心至极，但这个醉心于早教事业的老牧师仍宣称要把小卡尔培养成一个天才。那些对他的教育策略一直持怀疑态度的人更是对此纷纷质疑，但老卡尔继续按照自己的想法对小卡尔进行了系统的教育。事实胜于任何美妙的言辞，最后他获得了成功，将一个弱智的孩子培养成具备天才特质的孩子。老卡尔·威特把握了孩子的特质，进行了早期开发，一个智力有缺陷的孩子尚能有此成就，何况健康的孩子。

大家应该经常会听到某地有神童降生的消息，这些"神童"的确天资聪颖，他们通常拥有其他婴儿所不具备的早期能力。例如刚生下不久就能清晰地叫出"妈妈"；或者在两三岁的时候，就可以解答很多成年人都望而却步的数学难题；或者有超出常人太多的记忆力。这些孩子通常在某些领域（语言或者逻辑思维能力、记忆力、数学能力、音乐能力等）拥有超乎同龄人的敏锐反应。遗憾的是，他们的父母往往不能在孩子天赋萌芽成长的关键期做好引导，只是乐于四处炫耀，到处表演，而使孩子的这种天赋日渐萎缩，所以我们也不难发现，那些曾经名噪一时的天才儿童日趋平凡，湮没于岁月中，等到成人时，已经和同龄人无任何差异了。

老卡尔的弱智儿子可以成为天才，而那些天才儿童也可能日趋平凡，这其中父母的引导有很大的作用。如果自一开始父母就注意对孩子潜能或者天赋的开发与引导，审时度势、把握方向、用对方法，完全可以将智力一般的孩子训练成"天才"。相反，即使孩子天资聪颖，天赋卓越，若父母不主动地去深度开发孩子的潜能，也会让孩子因错过天赋开发的最佳时期而最终变得平庸。

那些关于小维妮弗蕾德的各种卓越才能的报道渐渐传开，我收到数以万计的来信，在信中很多父母都习惯拿自己的孩子来和维妮弗蕾德对比，并抱怨自己孩子的愚钝和平凡，数落孩子的不开窍。这种比较对于孩子来说非常不公平，如果你的孩子不优秀，过于平凡，往往是因为你从孩子出生时就没有因人制宜地对孩子实施早期教育。只要父母能抓住孩子成长的关键期，把握好孩子大赋成长的趋势，在不同的成长阶段给予孩子最合适的教育，用最适宜的方法最大限度地开发孩子的智力，那么每个孩子，不管天资如何，都会成长为非常优秀的人。

» 孩子的才能要在与父母的合作中开发训练

伯尔教授和夫人有 4 个非常可爱的孩子。孩子尚在襁褓时，夫妇俩就对他们开始了"美文"训练。他们有意识地把所有的精力都用在了如何使孩子爱上"美文"、善用"美文"上，所以从培养孩子之初就努力把对孩子才能的启迪导向了对孩子语言天赋的深度开发。他们把小不点儿们放在一个舒适的环境中，母亲总是声情并茂地为孩子朗读那些有着卓越思想、经典句子的伟大作品，以帮助他们加强语言方面的记忆和感受。他们的孩子在摇篮期就能感觉出比较简单的诗歌的节奏。伯尔夫妇相信，没有进行过有意识的观念及逻辑训练、没有系统的语言训练，孩子不可能接近具有伟大思想的作品。

几乎所有孩子的天赋开发、智力训练都是在与父母的合作中进行的，父母对孩子天赋的发现、引导和培养起着至关重要的作用。那些智力发展迟缓，年龄见长才最终获得成功的人，或许更能说明他们天生本来拥有敏锐的思维能力，只是那些天赋之光被掩埋了太久。如果他们接受过早期训练，如果他们的父母与孩子合作，在更早的时候开发孩子的才能，他们一定更加成功，带来撼世之作或者改变人类的发明。

在婴儿的摇篮期，我们就能通过合适的、有目的性的游戏把他们潜藏的一些能量引导出来。孩子的潜在能量需要父母的"牵"，需要父母的"引"。但是，我们需要秉持一个原则，要通过自然的方法教育孩子，通过"游戏"去激发孩子的兴趣，去发现孩子的天赋趋势。"游戏"和"兴趣"是开发孩子潜能中非常必要的因素。

» 过度开发是否会造成生命或智力的耗损？

鲍里斯·塞德兹博士，是一位杰出的心理学家和精神病理学专家，他认为："在错误的理念下学习和思考将会导致神经错乱，甚至会导致精神分裂。"可见，错误理念的困扰和纠结才是精神分裂的诱因，而不是因大脑过度开发造成的。纠结于错误的逻辑关系或者因果系统，根本无法为思维找到出路，最终造成精神的混乱。目前，尚没有一例神经错乱或者精神分裂是由于过度思考和学习引起的，因此不要担心对孩子大脑的开发会对孩子造成精神的损耗，我们可以放心在他们的生命之初去激发他们对知识的热爱，对游戏的兴趣。如果担心过早开发或者过度开发会损害他们的大脑而一再延迟，一旦我们想要培养他们的才能或者某种天赋时，或许一切已经太晚，时机已然不在。只要是以孩子的"兴趣"为标杆，就不会带来损害，兴趣永远是最好的老师。

很多气质型的天才，比如音乐家或者艺术家，当他们的才能发展得过深、过久时，很可能最后变得性情古怪、生活自理能力差，以至与社会脱节。我们可能还经常听到一种有意思的论断：真正的天才迟早会发疯。确实有很多天才最终成了神经错乱者，疯狂成了他们灵感的源泉，成了他们另类的感情、才情和激情的出口。甚至有人说，没有心理医生介入的艺术家或者文学家很难成为真正的大家。似乎很多事情都在印证，只有在内心痛苦的经历中，才能不断获得创作的灵感，只有神经错乱才能领悟更深的人性和人生。在我看来，这种说法非常荒谬，当那些"疯狂天才"的任何一种卓越才能或天赋已不受自己完全控制，只能在某种特殊情境刺激下才得以发挥时，我们不应该再认同这样的"才能"。所有的事情都应当有所控制和限制，有原则、有底线、有方向。所以，在教育孩子的过程中，即便母亲应该最大限度地寻找并引导出孩子的某些才能，也绝不能以牺牲别的天赋为代价，绝不能在某一领域无休止、无节制地开发，比如过于集中孩子的数学智力的开发或者音乐感的开发，这样很容易埋下思维混乱或者与社会脱节的隐患。

赫伯特·斯宾塞认为大脑不应该比胃更饥饿，学习应该在趣味盎然的氛围中进行。不要指望一个总是受到惩罚、威胁、逼迫，或从事沉闷工作的人在多年后仍然能充满学习的激情和动力。那些在适当的时间以自然而然的方式学习、以兴趣为学习导向的孩子，他们往往一生都热爱学习，并且能在学习中得到启发。

我们倡导培养智慧型天才，心智与意识都应得到均衡发展。一个人的力量是有限的，没有人在各个领域都是天才，没有人可以伟大到无所不能，没有人是超人。**不要羡慕那些所谓的单一型的天才们，真正健康的发展模式应该是擅长某一领域并兼顾其他领域。**一个人的发展如同一棵树的发展过程，除了主干，其他的树枝也能均衡发展，这样才是最科学、最健康的发展。

5. 鼓励：小家伙们依靠我们获得进步

» 哪怕孩子只有点滴进步，也要给予回应

日常生活中，我注意维妮弗蕾德的点滴变化和进步，哪怕是微不足道的一点进步，我也会感到很欣慰，也会给孩子回应和鼓励。维妮弗蕾德的每一点进步都会增强我的信心，我的每一点回馈都让她更加努力。

婴儿并不知道我们为什么要教她字母，为什么嘴里要喃喃地念叨"1，2，3……"，但是她却能感受到母亲的鼓励和希望，也能感受到源于自身涌动的骄傲和愉悦感。开始只是那些鲜艳的颜色吸引了孩子的眼睛，她几乎没有意识到她因此认识了英语字母表，她也不知道这些字母有什么作用，她是在游戏、娱乐。当她读出这些字母后，好几天我都在和她玩"寻找字母 A"的游戏，请她为妈妈找出那个与墙上的字母"A"长得一模一样的卡片。我的小婴儿喜欢玩游戏，而且她能够感应到当她找对时妈妈所产生的喜悦和肯定，她会非常努力地去为她的妈妈寻找字母"A"，能让妈妈快乐，能为妈妈做一些事情，得到妈妈的肯定和赞扬，这一切都让她感到自豪、喜悦。

鼓励孩子进步的方法当然很多，但我认为最有效的就是对孩子所做的每一点努力都有所回应，就像孩子刚开始学步那样，在母亲的鼓励下一步步、一点点地前进。母亲应该敏感于孩子每一点每一滴的变化与进步，并给孩子感应和回馈，这种敏感的反应能够表示出父母对孩子成长的关注，能够让孩子的感情得到充分的支持和满足。事情可以很小，反应可以很简单，但效果却非常明显。然而很多父母都忽视

这一点，只顾看孩子有没有明显的进步，却没有给他们留下慢慢前进的空间，更缺少回应和鼓励。有些父母甚至会抱怨孩子进步太慢了，不自觉地把自己的孩子与别人的孩子相比较，漠视孩子的进步和改变，漠视孩子的欣喜或期待。这样，不仅不能使孩子良好发展，反而使他滞留原地，甚至后退。

如果我们的孩子们没有获得应有的来自父母的期待，没有获得相应的情感的支撑和满足，他们就容易失去信心和进步的动力，在人生中就会显得不够自信。父母应该深悟"甜言蜜语"的妙处，我们要善于观察和揣摩孩子的心，然后选择时机有针对性地用"甜言蜜语"抚慰他、温暖他、肯定他、激励他、引导他。当孩子垂头丧气时，适时说几句温暖的话予以鼓励；当孩子疑惑不定时，及时用巧妙的语言给他提个醒；当孩子自卑颓废时，不忘用他的"闪光点"燃起他的信心；当孩子痛苦时，尽量设身处地说些安慰的贴心话……这样，孩子萎靡的思想之花会渐渐开放，垂落的人生之帆会再度慢慢扬起。

在儿童的成长过程中，他们所有的想法都应该被鼓励。如果孩子们没有通过鼓励获得自信，那么孩子就永远也不可能发展成你所期待的充满智慧、充满自信、满怀抱负之人。在人类的自我发展和不断突破中，必须有足够的自信，一个人应该知道如何控制生活，而不是只在生活中扮演无足轻重的被动角色，这便要求孩子从人生旅途的第一步开始就拥有足够的信心，这种信心的养成，来自于孩子母亲的点滴鼓励和不断肯定。

» 删除"我不能"，要用"我试试"

"我不能""我害怕""我不行"这是弱者才会说的话，一个蓬勃朝气的孩子最常说的应该是"我试试""我可以""我能行"。在孩子的世界里，划掉"我不能"，改为"我试试"。

如果当年没有富兰克林的"我试试"，我们也许现在也不知道雷中带电；如果没有哥伦布勇敢的"我试试"，也许我们要晚几百年才会发现美洲大陆；如果没有爱迪生不断的"我试试"，我们也许仍然生活在黑暗之中……"我试试",一句简单的话,却是一种积极的人生态度,一种愿意努力、愿意争取的正面态度。一个常说"我试试"的人,一个习惯说"我试试"的人,即使生活陷入黑暗,也不会放弃理想,他会用歌唱代替叹气,用微笑面对挫折。

父母应允许孩子自由地探索和研究,鼓励孩子尝试和实践。如果你经常说"不行""不许碰",孩子就会失去探索的勇气。

事实上,许多父母在生活中都有意无意阻碍了孩子的学习。大人们要求孩子保持安静、衣服整洁,最好乖点、听话点。他们不允许孩子自己动手吃饭,因为担心孩子会弄得四处都是饭粒;他们紧跟孩子左右,因为生怕孩子碰着或者摔倒;他们不许孩子碰这动那,怕孩子伤到自己或者打碎东西;孩子无意中从衣柜里拉出衣物,他们也会朝他大喊大叫,叫他别动。为了便于照看孩子,为了少惹麻烦,他们宁可限制孩子的自由、限定孩子的活动空间。但如果改变家庭的环境,使孩子自由、安全地探索,那么孩子的探索精神就会最大限度地得到发挥。过分保护、过分限制会抑制孩子学习和探索的欲望,并给孩子的精神世界带来负面影响。父母应该在家里为孩子开辟一块可以尽情探索的安全空间,鼓励孩子自由活动,主动探索新东西,甚至制造噪音,带来麻烦,这样做可以激励孩子从周围的环境中探索、学习新事物,不断发展智力并积累真正的生活经验。

我的邻居家有一个小女孩,父母从不允许她去溜冰,担心她摔倒,又担心她弄脏衣服或者弄破袜子;父母还告诉她,划船是危险的、游泳是危险的、爬树是危险的、跑得太快是危险的……当这个小女孩看到我带着女儿骑马时,她竟然说:"哎呀,哎呀,太危险了,它会把你们摔下去,摔断脖子,快下来……"很难再去求证,这个女孩能有怎样的未来。在我看来,这种教育形式是失败的。如果你真的爱自己的孩子,应该先承认孩子是一个独立的个体。当孩子已经有了强烈的独立愿望和自主意识,父母其实只需要在旁一步步引导就能让他慢慢学会独立。不要担心孩子完成得不够好,不要担心孩子太小无力胜任,你可以站在孩子身边,在出现困难的第一时间帮他,但是万不可替孩子完成所有的事情，只要孩子自己能做的事，都不要插手。这样，孩子在遇到困难时，更愿意说"我试试"，更愿意凭借自己的力量解决，而不会总想着依赖父母帮助。

» 用相互尊重和合作代替体罚

我清楚地知道，每一个人的成长都建立在自己的强项上，而不应建立在自己的弱项上。既然成年人也会做错事，那么为什么非要苛求小孩子呢？我所做的一切都是为了不断地改善培养孩子的方法，并不是为了一蹴而就、尽善尽美，况且尽善尽美是永远不该企及也无法达到的境界。

鼓励的反向方式是惩罚，几乎所有的父母都把惩罚和奖赏当成约束孩子的两大法宝，为人父母者都非常善于使用各种惩罚手段给孩子施加教训。对小维妮弗蕾德，我从不对她实施所谓的惩罚，而更愿意用合理的方式约束她。如果孩子能充分感受到来自父母的尊重与信任，他们会非常愿意接受父母的教导。

所罗门箴言中曾说"贤良的孩子是被打出来的"，这句话是错误的。我们常常见到很多母亲失去控制打骂孩子，惩罚孩子，而平静下来又后悔不迭，不断地亲吻孩子，拥抱孩子，或者给孩子很多零食作为安慰。孩子不需要权威性的压制和恶性的惩罚，而且也不需要母亲无原则的溺爱。父母需要学习和掌握更有效的方法来鼓励孩子们朝着正确的方向发展，而不是过多地管制和惩罚。

海伦·亨特·杰克逊曾经讲述了一个长老会的牧师对孩子严重体罚的悲惨故事。该牧师鞭打他 3 岁的孩子，那个可怜的孩子最终被活活打死，仅仅是因为他不愿意背诵父亲口授的冗长的祈祷文。我想如果那个男孩即便活着，也很难再去热爱上帝，因为严酷的早期训练会让他觉得上帝这个万能的父亲是残酷的。即便社会不断进步，仍然还有父母信奉"棍棒政策"，认为如果他们不用棒子就会宠坏孩子，就会纵容孩子。但棍棒永远存在着不同程度的伤害，也无法让孩子明白真正的道理。我曾遇见过一个小孩子虐待一只小狗，他这样做的原因是因为他父亲常常打骂他。棍棒下培养出的孩子会缺失爱的能力，而哪个父母愿意孩子度过没有爱的人生？

当然，父母也要区分约束和惩罚，虽然区分起来并非易事，因为有时候这种差别非常微妙，需要父母把握好分寸。我认为，惩罚主要针对孩子本身，而约束却用于有效地改正孩子的行为。

» 永远不要取笑孩子

永远不要取笑孩子，永远不要轻视孩子，不要嘲弄孩子，不要忽略他的感受，不要总是把他当成需要依赖的孩子。他们的心田稚嫩柔软，若你的嘲笑总是恣意而至，会将那片纯美的心田践踏得一片狼藉，伤痕累累。孩子在成长中逐渐形成自信、形成自主意识、形成意志力，父母是否尊重他的观点和想法对他来说非常重要，那是他自我成型的关键因素。嘲笑孩子，如同埋下了最锋利的剑，总会刺伤孩子的自尊。没有什么比取笑更能使一个孩子变得无礼、粗鲁、心灵扭曲和人格卑微了。

我的邻居的女儿小时候画画很好，曾得过金质奖章，自然，父母对孩子的期望和要求越来越高。当孩子力不从心时，父母竟然开始指责孩子的画作，冷嘲热讽，致使孩子对绘画的热情迅速冷却，宁愿装病也不愿意再拿画笔，最终丧失了画画的意愿。父母的取笑和讽刺严重地伤害了孩子的心，伤害不仅仅只在嘲笑的那一刻，它会绵延持续，潜伏一生。

上帝没有赐给小维妮弗蕾德曼妙的歌喉，但我尽量让她保持歌唱的兴趣，但是当听她大声地唱出跑了调的歌曲时，我终于还是没能忍住，笑出了声，小维妮弗蕾德立刻停下来，敏感地问道："妈妈，怎么了，我唱得不好听吗？"我赶紧正色道："不，你唱得好听，我觉得高兴，就笑了起来。"尽管我掩饰了自己，但是我知道，孩子有一颗敏感的心，可以捕捉我们的反应。孩子唱歌是因为她快乐，孩子跑调很自然，孩子唱得不好更需要鼓励。为了孩子音乐天赋的发展，我特意为女儿请了一位音乐老师。小维妮弗蕾德不仅从音乐老师那里学到了很多音乐知识，也和音乐老师一起度过了很多欢乐的时光。

» 鼓励与炫耀之间的差距

那么炫耀呢？过多的鼓励是否会令孩子有炫耀需求呢？我不赞成父母向他人炫耀孩子的成就，这样会让孩子也习惯于向外人炫耀，习惯于表演，习惯于在客气的称赞声中染上虚荣的习性。

我相信，在所有的孩子中，维妮弗蕾德可以称得上是优秀的。当很多孩子喜欢在大人面前卖弄朗诵能力、数学天赋或者艺术才能时，维妮弗蕾德并没有表现出向外人炫耀的倾向，反而因为谦让有礼给人留下深刻印象。一个谦让礼貌的孩子，总是会让人心生喜爱。在回答问题时，维妮弗蕾德不会抢着说，除非所有的人都回答不了。

记得有一次，在周末举行的互助沙龙上，几个孩子在角落里玩耍。我注意到女孩子们在模仿男孩进行腕力比赛，当时维妮弗蕾德不到4岁，但她轻而易举压倒了比她大2岁的特娜。特娜是一个漂亮乖巧的小女孩，尽管她被自己的母亲培养得彬彬有礼，但身体明显赢弱。维妮弗蕾德腕力比赛胜过她也很自然。可是大人们还是在哄笑声中，赞扬了维妮弗蕾德。特娜的母亲有些挫败感，为了赢回作为母亲的高贵自尊，她开始炫耀特娜的某些才能，她以非常快的语速告诉大家特娜不仅能拼写单词、弹奏摇篮曲、还能背诵《三只熊》的童谣，等等。特娜似乎听到了母亲的号令，很快从颓废中复原过来，并显得得意洋洋。特娜骄傲地坐到钢琴前，非常生硬地弹奏了一曲，然后又站在凳子上背诵了《三只熊》的童谣。然后特娜向维妮弗蕾德挑衅："你会弹奏钢琴吗？你能像我一样完整背诵一首诗歌吗？你可以吗？"作为母亲的我，当时有些按捺不住，我深知自己孩子的能力，我决定让她们见识一下维妮弗蕾德的才能，我叫维妮弗蕾德为大家朗诵一篇长篇叙事诗。维妮弗蕾德正在与一个布娃娃做游戏，她很自然地回应我："哦，我现在有这么多有趣的娃娃玩，还是让特娜继续表演吧。"维妮弗蕾德谦逊的态度，自制的能力，让我深感骄傲，又颇感惭愧。在一次家庭聚会时，也发生过同样的事情。在我向所有的孩子问起蝉的成长过程时，大家都沉默不语，既然如此，我就问维妮弗蕾德，因为我知道她熟读了法布尔的《昆虫记》。但是，维妮弗蕾德却对我说："哦，也许杰瑞知道呢，杰瑞，说说关于蝉的事情好吗？"她转过头来鼓励地看着杰瑞，杰瑞就磕磕巴巴说了一点幼虫和蝉蜕的事情，我对杰瑞的回答表示了赞扬。我发现，在接下来的游戏中，杰瑞一直挺着自己的小胸膛，情绪高昂，非常自豪。聚会结束后，我问维妮弗蕾德为何不回答时，她说："妈妈，也许杰瑞想回答，但是不敢回答，如果能让杰瑞感到高兴，我为什么还要回答呢？"小小的维妮弗蕾德具有谦逊的品质，而这样的品质在成年人身上都弥足珍贵。

我的维妮弗蕾德不是为了在人前比其他小朋友表现得更加聪明而热爱学习，她的知识完全属于她自己，她真正地拥有它们、掌握它们。我其实并没有遇到过哪个孩子比维妮弗蕾德掌握的知识更多，但维妮弗蕾德从来没有在别的孩子面前显示自己有多么了不起，相反倒是其他孩子炫耀的时候，维妮弗蕾德总是非常善意地成全他们。她小小的灵魂中有着豁达的品质。

我们成人都不可避免地沾染攀比或者炫耀的习气，我们甚至喜欢把它传染给孩子，要孩子也来炫耀，把孩子也当成炫耀的内容，为了我们的虚荣却给孩子的心灵留下一片污迹。我想，维妮弗蕾德身上所表现出来的谦逊品质，不是来自道理性的说教和谦逊强化，恰恰相反，正因为她掌握了越多的知识，她的视野就愈加广阔，她的心灵就愈加美好，应和着她本身的素质，她也会变得更加谦逊。知识，本身就是一种让人谦逊的力量。我从维妮弗蕾德身上证实了这个真理。

6. 强化内部动机：表扬与奖励要恰当

» 我干完了，快给钱

我们是不是经常会对孩子许下这样的诺言：如果你取得好成绩，我就奖励你十块钱；如果你愿意自己打扫卫生，我就给你买玩具。我们这种金钱与物质的奖励方式，将孩子的内部动机一点点地削减掉了。在某些情况下，当外加报酬和内感报酬兼得的时候，不但不会使孩子的动机力量倍增、积极性更高，其效果反而是外加报酬会抵消内感报酬的作用。

我的邻居安太太对儿子鼓励的方法就是通过奖励金钱达成的，她一般采用极度超标的内感报酬和外加报酬完成。一次，她的孩子吉米自己打扫了卫生，这是吉米第一次自己动手清扫，这对吉米来说的确是很大的进步。安太太异常高兴，她极度夸张地表扬孩子，而且将对孩子的爱和评价这次的事情联系起来，她说："吉米，你简直太好了，太棒了，做了这么多的事，这可是我没有想到的。噢！太好了，你现在是个懂事的孩子了。我以前还错怪你，真不应该！妈妈很喜欢你，因为你做了这样的事情。为了你今天的表现，妈妈还愿意给你一元钱作为奖励。"安太太的表述方式会让孩子觉得，我做了这件事情，妈妈才更爱我，如果没有这么做，妈妈是不是就不会那么爱我呢？这就是孩子的思维方式。安太太没有给孩子温暖、健康、适度的鼓励和回应，而是把她的好评将吉米本身的好坏与所做的事联系起来，与是否爱他联系起来。这是非常微妙的，一次这样的赞扬就会让孩子对母亲的爱心产生疑惑。

　　我认为，对孩子的鼓励和赞赏应该把注意力放在他们的行为上，而不应将孩子本身的好坏与所做的事情联系起来，更不能以此来表示是否爱他。只有把注意力放在孩子所做的事情上，才能使他有满足感、成就感，促使他做成更多的事情。表扬是一种非常微妙的技巧，应该在表扬中将你所支持的原则或者道理，潜移默化地植入孩子的心中，而不是外化成孩子对奖励的需求和物质的渴望。内化成功，孩子才可能自觉自愿地去做每一件值得赞扬的事情。在生活中，我们不可能时时刻刻站在那里表扬孩子，也没有那么多人会自觉继承父母的这一作用。有时候，即使做了很好的事，也不会有人赞扬。

　　那么物质奖励呢？安太太用钱作为孩子的奖励方式会对孩子有着怎样的影响呢？生活中，还有多少父母将经济奖励作为核心的奖励方式呢？物质奖励会让孩子认为，如果做了父母期望的事情，很可能会得到物质报酬，从而产生一种心理定式，不断渴望达成这种奖励，充分将内部动机演化成外部的物质需求，让事情变了滋味。这种外化的奖励行为很可能成为孩子发展的桎梏，孩子的动力变成了外部动机，变成了金钱交易。我们应该试着增加孩子内部的动机，帮助孩子收获其中的乐趣，帮助孩子感受劳动的快乐和美好。

　　对孩子的赞扬也是有选择的。在维妮弗蕾德的成长过程中，当她有很大进步的时候，我会直接夸奖她，但对于有些她一直做得很好的事情，我会在心里面说：女儿，你真行。

» 引领孩子将合理"界线"内化

　　很多好的习惯、品质、行为、原则、修养、礼貌都需要内化成孩子的一部分，永远跟随着孩子。**幼儿的成长过程就是良好习惯的养成和规范内化的过程，内化是一个长期坚持、循序渐进的过程。**

　　孩子们的生活蕴含着许多教育内容，我们可以坚持不懈地教孩子学会负责任，教会孩子在尝试错误中积累经验，学会判断什么是"我不可以"的，什么是"我应该"的，**陪伴他而不是替代他，让他学会为自己负责，学会给自己做决定。**而负责的基准是他在心灵深处拥有原则和道理，而这些都需要内化成为他思想的构成部分。

在孩子成长的每一天，有许多教育孩子的时机，每一个环节可能都是孩子吸收某种东西、学习某种原则、触探某种底线的过程。我们要做的就是让孩子吸收健康的、正确的内容，并将其一点点地内化进孩子的心灵，让他完全拥有它们、掌握它们。它们成功内化，我们就不需要日日引导，我们站在孩子身边就可以看到，他在按照自己的正确方式行事。维妮弗蕾德的谦虚品质、读书习惯都是一点点、一天天内化的结果。

小小的婴孩与父母建立了情感联系，建立了基本信任，父母保护他、养育他，满足他的舒服和被爱的需要。孩子的自主意识一天天壮大，出现了很多该与不该、要与不要、能与不能的界线，我们就需要为孩子设立"合理的界线"，并引领孩子将合理"界线"内化。在这个过程中会遇到种种障碍，只要坚守原则，引领得当，孩子就能够依照一定的标准为自己负责任。

父母如同孩子人生道路上的护栏。你必须坚强，当孩子一次又一次地撞击护栏时，你要站稳。你必须坚强到底，保护他的同时，让他自己走路，自己判断。

» 我做是因为我喜欢这么做

上文说到，对孩子的鼓励和赞赏应该把注意力放在孩子的行为上，把注意力放在孩子所做的事情上，在"做成事情"所带来的美好感受中去体验愉快、满足与成就，要把对孩子的鼓励演化成孩子内部的需求，而不是总试图通过外部激励刺激孩子努力。

一个星期天，我外出，维妮弗蕾德把屋外的花园收拾得干干净净。她不仅自己动手除去了花园中的杂草，清扫了那些从树上掉下来的枯叶，还为花园浇了水、松了土、施了肥。当我回到家时，看到花园干干净净，非常开心。我非常热情地问她是怎么工作的，都做了什么样的工作，维妮弗蕾德兴致勃勃地给我讲述了她怎样扫地，怎样处理落叶，怎样除杂草，怎样用小水桶为花草浇水，怎样找到肥料，还弄脏了哪里等。孩子在讲述的过程中充分感受到了劳动的愉悦。紧接着，我所要引发的就是女儿的成就感：我牵着女儿的手，一起来到花园，由衷地赞美花园的美丽，并表明自己以前从来没有发现家里的花园可以如此美丽，如此干净。维妮弗蕾德很快意识到自己的成绩，内心充满了自豪与成就感，辛勤劳动换来的成果是对劳动最好的奖励。

在养育孩子的过程中，我发现温暖的言语、赞赏的眼神、精神的鼓励可以令孩子很开心。可是，那些单纯的物质刺激可能会让孩子产生为了满足物欲而去"努力"的思想。开始时孩子会为得到奖励对事情充满兴趣，积极性也很高，但这种兴趣已不再是对事情本身的兴趣了，而是奔着父母提供的物质激励去的，这样迟早会丧失做事本质的快乐。所以，同物质奖励比较起来，我认为精神奖励更为重要，培养孩子的自尊心、成就感、满足感、荣誉感等内部动机更为重要。

7. 交流：不要再用"汪汪"代替"斑点狗"

» 别用婴儿语言和孩子谈话

孩子尚未出生时，便对母亲的声音有着深刻印象，他依赖并信任这个声音。只是很多母亲并不习惯和孩子进行正常的交流。

许多母亲认为用成年人的语言，与牙牙学语的婴儿讲话不太合适，所以非常喜欢用叠词或者特定的婴儿用语和孩子进行非成人化的交流。当她们抱着婴儿时，她们称呼"宝宝、妞妞、甜心、小不点"等。在交流时，"火车"会用"呼哧呼哧"的声音代替，"猫"是"喵喵"，狗即使不用"汪汪"也会用"狗狗"，不管这是一只斑点狗，还是一只吉娃娃。按照这种语言逻辑，似乎仅用最简单的描述，仅用几个单词就能代替孩子们看见的几乎所有的事物。

父母应该都知道，孩子婴幼儿时期的发展至关重要。你可以通过触摸、轻轻地按揉小婴儿的身体，帮助他发展四肢，强健身体，你更应该用语言交流发展他的大脑，强健他的思维。如果你不断地用婴儿的语言和一个孩子谈话，你不仅仅给了他错误的语言概念和声音概念，而且桎梏了他的思维和语言拓展空间。你所使用的婴儿用语方式，会阻碍孩子词汇量的扩大，并阻碍语感的发展，也会给孩子的更广泛的认知带来一定的障碍。等到他长到6岁时，他在语言方面的能力将比那些用正常的语言交流的同龄孩子有所欠缺。

我非常同情那些被剥夺了正常交流方式的孩子，从维妮弗蕾德出生时起，我就尽可能地对她说准确而完整的句子，在向她灌输语言时，我也不会忽视俗语的价值。因为俗语的生动化使得语言的宝库更加丰富多彩。当我对维妮弗蕾德讲起一只狗时，我会说"那是只狗"或者逐渐让她区分是哪一种狗，而不是用"汪汪"或者"狗狗"统而概之。我绝对不教给孩子不完整的、替代性的话。这种完整的语言教育从一开始就有很明显的效果，维妮弗蕾德还不到 1 岁时，有位朋友对她说："维妮弗蕾德，我想看看你的汪汪。"她纠正说："这不是汪汪，是狗。"这位朋友对此大为惊讶。请记住巴尔博士所说的那句话，对 1 岁的婴儿教拼音是很容易的，没有任何理由教婴儿不完整的话。

在孩子愿意告诉我们些什么的时候，请耐心倾听孩子的语言，让孩子多多地谈论自己。倾听本身是褒奖孩子的一种方式，能让孩子充满自信。我们能否在孩子的世界变得更受欢迎，在于我们能否静下心来，倾听孩子的观点，孩子的故事。不要毫无耐心地反驳孩子，也许孩子表述得完全错误，但要试着去了解他这样表述的原因，试着使自己深入孩子的思维方式。

» 该用什么样的腔调和孩子交流？

很多父母都知道应当尊重孩子，应当与孩子正确地交流。但事实上，很少有人能够做到与孩子正常交流，因为父母真的不善于把孩子放在与自己平等的地位上沟通。孩子在父母的心中，似乎永远是孩子，父母们总是不能避免用教训的口气、敷衍了事的口气、引诱的口气来和孩子说话。孩子其实是非常敏感的，他们能够分辨出大人在讲话时所要传达的真正意思和态度。可是，做父母的似乎并不敏感，没有意识到自己在同孩子讲话时运用了这样的腔调和态度。

在培养维妮弗蕾德的过程中，我意识到，只要我愿意付出时间与女儿交流，平等地倾听她，她就会感到满足，并愿意把自己的事认真地说给我听。即便在维妮弗蕾德非常小的时候，我也注意倾听她讲话，只要是她乐意表述，我都会鼓励她讲下去，并且像对待成年人一样，从不对她的问题或讲述的事敷衍了事，总是给予应有的回应和回答。女儿有很强的表达欲望，她非常愿意向我和她的父亲讲述自己的事。她常常给我们讲她一天的生活，讲她一天的感受，讲她学到了什么、发现了什么，有着怎样的心情。有了这种真诚沟通的基础，我就很容易对自己孩子有真正了解，这对教育孩子非常重要。

在正确的交流方式下，女儿的表达能力发展得非常快，比她同龄孩子的语言能力要好得多，而这无疑为孩子今后的发展增添了双翼。

» 拒绝回答伤了孩子

我们知道，孩子的好奇心是非常强烈的，这是孩子探索世界的利器。他们常常会提出各种各样匪夷所思的问题。虽然有时孩子的问题让人心烦，让人不知所措、无从回答，但父母绝不能因为不耐烦而逃避或者拒绝回答此类问题。父母对孩子问题的拒绝、逃避或者敷衍了事很可能会挫伤孩子的自尊心。部分父母总是认为：小孩子嘛，有什么自尊心不自尊心的，不回答就不回答了，没什么大不了的。其实，孩子们都有需要保护的自尊心，如果做父母的能够更慎重地对待孩子，是可以避免更多问题儿童产生的。

有时孩子提出的问题确实不合情理，但千万不要去嘲笑他。万一我们的嘲笑伤害了孩子的自尊，孩子不敢提问、不再提问了，那他们无尽的好奇心就得不到引导，无数的思维密码就得不到答案，无穷的创造力就被压制，我们的教育必然失败。小维妮弗蕾德有形形色色的问题，涉猎很广，我总是给予鼓励，并耐心作答，绝不欺骗女儿，从不给出似是而非的答案，而是尽量做到清晰明了并且浅显易懂。我会根据孩子现有的知识结构与思维能力，斟酌用怎样的表述方式才能让孩子完全接受。有时我也会回答不卜来，但我从不胡乱作答，而是和维妮弗蕾德一起去查百科全书或其他资料，直到找到我们想要的答案为止。

每一个孩子都是一个活生生的小问号，借助提问这种方式，他们急切地进行探索，满足求知欲。为了能适时回答孩子的问题，父母可以准备一些图书，比如《儿童百科全书》就是父母很好的帮手，这里面父母几乎可以找到孩子可能问到的每一个问题的答案。

第三篇

自然属性法则

1. 母亲：推动摇篮之手也能推动整个世界

» 母亲的教育是奠定民族素质的基础

大教育家福禄倍尔说过："国民的命运，与其说是操纵在掌权者手中，倒不如说是掌握在母亲手里。"提升母亲的素质是为整个民族的发展做好铺垫，每一个母亲所培养的孩子都将在民族的发展中承担这样或那样的责任。不言自明，母亲的教育是奠定一个民族整体素质的基石。

母亲是爱的传递者，承担着教育启蒙者的重任。推动摇篮的手、抱着婴儿的手看着是那么的温柔纤细，可是它们却能推动整个世界。所以无论我们的工作岗位责任多么重大，工作多么复杂，我们都要记住：在家里，还有更重要、更复杂、更细致的工作在等着我们，这就是教育孩子。如果一个孩子自幼得到了母亲良好的教育，他步入社会时会成为一个具备良好习惯及崇高修养的合格公民，这是一个家庭的幸事，也是一个民族的幸事。如果一个民族的所有家庭都有一个好母亲，重视对孩子的教育并身体力行，那么，整个民族的素质会极大提升。

怀孕时我们要去欣赏一切美好的东西，远离暴力、肮脏、恐怖的事物。它们会阻碍我们心脏的活动、毒化我们的乳汁，我们要远离它、杜绝它、铲除它，在孩子尚在腹中时，就让我们的孩子开始远离这些恶魔，以勇敢和快活的精神生活。

人生一世，会不断接受考验，所以我们要让自己的孩子有足够的能力和勇气去面对生活中可能存在的一切困难，我们必须最先做好准备，做坚韧的母亲，并培养孩子具备爱美、爱正义、爱真理、爱善行的精神。女人不生孩子就不能体会到生活的幸福，但也请记住，做母亲必然会遇到许多困难，必然面临巨大的变化。母亲在教育孩子的同时，还要照顾好丈夫和整个家庭，甚至还需要处理多项工作。因此，凡是没有决心战胜这些困难的妇女，最好不要生孩子。请一定做好准备再踏上做母亲的漫长征途，这段征途将占据你三分之二的人生。

一个家，哪怕家徒四壁，只要有一个正直、善良、勤劳、乐观的母亲，孩子就有了心灵的港湾与成长的源泉。对于孩子来说，母爱是这个世间最珍贵、最美好、最无法替代，也是最有效的健康快乐的资源。母亲是孩子的第一位老师，更是自然赋予人类的最神秘的恩赐。

» 教育孩子先修炼妈妈

斯宾塞有句名言："在教育孩子之前应该先教育母亲。"这也是自然教育的一条重要原则。任何人都有母亲，可并不是所有人都有一个能够承担好教育重任的母亲，因为要达到这样的标准实在不易，那是一项伟大的工程。

在维妮弗蕾德还没有出生时，我就已经开始考虑应该怎样教育她了。每当感觉到她在我腹中踢我，我就美滋滋地想象她出生后的样子。我一心一意想要做一个好母亲，如今我依然在成为好母亲的漫漫途中前进。很多母亲被家务所累，为生活所迫，无暇关心孩子，甚至将孩子放在一旁不管，这样的母亲是不称职的，母亲最重要的职责在我看来，不是家务，而是教育孩子。

我确实将培养维妮弗蕾德作为我生命中最重要的任务，我愿意为此接受教育和培训，愿意不断提升自己，修炼自己。

不知道大家有没有注意到一些有趣的现象，那就是很多伟大的人，他们的孩子往往并不出色，这似乎有悖遗传理论。在我看来，伟人之所以没有优秀的孩子，很可能是因为伟人们并没有挑选到一个同样伟大的女人做妻子。如果一个孩子小时候没有受到具备丰富育儿知识的母亲的培养和引导，他长大以后就很难有所成就。

所有的人都应当是教育者，至少所有的母亲都应当是优秀的教育者。教育不应在学校由教师开始，而应在家庭里由母亲开始。我办自然教育学校，设定培养父母的课程，是希望那些尚在蒙昧中，尚不能清晰明确自己生命责任的母亲有机会获得教育的机会。

» "出生前300年"就该教育孩子了

奥利弗·温德尔·霍姆斯说过，教育孩子应在孩子"出生前300年"就开始了，乍一听有些离谱，但仔细分析就知道它以极度强调的形式告诉我们，孩子的教育越早越好，甚至早到母亲的母亲，没有人能够计算出我们的教育应该是从哪一位母亲开始，但如果我们想让孩子拥有一个更好的未来，要培养一个优秀的母亲就应该让女孩子们从小就身心健康、积极乐观，为做一个合格的母亲做好各方面的准备。

一个称职的母亲在孩子出生前，甚至孕育生命前很早的时候，就要关注自己的身体健康。在你还是少女时，尽管那时候你还算是个孩子，甚至从来没有想过自己会有个孩子，你也应该对自己的生命健康承担重大责任，希望每一个女孩都珍视自己。

在我知道自己即将成为一个母亲的时候，我摒弃不良习惯，回归正常规律的生活。从怀孕之初，我从没有去放任自己喝酒或者肆无忌惮地吃一些对孩子不利的食物。我努力微笑、力图保持健康的心境。我知道，郁闷、忧伤只会让我未来的婴儿发育不良。我出去看美丽的风景、天天想快乐的事情、我读好书、听好音乐、欣赏大自然的美和艺术作品，并且更多地做善事，让我的心灵浸润在长久的宁静和喜悦之中。我知道，我所要承担的不仅是胎儿的健康，我也要为胎儿的品德形成和智力发展担负责任。

我知道母亲的饮食对胎儿的健康很有影响。为了生出一个健康的孩子，我加强了对食物的研究和控制。我不再吃咸菜和腌制食品，不再吃虾。我知道生病的母亲很容易把病毒直接传染给胎儿，如果母亲患有高血压，孩子就很有可能患有心脑血管方面的先天性疾病；如果母亲酗酒，孩子出生时就可能带有酒瘾。我远离吸烟、酗酒等不良习惯，同时仔细保护自己，让自己远离疾病，免得殃及胎儿。

我邻居的孩子自出生后，就一直爱哭，他就像中了魔咒一样，哭声不断，吵得很多人都无法安睡。这个孩子的不安情绪很可能来自母亲的传递，孩子的父亲在他出生前进了监狱，母亲在眼泪和惶恐中生下了他，并传递了她的惶恐与不安给孩子。我得知自己即将有一个孩子的时候，就觉得幸福而平和。我为自己安排了严格的作息和生活计划，那些会使人过度劳累的长途旅行我全部取消，取而代之的是每日傍晚的林间散步。尽管我很不喜欢暴露在太阳下面晒黑我的皮肤，但医生告诉我适当地晒太阳对胎儿有诸多好处，我就放弃了美丽的遮阳伞，时不时地会接受阳光的沐浴。为了让自己的身体更健康，我坚持每天至少运动30分钟。我相信，肚子里的小宝贝一定会跟我一起享受这份来自于我的心灵深处的宁静和愉悦。

» 未受过训练的保姆谁敢要？

任何人都不能替代母亲的角色。

很多人喜欢雇佣保姆照顾孩子，在所有生灵里面，只有人类才有保姆这样的角色，在动物的世界里绝不可能把自己的孩子交给别人养育。保姆实施的更多的是看管的责任，她所做的只是需要保障孩子安全即可，不让孩子挨饿就好，所以很多不负责任的保姆以方便省事为原则。她整天对孩子说，不许做这个，不要做那个，别弄脏衣服，别乱动东西，这样非但不能发展孩子的能力，反而使孩子的能力萌芽时即遭到扼杀。而且我们说过，模仿是孩子的天性，孩子与保姆相处，会效仿保姆，沾染各种不良习惯。孩子需要长大，但更需要的是成长，奉劝天下的父母一定要慎用保姆教育孩子。

当然，生活较富裕的母亲，对孩子的照料，可以把部分无关紧要的任务交给保姆分担，那些属于母亲的工作则不能由旁人代替，母亲们应该尽量亲力亲为，孩子的教育必须由母亲承担。孩子吃饭、洗澡和穿脱衣服等，也应该由母亲负责。保姆可以做好教育的助手，可以做好孩子的三餐等。

如果经济条件允许，父母要尽可能雇用有教养的妇女做保姆，而且保姆的性格是重中之重。保姆的性格、习惯乃至表情对孩子都有影响力。所以，应选择性格开朗、健康、爱说爱笑的保姆。只有这样，才能让孩子身心愉悦，健康成长。我努力在自然教育学校培养一些母亲的帮手，培养那些合格的保姆，这些人无论从精神上、身体上或是道德上都能帮助母亲照顾好她们的婴儿，而且也会注意孩子的心灵和品德情操教育。社会需要高质量的保姆。

2.食物：大脑要食物来"营养"，不是要食物来"迟钝"

» 孩子对吃喝并没那么大兴趣

我从来不用食物去贿赂或者诱惑维妮弗蕾德，也从来不用吃或不吃作为某种惩戒手段。把食物当成奖励、惩罚或威胁孩子的手段，把食物当成调教孩子的某种工具，实在缺乏科学性，这是将食物的作用扭曲了，让孩子对食物产生了异样的情绪。对于女儿，我始终把管教和食物分开，并尽力为她营造一种和谐轻松的进食气氛和环境，让她独立自主、轻松愉快地进食，而且进食就是进食，不附带其他意义。

大多数母亲都有这样的习惯，会在孩子不高兴或者哭闹的时候，拿糖果或者各种各样的零食给他们吃，哄他们开心，我的父母就曾经这样哄我，看来这种方法源远流长。父母在鼓励、表扬孩子时，也会使用同样的食物策略。父母们乐此不疲，因为食物政策看起来似乎总是颇有效果。

母亲提供给孩子过多的食物，孩子吃喝过多，容易变得迟钝而且导致生病。那些已经吃了太多而仍被要求吃光盘子里所有食物的孩子，根本无从知道他们的极限。而且孩子一直吃零食就会使消化功能紊乱，到吃饭时，消化液供不应求，吃的食物在胃里，不能很好地被消化、吸收，孩子当然就没有食欲了，这会渐渐形成挑食的毛病。而且食物策略这种奖惩方式让孩子对于食物单纯的享受变了味道。食物抑制或者食物激励政策，绝非好的选择，这种策略不仅会让孩子越来越难满足，还会让他长大后缺乏自制能力。我如果用吃喝来奖励维妮弗蕾德，她会以为满足吃喝是一件非常重要的事情，就容易形成自私、狭隘的性格。

如果女儿因犯了某个错误而用挨饿来惩罚她，这样很容易使她变得阴沉、忧郁，会认为父母不爱她。

其实孩子们对吃喝并没有我们想象中的那样感兴趣，视觉和听觉的乐趣对于孩子们来说才更重要。孩子热爱食物，是因为那些东西对他们来说新鲜且充满好奇，婴儿在接触新食物时往往喜欢自己研究一番，以满足自己的好奇心。孩子自己会对营养摄入做出适当的选择，他们会在一段时间内自行调节营养摄取。母亲不用担心孩子营养不够，影响成长发育。其实，很多时候，孩子常常是撑病的，而不是饿病的，有时候，甚至饿一顿对孩子反而有好处。孩子的饮食确实需要大人的照顾，但是，成人也要尊重孩子的饮食选择和独立性。

请悉心地照顾孩子，尽可能清楚地知道，对于孩子来说什么是最佳饮食，怎么样是最好、最合适的吃法，什么时段是饮食的最佳时段。但也要记住，每一个孩子都是不同的个体，对这个孩子有利的，对其他孩子未必有利。孩子的饮食方式是多种多样的，作为父母应该充分考虑孩子的年龄、体质、营养需求、食物爱好等因素，认真选择适合于孩子的方式，适度控制、循序渐进地帮助和引导孩子建立起健康的饮食习惯。

» 请做为孩子哺乳的母亲

在犹太人的法典中有这样的规定：对新生儿必须哺乳 24 个月，不得提前断奶。伟大的教育家卢梭也曾将是否对孩子进行母乳喂养作为社会改革的目标之一，母乳喂养可以杜绝很多不健康因素。

对于婴儿来说，母乳是为孩子们量身定做的食物。孕期，婴儿通过脐带从母亲身体里摄取营养；哺乳期，婴儿通过乳房从母亲身体里摄取营养。在这两个阶段，婴儿都需要母亲的身体来包围、保护，并借此接受养分和温暖。英国人曾经用羊奶喂养婴儿，甚至让婴儿直接吸吮羊乳头。后来，由于牛的饲养趋于普遍，开始用牛奶取代羊奶。但是这样做使很多婴儿很难活过 1 岁。大量孩子的夭折给那些轻率的母亲们深刻的教训，让她们明白了牛奶或者奶粉只是为那些无法哺乳的母亲提供的，母乳才是婴儿最好的食物。不管奶瓶做得多漂亮，奶瓶中的奶都难以替代母乳，那些对婴儿最重要的成分，只在母乳中有。母乳有 400 多种营养素，是任何配方奶都无法替代的。

不少母亲误以为自己不能分泌出足够的乳汁来，这是一个极大的误区。我们都是哺乳动物，所有的哺乳动物都有足够的乳汁来喂自己的孩子。

母亲喂养婴儿半年——最多也不过两年的母乳，却能将这种益处延伸到很远，延伸到婴儿日后 50 年、80 年乃至一生的生活。一些伟大人物常常遭受健康状况的困扰，而这些困扰其实可以追溯到他们婴儿时期的饮食情况。

小维妮弗蕾德不到两个月大的时候，就可以独自坐着，而且看起来就像个更大的孩子。朋友们总是惊叹她有如此好的身体，其实这很大程度上都应归功于我用母乳喂养她。那些含着奶瓶的孩子不可能在几个星期大的时候就能在母亲臂弯里荡秋千，我的小维妮弗蕾德却能轻易做到，而且她很少生病，拥有健康的肤色和诱人的体香（吃母乳的孩子身体里总散发着一种甜美的味道）。

母乳是你给予孩子生命能源的开始。它不但易消化、味道适宜，而且来自乳房的母乳温度最合适，且能预防过敏及感染等。更重要的是，你和孩子之间通过亲密接触，通过吮吸建立起了一种既亲切又温馨的联系。虽然授乳是母亲的本能，吮吸是孩子的本能，但二者都是需要学习的艺术。有些吃母乳的宝宝很容易便吃得很好，有些却需要多点时间练习和鼓励才可做到。事实上，最初的数周是最富挑战性的，无论母亲面对的是怎样的问题，只要勤加练习，母乳哺喂就会变得越来越容易。

孩子刚出生的几天，他似乎还不知道那种不舒服的感觉是因为饥饿，更不知道只要开始吮吸乳汁就会使自己感到舒适和满足。维妮弗蕾德也是如此，当她大哭不止时，我把乳头放进她的嘴里，她却继续哭叫着不停闪躲，即使初尝了我的乳汁，也没能使她停止哭叫。我知道，对于婴儿来说吮吸是本能反应，是她的天生能力。所以我慢慢地顺势

引导，只要她吸过几次，感受到吮吸与乳汁、舒服间的关系，一切就会好起来。哺喂不单满足婴儿胃口的需要，也同时让他享受到与你在一起的亲密感和安全感。在这最初的数周，如果婴儿需要哺喂时总能得到满足，你会发现他给身边的人带来了平静和欢悦。

在为女儿喂奶期间，我始终坚持这样一个原则：要充分满足她吃奶的需要，只要她饿了就给她喂奶。初生婴儿的胃着实很小，无论你多久前喂过他，你仍可再喂他一次，母乳是不会吃得太多的。我让女儿在哺乳时期吃得很香，吃得很满足，吃得很舒服。另外，在给女儿喂奶期间，母亲也不要再使用香水或有浓重香味的化妆品。因为新生儿的嗅觉极为敏感，她熟悉那种来自于母亲的味道，浓重的香味会使婴儿不安，认为这不是自己的妈妈。有一次，我稍微用了一点护肤的化妆品，小维妮弗蕾德就哭闹不安，甚至要推开我。在哺乳期间，我对女儿的照料是极为精心的。她现在有那么健康的身体以及聪明的头脑，我想是和她在婴儿时期得到细心的照料分不开的。

》破坏他的胃口就是毁掉他的健康

芝加哥公立学校的一位负责人曾说："一个孩子从出生到离开家庭，父母都应该密切关注他的身体健康。即使我们当中的部分父母出于获利的动机抚养孩子，也需要这么做，因为哪怕你是为了收获，在培养一片黑胡桃小树林，或者为了美丽，培养一簇玫瑰花丛，我们都会分阶段地培养它们，并且我们会常常惦念着它们。"每个母亲都知道，成长中的孩子的饮食需要阶段性地调整，需要随着孩子年龄的变化而变化。

在哺育小维妮弗蕾德的过程中，我尤其注意供给她健康有营养的食物。出生后第一年是婴儿生长发育速度最快的一年，这一阶段的饮食呈现明显递进性。出生后第一个月，婴儿只会用舌头吸吮，此时若把固体食物放入婴儿口中，食物会被舌头推出口外，而不大会被咽下，这就是为什么液体食物在这时期是最适合的。大多数婴儿在4-5个月时体重增长到他出生时的两倍，到一岁时增长至三倍。婴儿体重大幅度增长，也反映出孩子需要更多的营养来供给身体。

婴儿出生后 4 个月，能从母乳或配方奶中获得充足的营养。第 4 个月开始，可为婴儿添加一些柔细的半流质食物，如木瓜泥、香蕉泥、苹果泥、胡萝卜泥、菠菜泥、土豆泥或者米糊等。喂孩子时不要把勺子放得太深，以避免可能引起他噎塞。婴儿吃饱时，很明显就可以看出来。他会转头，闭紧嘴巴表示他不吃了，也可能用哭来表示不要再吃，此时就不要强迫孩子进食。

在这以后，第三阶段，应逐渐增加固体食物，保证婴儿得到充足的营养。再大一点的婴儿愿意自己用手去抓取食物，这个年龄的孩子自己进食不可避免地会把食物弄得狼藉一片，手脸搞得很脏，随着年龄的增长，这种情况会逐步消失。喂孩子进食时，父母要保持冷静与温和，使用餐的时光温馨愉快。

在小维妮弗蕾德 4 个月大后，每在进食前一小时，我都给她喝一茶匙甜橙汁。再后来，我逐渐给她增加西梅汁、煮鸡蛋和土豆泥等食物。需要说明一点，在女儿两岁以前，我很少喂她肉吃。

小维妮弗蕾德 2 岁后，菜、肉、鱼、蛋、豆制作的食品，面包、薯类等食品都是很好的选择。5 岁时，小维妮弗蕾德的饮食要求已基本接近成人，但我很少让她进食刺激性强的食物。

很多民族的食物都是以谷物为原料，这类食物绝对有益健康，但小维妮弗蕾德不太喜欢吃，所以我从来不强迫她吃，只是会想办法多变换一些做法，将此类食物混杂在各种菜肴或者主食中，以此分散她的注意力，使她在不知不觉中进食。即使是成人，被强迫吃下自己厌恶的食物也是一件痛苦的事，所以不要四处追逐孩子，逼孩子吃他不愿吃的东西。

当然，再吸引人胃口的食物也不能吃过量，这是母亲要掌握的婴儿饮食原则。过多食用相同的物质，足以葬送孩子对它的好胃口。母亲在照顾孩子饮食方面真应该万分注意，别破坏掉孩子的胃口，进而破坏掉他的健康。孩子从婴幼儿起就要养成良好的饮食习惯，父母要防止其挑食、偏食。婴幼儿应在安静的环境中专心愉快地进食，避免外界干扰，这样才能保证他们的身体充分吸收营养。

现在的孩子面临着琳琅满目的食品诱惑，父母更应该注意合理地为孩子安排饮食，养成规律饮食的习惯。孩子不是天生没有胃口，只是消化不良才使他们变得不那么健康。避免消化不良的主要途径就是，掌握好孩子吃饭的时间规律，使其愉快地享受每一份食物。小维妮弗蕾德自从出生以来，我就坚持定时给她喂奶、喂水，这样她的饮食生物钟从一开始就极有规律。

》 提供给大脑适宜和适度的营养

在喂养维妮弗蕾德的过程中，我始终把握这样的原则：保持女儿在进食方面的独立性和自主性，让孩子觉得吃东西不仅是一件重要而愉快的事情，还是一件她想做且能自己控制的轻松自然的事情。特别在孩子很小的时候，如果她觉得用手抓比较方便，比较有趣，即使弄得脸上、手上、桌子上脏兮兮的，我也不会去指责和训斥她。女儿先吃什么，爱吃什么，喜欢把哪些食物一块吃，怎么样的吃法我都任由她选择。只要女儿没有挑食或贪吃的表现，整个进餐过程就始终和谐而愉快。孩子若挑食或贪吃，我会予以温柔提醒，但不会斥责孩子，我会逐步培养她养成良好的饮食习惯。

我看来，孩子的营养供给对于大脑的发展十分重要，任何营养不足都会降低大脑和身体的素质，并会影响到多种相应的行为，产生负面影响。可以通过对饮食结构予以简单改变，避免孩子发育不良。大脑营养不够，会导致一些问题，比如记忆力下降、思想混乱等。我们都希望孩子的大脑发育得很好，可以适应很多形式的脑部运作，那么，更要对孩子的饮食合理安排，供给大脑正确的"食物"，帮助提高孩子的脑力，这也是孩子发展智力的一个重要因素。

大脑需要适宜的营养，也需要适度的营养。孩子食欲好，固然是一件好事，但孩子贪食，反而会让大脑迟钝。我女佣的孩子胃口总是很好，这个孩子的体重已经是他同龄孩子的两倍，还是一副吃不饱总想吃的样子。孩子如果在一段时间内大量进食，可能会影响大脑发育，所以适度地调节和控制孩子的食欲，能够帮助其健康成长。小维妮弗蕾德也有贪吃的时候，每当她在不适当的时候想吃东西，我会想一些办法引导她忍耐或者分散她的注意力，以减少食物对她的诱惑。

» 吃一些零食，并不会毁掉孩子的健康

当初，为了让维妮弗蕾德养成有规律的饮食习惯，我严格限定了她的零食：苹果、香蕉、橙子之类的水果，或者松子、榛子、胡桃类的坚果，且数量很少。这些零食只能在正餐结束至少一个小时以后少量食用。我那时坚信，控制零食就是保证孩子的健康。

但在纽约巡回演讲时，一个母亲喂养孩子的方式改变了我对零食的看法。那位母亲的孩子已经一岁多了，但是仍然不会以咀嚼的方式进食。孩子的食物只是放了少许盐的淡而无味的粥，尽管里面加了各种豆类还有蔬菜颗粒，营养充足，可在我看来这样喂养孩子仍旧存在问题——孩子的饮食内容似乎只有"粥"这样单一的形式。这位母亲确信，孩子越晚接触零食就越健康，她不想自己的孩子拥有一口难看的蛀牙，或者成为一个不讨人喜欢的胖子。尽管我也认同她的观点，但当她的孩子看到其他孩子在吃巧克力或者蛋糕时，脸上露出极度羡慕的表情，这一画面令我非常难过，这让我感觉那位母亲剥夺了孩子最喜爱的东西。

那时，我突然明白，如果过分限制孩子吃零食，其实是剥夺了孩子的一种乐趣。自然教育一直强调的就是要遵从孩子的本性，我却也在犯同样的错误。那个孩子长大成人后，很可能会以拼命地吃零食来补偿自己童年丧失的乐趣。我就见过一位每天都挂着零食袋子的女士，即使参加聚会，也会控制不住地吃零食。

对于零食的选择，我有自己的原则。当然，新鲜的食物是最好的零食，比如孩子喜欢吃的水果和蔬菜。我还会适当地给维妮弗蕾德吃一些坚果。至于孩子最喜欢的甜食，我则尽量控制供给，因为它有致孩子长龋齿和肥胖的风险。杜绝孩子吃糖果，会更加激起孩子对糖果的热情和渴望，也让孩子的童年生活少了些许美妙的感受和记忆。所

有的孩子都一样，抵制不了糖果的诱惑，小维妮弗蕾德也对甜食充满了渴望。我每天允许她食用少量糖果，并且尽量避免让她在正餐前食用，因为那样往往会打扰小家伙享用正餐的兴致，破坏了正餐的正常规律。与孩子"订立盟约"是个不错的方法，小维妮弗蕾德和我之间就订立了一个"盟约"：什么时候吃以及吃多少糖果和甜食。她遵守这个"盟约"，因为这是我们共同订立的。

有一则古老的童谣说：小女孩是由糖果、香料和一切美好的东西构成的；小男孩是由剪刀、蜗牛和宠物小狗的尾巴构成的。就让孩子适当地吃一些零食吧，那不会毁掉孩子健康的。

3. 学校：自然教育学校什么样

» 移动的课堂是什么样的？

　　自然教育学校的教育目的旨在为将来要做父母的年轻人做好准备，让更多未来的父母合格上岗，承担好教育的责任。大部分高校都在教授学生各种各样的学科知识或者某种主义，以便获得综合发展。但所有的学校都忽略了一个重要的课题，那就是总有一天，这些上学的孩子们会成为爸爸妈妈，大部分学校似乎并没有开设这样的课程，告诉这些未来的爸爸妈妈如何承担好自己的责任，如何担当养儿育女的重任。养儿育女是一件非常严肃的事情，绝不能冒险。在孩子出生之前，我们就应该知道如何从德、智、体三方面培养孩子，这是我们的责任。

　　在自然教育学校，我们不仅教准父母或者父母如何保障子女的身体健康，也告诉他们如何通过玩游戏、讲故事等个性化培养方式，来促进孩子精神和道德方面的发展，由此形成孩子良好的品格。

　　我们自然教育学校认为孩子应该享有符合其天性的自由。倘若天气好，对孩子的培养完全可以搬到户外去：在小山坡上，在草地上，或者在公园里。即便天气恶劣，在学校的教室上课，感受也完全迥异于传统教育。教室安排得更像一个家，一个漂亮的婴儿室，就像小维妮弗蕾德的婴儿室那样。教室的墙壁上有很多美丽的图片，在脚撑架、壁炉架和书架上摆有伟大雕塑作品的复制品，这一切都有利于孩子在幼儿教育时期学会欣赏艺术，学会用眼睛感受世界。

　　在每个教室中，我们都设定了古玩架。我们从世界各地收集了许多古玩和带有民族特色的制品。这样一个古玩架为教师提供了很多授课的资源，教师可以借此激发孩子对其他国家的兴趣，并让他们乐于了解国外一些国家的地理位置。

在我们自然教育的教室中，没有固定的学习座位，没有固定的书桌或游戏桌。我们的桌子也是轻材质的，灵活易搬移，而且每个孩子都有自己的可以随身携带的轻便椅子，这样孩子们就可以把桌子或者椅子随时挪到不同的地方，随意坐在自己喜欢的地方。我们使用很大张的白纸，可以用彩色蜡笔在上面随意书写绘画，而不是采用让空气中飘满粉笔灰的黑板。教室内部不用扫帚，而用吸尘器和拖布打扫。进入自然教育游戏室的时候自然要穿着拖鞋，这样放松而且卫生。我们还教孩子们遵循日本的一个规矩，学习日本人的微笑习惯——从不说令人不愉快的事情，礼貌客气地对待每一个人。

》 花园课堂里的秘密

自然教育提倡孩子与自然亲近，我们培养孩子对动植物的兴趣，给孩子创造观察动植物生长的机会。我们不仅鼓励小朋友整理自己户外的小小花园，还在教室窗口座位下的盆中播下植物种子。如果空间有限的话，我们就使用一些漂亮的适宜在水中生长的植物。我们将开始只是小片叶子的花卉种在水中，然后便可以观察它们的成长和绽放。植物始终能够激发孩子的兴趣，让孩子产生无尽的探索意愿。老师们也会收集一些特别的植物，丰富孩子的视野。小维妮弗蕾德非常高兴捐献给老师一棵很棒的来自北卡罗来纳州本土的植物——金星捕蝇草，这是她的植物收藏品。所有活的生物也会引起孩子的兴趣。装有金鱼、小乌龟或蝌蚪等水中生物的鱼缸，能够为老师提供灵感，也能丰富孩子的思维，锻炼孩子的观察力。

条件比较好的自然教育学校，有更大的可以探秘的空间，可以为每一个孩子开辟单独的花园，孩子们可以给自己的小花园命名，自己记录植物的变化、寻找树叶的秘密、观察自己的小树朋友。春天饲养小蝌蚪、喂养小鸡小鸭。在种植饲养活动中，孩子们可以猜测、可以记录、可以观察比较。在付出辛勤劳动及等待的过程中，感受到生长的喜悦及收获的快乐。孩子如果见到自己种的植物或饲养的小动物死了或受伤都会哭泣，所以他们会很认真地照顾自己的小花园。我们让孩子用自己的五官、四肢、肌肤去接触自然，感受多姿多彩、神奇、真实的自然。自然教育学校也提供了充足的活动材料，如尺子、放大镜、小铲、水壶、记录表格与空白纸张等。

» 学校如何用自然教育工具？

所有自然教育学校的教室都设有低矮的窗户，窗台的面积足够大，孩子们完全可以坐上去，在这些窗台座位上就能找到《儿童百科全书》《新标准字典》《彼得兔》和《本杰明兔子》等儿童书。

我们在前章中描述过的各种工具或玩具在自然教育学校都能使用，其中音乐设备是必不可少的，放音乐的时候，我们就教孩子一起跳动感十足的韵律操，或者伴着外语歌曲跳不同风格的舞，钢琴也不错，老师弹，孩子唱，或者一个孩子弹，另一个孩子唱。

小型打字机自然是自然教育课堂最受推崇的工具，在每一个自然教育课堂它都占有相当重要的位置。通过它，孩子可以非常容易地掌握阅读、拼写和标点使用规则。打字录入有助于孩子们熟悉那些文学大家们的美妙语言，也能加强对孩子手指灵活性的锻炼，这样一来，他们在弹奏钢琴或拉小提琴时就能有更好的发挥了。锻炼手指对大脑发育有很好的促进作用。

倘若孩子玩累了，应该引导他们坐在舒适的窗台上，在《儿童百科全书》中寻找各种知识，在童话故事中发挥他们的想象力。孩子会朗读故事，会表演故事，孩子还会不断地问问题。当孩子们问一些老师不知道的问题时，老师可以和孩子一起翻开《儿童百科全书》寻找答案，这也是一个有趣的探索过程。

童话故事、露天舞会和独幕剧可以算是自然教育的场景工具，通过场景教育来培养孩子们的想象力或创造力，是我们努力的目标。

绘画是人们表现自己灵魂的最佳方式之一，自然艺术学校的孩子对于艺术的学习充满灵性和自由的空间。孩子们可以在一个装着湿润沙子的沙板上随意创作，随意造型；孩子们可以收集叶片，用这些叶片在白纸上摆出图形并描绘轮廓，填上自己想象的颜色；孩子们可以用一些小棍子摆出几何图形，完成各种构想；孩子们可以海阔天空地在大大的白纸上创作关于天空、海洋等景色的绘画作品。

条件允许的话，我们提倡将电影引入学校，并通过电影形象教授孩子们各个地区的不同风俗习惯以及历史、地理、基础化学、植物学等知识。电影能让孩子们更形象地感受艺术作品。所有曾经在前面提到过的自然教育的工具都可以在自然教育学校发挥最好的作用。

孩子的记忆年龄到十二岁就结束了，两岁半到六岁是孩子思维最敏捷、记忆力最强的时期，所以我们鼓励父母从孩子两岁时就开始加强引导他们对不同语言的学习。当不会说某种语言时，老师和母亲还可以借助语音磁带来完成语言的发音学习。

如此自由的学校，使得自然教育学校的设定变得非常简单，自然学校可以建立在任何需要的地方，那些愿意短期内跟着训练有素的自然教育老师学习的父母，都可以在家中自己建立自然教育学校，或者两三个家庭携手合作，建立一个街道学校，把自然教育学校搬到任何我们需要的地方。自然教育学校所需要的全部设施、格局、要求便是一个良好的自然的环境和一个爱孩子的老师。一个充满大自然感觉、充满童趣、充满自由和快乐的环境，一个懂得如何微笑，如何引发学生兴趣以及通过与孩子合作来培养孩子观察能力的老师。孩子们在对老师的模仿，在对自我专注力的培养和对各种学科的兴趣中获得知识，自由健康地成长。

自然教育学校的工具和所有游戏都没有专利，所以完全可以把自然学校搬回家中去，现在就对孩子开始有效的自然教育吧。

» 10 个孩子一个班，足够了

传统学校的班级有太多的孩子，30 个甚至 50 个，而且所有的孩子都采用一样的课程，一样的教育模式，一样的内容。我曾经说过，每一个孩子都有自己的天赋，如果想让孩子充分发挥他自有的天赋和潜质，孩子就应接受单独的属于个性化的教育和培养。自然教育学校每个班级只接收 10 个孩子，以保障能够做到因人制宜的个性化开发，老师可以随时关注到每一个孩子。

学校上课虽然总是持续两个小时，但因为我们不断变化的游戏，转换的空间，因此无论教师还是学生都不会感到疲倦或者厌倦。因为考虑到小孩子集中精力的时间不超过 15 分钟，我们的任何游戏都不会超过 10 分钟。我们总是在孩子玩得很酣畅的时候停止游戏，意犹未尽的感觉会让孩子第二天再次要求玩同样的游戏。重复性在教育中是非常重要的原则和手段。

老师们需要微笑，不论他们有什么不开心的事情，一旦进入自然教育学校，就要放下所有的负面情绪，带着微笑。我们用爱和兴趣作为激励孩子的手段。我们对孩子也有实质性的奖励和惩罚，但是我们的奖励和惩罚形式充满乐趣，这是促进孩子进步的一种很有效的动力，也能够帮助我们更好地开展工作。一些伟大的金融家都承认，他们的效率来自于奖励。表现不好的孩子要为他的行为受到一些小小的惩罚，他将被我们从骑士名单中除名，或者得不到带金星的勋章，以表示我们对其行为的不满。**惩罚绝不意味着对孩子的否定而是对孩子某种具体行为的否定。**孩子们兴趣盎然，愿意努力争取以便再度进入骑士队伍或者获得金星勋章。

» 不用考试，无须文凭

什么是教育？多年的传统让越来越多的人坚信，教育就是一级一级上学，并获得相应的文凭和学位。其实，毕业文凭并不能作为教育程度的证明，文凭高低和水平高低之间未必有很高的一致性。年轻的神学家费德一直拒绝接受学位，他的观点是：做费德就足够了，没有必要做费德博士。一个人学习是为了掌握生存的技能，拥有思想和知识的快乐，而不是仅仅为了获得什么学位或者头衔。

传统的教育形态一直是将一堆现成的学科成果灌输给学生，学生仅仅是接受知识的容器，接受、记忆、再现那些现成的知识理论。

　　我努力在家庭和学校中引进自然教育理念，我反对用考试折磨孩子。考试并不能测试孩子知道什么，知道多少，反而给孩子造成困扰和痛苦。他们害怕得不到 A，担心名次排在后面，害怕来自父母和老师的批评及轻视，孩子因为考试而自杀的问题也确实由来已久。

　　让孩子带着问题学习是我办自然教育学校的宗旨，提问是孩子的天性，能提出问题证明孩子确实思考了。在我们自然教育学校，每天早上孩子来学校，会问一些他们想知道的问题。问题被大声地朗读出来给所有的孩子，让大家一起思考，一起找答案，如果没有人能回答出来，就到《儿童百科全书》中去找。

　　那些会写字的孩子都愿意拥有一个知识记录本，记录每一天他们获得的信息，并标上日期和题目。在这些记录本中，他们不是抄写词组，或者做数学题，而是记录下每一天他们新掌握的知识，每一次他们新解决的问题。每次翻开这个本子，他们就能感到自己的知识在增加，他们会为自己所记录的内容自豪，这比考试更能有效激发孩子主动学习。月底的时候，老师会检查孩子们的本子，看看谁的本子记录的内容丰富而且准确，谁的本子保持得干净而且整齐，获胜者会获得金星，而且获得金星最多的学生在学期末会被封为女王或国王。这样的"考试"手段从来不会给孩子带来困扰和恐惧。我鼓励孩子保留自己的知识记录本，当他们长大后会发现，他们获得的知识远远比他们为了考试而学习的知识丰富且记得更牢固。

» 孩子的好斗是妈妈造成的

　　我们自然教育倡导孩子爱好和平，憎恶战争。

　　我们的游戏和故事宣扬着爱好和平，宣扬着奉献与慈悲。同我们的教育理念一样，如果我们想要成为战士，如果我们树立了好战的榜样，那么孩子将会效仿我们，力争成为战士，战争也将会永远关照世界。如果我们不再执著于好战的勇士而钦佩建设性天才，将伟大的贡献型人物作为榜样；如果我们自幼就给孩子灌输和平友爱的思想，那么就将引领我们的整个时代稳步迈入和平。

4. 自然：大自然是最好的教科书

» 大自然是无与伦比的女神老师

向生活学习，向自然学习，在游戏中学习和成长，在探索自然中成长，无处不是学习的乐园，只要父母有心，就可以随手取得素材教育孩子。带你的孩子到树林里去，到奔流的小溪边去，到广阔的草原去，到邻近的花园去，到高高的山顶去；让孩子聆听蟋蟀的歌声，小鸟的叫声，西风的呼声，波涛的旋律；告诉他们童话中海的女儿的故事，告诉他们王子与公主的爱情和善良的小女巫。对孩子来说，与自然界生命的汇合，演绎自然界的神话故事，都是孩子生命中良好的能量源。大自然，是教育孩子最好的助手，是最丰富、最生动的教科书。

在一个个温暖的午后，当小维妮弗蕾德不想睡午觉的时候，我就把她放在树阴下的吊床上，轻轻地摇着，我没有唱摇篮曲，因为微微的风声，嗡嗡的虫鸣就如同天籁中的摇篮曲。孩子平静而柔和，她尽情地呼吸，从自然界中获取神奇力量。

从来没有哪一位老师可以像大自然这样让人兴趣盎然，也从来没有哪一位老师如大自然这般无私奉献，尽情展示多彩的生活，充满无尽的力量，因此所有的母亲都要让孩子靠近这位无与伦比的老师。

老卡尔用对大自然的这些研究成果来教育他的儿子，并获得了很好的效果。当儿子在餐桌上吃饭时，他会告诉他面包的历史和来源，向儿子解释某种蔬菜的科目和特点，以及蔬菜和花卉的不同；当他与儿子一起散步时，他会向儿子描述大自然不同物种的生长方式和发展趋势，大自然环境的变幻莫测；他告诉儿子关于鸟类的故事，告诉儿

子大鸟如何喂养小鸟，鸟类对人类有何帮助，它们怎样为生活而忙碌觅食；他告诉儿子它们是如何相互协作或者团结作战；春季到来时，他会向儿子描述树木如何又一次换上了新装，以及生命的重生，告诉儿子那些被冬天的风霜埋藏的根和种子到底以怎样的力量破土而出。大自然，这位最好的老师，提供了无比丰富的素材。当然，还是这位执著的父亲，使自己智力低下的儿子最终成为了一位著名学者。小卡尔从自然中所获得的知识让他的生活同自然界一样丰富多彩。

我也用同样的方法来教维妮弗蕾德学习地理学、植物学、地质学、动物学、物理学、化学、天文学和矿物学等知识。我愿意时刻带着女儿与这位女神般的老师相拥，获得知识的力量，也获得更美好的心灵。

» 如何让儿童尽情展现想象力？

在充满新鲜空气的自然界中，孩子们的呼吸系统迎接的是最干净的空气；在充满神奇故事的自然中，孩子不断地寻找奇妙世界的真相，他们满是好奇心和探索欲，他们的思想也健康而充满活力。**我从来没有见过一个大自然的热爱者会变成恶棍，我们要多多创造机会，让孩子与大自然亲密接触。**

维妮弗蕾德对自然界的一切都充满了探求的热情，充满了丰富多彩的想象力。她不仅仅在我们的显微镜下研究花朵，分析花朵，还非常愿意丰富她的标本集，并且乐于了解同类植物之间的"哥哥弟弟"的关系。当我告诉她辣椒、马铃薯、西红柿、烟草是"兄弟"关系，都是属于茄科时，她的想象力四散开来，多么神奇的组合，她把这些不同的"堂兄堂弟"放在一起，写了一个有趣的《植物园故事》，一个孤独的物种寻找自己亲戚的故事。维妮弗蕾德的植物笔记本上满满记录着植物生命中的有趣现象，随处可见"土豆大哥""西红柿表姐"等有趣的故事。还有植物大变身的故事，比如小麦变成面包的历史，小麦经过怎样激烈的思想斗争才最终愿意放弃自己的生命，成为我们的食物。维妮弗蕾德正在收集来自不同土地的花卉，做成标本册，那些世界各地的朋友为她提供了各种各样花卉的标本，她的植物标本册也因此内容非常丰富。

维妮弗蕾德非常讨厌毛毛虫很多脚、很丑、软乎乎的身子。但当我告诉她这个丑丑的蠕虫将变成美丽的蝴蝶时，她的心境就不一样了。她在路上再看见同样还是丑丑的毛毛虫时就会非常小心，避免去伤害它们，维妮弗蕾德知道它们还要经过更美丽的重生，它们会在蜕变后感受不一样的"虫"生。她甚至告诉更多的小朋友不要去伤害那条丑陋的灰色蠕虫，因为它将会在某一天变成一只美丽的蝴蝶，翩翩起舞，开始它别样的神奇经历。

我告诉她关于大自然的小生命：蚂蚁、蜜蜂、果蝇的故事和它们的生活方式。这些故事不仅仅让维妮弗蕾德感觉到这些小生灵的有趣和它们特别的生活方式，而且不断地唤醒她的想象力，她用文字为那些小生灵的生活增添了更多的神奇色彩。几乎所有的孩子在面对大自然的生命时，都有无限丰富的想象力，他们给各式各样的生灵写了丰富的故事，并可以杜撰出这些小生命在想什么，又想要说出什么内容来，充满了乐趣。

在与自然界的生命交汇时，几乎所有的儿童都表现出了回归自然的本性。他们勇气十足，乐趣十足。不管是危险的蛇还是丑陋的蟾蜍，都可能成为他们有趣的玩伴。我的小维妮弗蕾德也不例外，她喜欢那些像婴儿一样可以爬行的动物，她甚至还和她的蜈蚣建立了一种友谊，并且丝毫不感到危险，甚至很是得意。并非自然界所有的物种都是安全的，几次的亲密接触，维妮弗蕾德终于被大自然教训了一顿。她对大黄蜂的兴趣惹来了伤痛。被黄蜂蜇到她时，她才知道它们并不是那么友好，维妮弗蕾德还为其他小朋友们写了首押韵诗作为警告。后来，我们一起把自然界的"朋友"和"敌人"分了类，让她不要再主动去靠近那些可能对我们发起攻击的动物。

最近维妮弗蕾德开始饶有兴趣地研究有关甲虫的分类。她已经知道昆虫有 6 条腿，她还知道世界上有 150 万种不同的甲虫，她还雄心勃勃地计划去自然界发现一种新的甲虫，并将其载入甲虫的史册，甚至可以就以她的名字命名这种由她新发现的甲虫。为此，她已经阅读了她能在图书馆找到的所有关于甲虫的书籍，并写了许多甲虫的故事，不管什么时候她遇到甲虫，都要研究它的种类，看能不能发现新品种。

» 大自然沐浴健康的大脑和身体

伯班克教授说："任何儿童都不应该被剥夺感受自然的机会。如果没有攀过岩，没有玩过枯叶和泥团，没有和小蝌蚪、大乌龟玩过，没有和大黄蜂、小蜜蜂接触过，就等于剥夺了孩子受教育的最好机会。"他希望每个学校都应该设一个农场，最好里面可以分成许多块，这样可以为每个孩子提供一块场地作为孩子自己的花园。他也倡导每个母亲应该为自己的孩子准备一块可以栽培植物的土地，可以养小动物的小园子。他的观点和自然教育的原则完全吻合，孩子有自己的可以照料的小小花园是多么惬意多么令人神往的事情，不仅对孩子的健康大有益处，而且会培养孩子的关爱与善良之心。

自然总是远离闹市，所以住在城市里的孩子很少有机会与大自然接触，如果是这样的话，父母应该主动创造孩子接触自然的机会，至少每周都带孩子去周边的森林或公园郊游。让孩子呼吸自然界最美丽最纯净的空气，让他们拥有完美健康的大脑和身体。

我那可怜的女洗衣工有 6 个孩子，她无时不在为生计操劳。当我问她"为什么你不把小孩子送到公园去玩？他们将会更快乐，而且会有更多收获"，她苦笑着向我解释，那些即便以美分来计算的汽车票价对他们家来说也属于"大数目"，她支付不起。所以，她的孩子们只能继续在家中或者附近很脏的胡同里玩。我希望学校为那些家境贫穷、无法支付孩子远足交通费用的家庭设立"远足基金"，以便让孩子有机会沐浴在自然之中。

小维妮弗蕾德非常幸运，她有很好的成长环境，她还有自己专属的花园，甚至不止一个。在靠近我们家的地方她有一块小花园。她非常乐于在她的小花园务农，除草、种菜或者浇花。杂草长得很茂盛时，我们就一起非常小心地除草，以免碰坏了那些有名字的"小仙子"花朵。我们经常一起玩马铃薯游戏，把它们当成婴儿似的看护照顾，让它们快快长大。有时，我们会悠闲地躺在树下，懒懒地晒着太阳，聊着关于蔬菜、花朵的话题。有时，我会用这个机会给小维妮弗蕾德上一堂作文课，我们在一页纸上写上红色、绿色或白色的蔬菜和水果的数目，然后用生动的语言描述一种蔬菜，体现它色、味的特点。当然，我们也用花做这个游戏。

每年小维妮弗蕾德会与我去外边露营。我们有时在非常安静的树林里，有时在苍茫的大草原，有时我们还露营在杂乱无章的灌木下。与大自然亲密接触，总是令人十分愉悦，我们不断发现"树的语言""小溪的痕迹""石头的启示""花朵的传递"，还有很多事物的神秘之处。探秘大自然之旅，这是这个世界最美好的事情。

我相信大自然能给予我们神圣的感受与信仰，经常与大自然亲密接触，使我们比常人有更高的修养和健康的心境。我们希望忘记城市的喧嚣，"平躺在层层的苜蓿花上，开始熟悉草地上的小小世界"，如歌德呼吁的"像昆虫一样生活"。自然界对孩子来说，是最精彩的教育场地。很幸运，我们生活在一片有数年之久的美丽树林中，而且没有比这更好的教科书来教我的小女儿了。

第四篇

五官官能延伸法则

1. 听：并非摇篮曲的叙事训练法

» 小维妮，听得见妈妈叫你吗？

维妮弗蕾德如此优秀，得益于我从一开始就有意识地对她的感官能力及智力进行开发训练。在我看来，小婴儿的感官都隐匿着可以超越的能力，为了充分开发和利用孩子婴儿时期的能力，首先应该从训练婴儿的五官开始，这样可以很好地刺激婴儿的大脑发育。因为视觉、听觉、味觉、嗅觉、触觉是人类感知外部世界的生理基础，充分刺激孩子的感觉器官，能够促使大脑的各个部分积极活动，使孩子大脑的各个功能区都能发挥出最大效能。

出生没多久的小婴儿就表现出非常发达的感官能力，他们很多部位都有很敏锐的反应。当维妮弗蕾德还是婴儿的时候，我就开始训练她的视力、听力、观察力、专注力、触觉等。五官的有效训练使得维妮弗蕾德显得非常灵敏和聪慧。五官是婴儿认识世界的首要渠道，也是婴儿得以保护自己的外部盾牌，更是可以训练婴儿大脑发育的有效途径。

在五官中，要把发展耳朵听力的训练放在首位，因为婴儿听力的发展要早于视力的发展，发展听力是五官官能训练中的第一步，早在母亲的腹中胎儿就能听到外界的声音，所以听力训练越早越好。在女儿未出生时，我就给她取了名字，并时常和未出生的女儿说话。我不光给她放动听的歌曲，还和她温柔地沟通交流。我时常呼唤尚在腹中的她："小维妮，小维妮，你听见妈妈在叫你吗？"我想，她一定是能够听见的。我每天选择固定的时间，跟尚在腹中的她交流。

其实很多父母忽略了对孩子五官的充分训练，将婴儿这本应很早训练的一门重要课程搁置或者怠慢了。当孩子躺在摇篮里盯着天花板或者吮吸拇指时，母亲就任由孩子无聊地躺着，荒废光阴，在孩子最需要这方面锻炼的时候，母亲们却茫然无知。结果孩子长大后需要观察力、专注力、视力、听力来帮助自己认知世界时，终因缺乏足够的基础训练而不能高效地使用。人的各种能力如果得不到使用就不会有效发展，最终就会退化萎缩。孩子的五官也是这样，我们应该尽早开发、训练他们的各种官能。

许多父母都会有这样的经历，孩子会在过于尖锐的声音中受到惊吓，声音越响亮，孩子的反应就越强烈，这个时候的孩子已经有非常强烈的听觉意识。当我发现维妮弗蕾德有这样的举动时，我就知道她绝对已经具备了足够的听力训练基础，可以开始我的听力训练计划了。

维妮弗蕾德两个月大时，我为她准备了各种各样可以发出声响的玩具，比如各种悦耳的音乐盒、摇摇铃、拨浪鼓、各种形状的吹塑捏响玩具、能拉响的手风琴及各种发出声响的悬挂风铃等。每当这些玩具发出声音时，维妮弗蕾德就会很有好奇心地转过头去寻找声源。除了用发音玩具外，我还通过拍拍手、学猫叫、学牛叫，逗弄她，使她做出向声音方向转头的反应。平时在她不想睡觉时，我也会用很轻柔的声音与她说话，还试图逗她发出"啊啊"的声音，以促进她听觉能力的发展。

在听力训练中，我们要掌握一条原则，请给孩子使用柔和或者韵律协调的音乐，不要选用节奏过强过硬的声音。我认识的一位母亲很嬉皮，不喜欢柔和的音乐，也不去唱什么摇篮曲，而是用刺耳的摇滚歌曲哄孩子，以为可以让孩子具备摇滚气质。这个孩子长大后，不仅对音乐丝毫没有兴趣，而且脾气也是出了名的暴躁。所以那些自己热爱摇滚乐的母亲，对孩子进行听力训练时，适当改变一下音乐取向吧。

听力训练不要持续很长时间，音乐也不要不断地去放，否则孩子很容易失去兴趣，停止反应。当然，在给予孩子声音刺激时要防止有其他声音的干扰，使孩子能感受更纯粹的音律。

» 说一百次"红色铃铛"

我在小维妮弗蕾德的小床脚上用由不同颜色的丝带系着不同音调的铃铛来训练小维妮弗蕾德的听觉和色彩感觉。

我会拿着红色的铃铛有节奏地摇着,以便通过声音和视觉吸引孩子的注意力,并告诉她这是一个"红铃铛",并且多次重复。教育孩子绝对是对父母耐心程度的最大考验。尽管小维尼弗蕾德完全听不懂"红铃铛"这个词,她也完全不明白"红铃铛"是什么,"红"是什么,但这样的交流方式在孩子未来的训练中就会逐渐显现出优势来,比如孩子的语言能力、视觉能力及色彩能力,会为孩子很多能力的发展奠定良好的基础。对于其他颜色的铃铛也是如此的方法,摇摇蓝色的铃铛,再告诉孩子这是蓝色的铃铛,如此反复,不断强化。当然,开始的时候,她并不会注意铃铛,但一遍遍地,她渐渐开始观察,铃铛鲜艳的颜色和清脆悦耳的声音使她感到新奇且快乐。这样的训练从孩子两个月大时就开始了,经过四个月的训练后,小维妮弗蕾德就已经可以清楚地分辨每个铃铛的颜色,并且也能够在我的请求下正确地摇动红色、黄色或者绿色的铃铛,她自己也很喜欢用力摇动这些铃铛,用她微弱但执著的力量让那些铃铛发出声音来。

听力训练应当尽量借用一些生动、有趣的道具,秉承游戏与乐趣至上的原则,以免孩子感到不耐烦。相信小孩子都不喜欢刺耳的声音,而喜欢那种有节奏的韵律,比如音乐、有节奏的击鼓声和时钟的"嘀嗒、嘀嗒"声,维妮弗蕾德就是如此。前面曾经提到的小拨浪鼓、小风铃、小竖琴都能发出悦耳的声音,是孩子听力训练的好帮手。

» 精彩的叙事诗是所有摇篮曲里最出色的

第一步的节奏韵律训练达到一定程度时,维妮弗蕾德有了音乐和节奏的感觉,我就开始引入更具体的"有内容"的声音训练方法,通过朗读诗歌、美文的方式来刺激她的听力,借此可以开发她的其他智力和潜能。

对于尚在襁褓中的婴儿来说，母亲悦耳的声音，特别是母亲柔和的歌声具有妙不可言的神奇影响力，孩子在母亲声音的感染下可以开心，可以安静，可以睡去。那些爱唱歌的妈妈千万要好好发挥上帝给自己的这份礼物，不要错过为孩子歌唱的时机。很遗憾，我不会唱歌，不过我想出了另外一个办法，那就是富有感情和节奏地朗诵。在女儿很小的时候，我就对着她粉嘟嘟、肉乎乎的小脸轻轻朗读诗歌，我选择的是一首精彩而且生动的叙事诗。读着读着，女儿就可以安静下来进入甜美梦乡，说明了这个方法的确有效。后来，在其他孩子身上我也做了类似的试验，结果一样，叙事诗同摇篮曲确实有着异曲同工之妙，那舒缓的节奏，温柔的声音可以让孩子安静地入睡。我甚至发现，有时候，并不是所有的婴儿都爱听摇篮曲，但孩子总会偏爱某一篇美妙的诗歌，所以，我认为有些叙事诗是比摇篮曲更出色的"摇篮曲"。

我为维妮弗蕾德朗读各种英文版的名诗佳作，我挑选不同风格、不同节奏的文章。维妮弗蕾德给予我的反应甚至让我相信，她能够领会这些诗歌所表达的节奏和内涵，她似乎隐约明白那里面所传达的情绪。当我重复读一首饱含激情的诗歌时，孩子显得十分兴奋，不停地踢着小脚，挥舞着小手；当她听到柔美平和的诗歌时，则表现得特别安静，如同一个天使般静谧柔和。我知道，这或许与我朗诵的语调相关，我总是用最适宜的节奏和情绪来传递诗的内容，但倘若孩子能凭借母亲的语调理解些什么，这样的领悟力，也很令人吃惊。诗歌在很多方面与音乐有相同的功效，而且是带有意义的声音。

我一直持续进行着朗读教育法，坚持为孩子朗诵。效果非常显著，在维妮弗蕾德刚刚一岁的时候，她已经能够背诵出维吉尔的《艾丽绮斯》第一卷的前10行和另外一首诗歌的一小部分了。我从来没有强制女儿去背诵，我只是为她不断重复地诵念，但女儿却自然而然地记住了这些诗歌。

唱歌虽然不是我的强项，我需要用朗诵来弥补，不过女儿有个很会唱歌的保姆，可以作为我的辅助老师。当我向女儿说出"ABC"时，保姆就在旁边用唱歌一样的语调念给女儿听。当然，一个6个月大的婴儿对于这样的课程往往是充耳不闻的，但天天坚持让她听就非常有用了，母亲对于婴儿要有足够的耐心，如果一首诗或者字母歌需要重复百遍，那就重复下去，直到孩子有了回应为止。

» 钢琴游戏在听力训练中的作用

孩子们对音乐的节奏有着天生的感应。在女儿只会发出咿咿呀呀的声音时，我就对着女儿有节奏地拍手，让她听到节奏；等女儿稍微再大一点点时，我就抓住她的小手，和她一起在小鼓上有节奏地敲击，让她感受节奏；再过些时候，就让女儿试着敲击木琴，并开始进行弹钢琴的游戏，让她领悟节律。这对她的听力和乐感训练都非常有效。

小维妮弗蕾德的幼年，可以说是完全沉浸在音乐之中的。因为我自己也一直有音乐方面的爱好，为了培养女儿对音乐的感觉，我每天都要播放古今名曲给她听。虽然女儿那时候很小，但已经在脑海中记录下许多音乐的隐约表现形式，对于不同的音乐就如同对于我所朗诵的诗歌一样，小维妮弗蕾德会有不同的反应。

那些日子，我时常在家里弹奏钢琴。每当女儿听到钢琴悦耳的声音时，就会流露出回应的表情。记得有一段时间我常常练习贝多芬的《献给爱丽丝》，一遍又一遍，当时小维妮弗蕾德是在隔壁的房间，但我也发现了她对音乐的奇妙感应。记得有一天，我弹完琴想去看看小维妮弗蕾德，还未进门，我就听见她在"咿咿呀呀"地哼唱着什么。刚一停留，我便有些吃惊，那似乎就是《献给爱丽丝》的调子。我在门口停留了好一会儿，不去惊扰我那歌唱中的小女儿。虽然她唱的仅是《献给爱丽丝》刚开始的几个调子，而且很不准确，但也能够分辨出来就是那首名曲。我很受鼓励，在以后的几天内，我反复弹奏《献给爱丽丝》刚开始那几段，不断地让女儿加深印象。我的工作日见成效，不久，小维妮弗蕾德就能将那几个乐句完全模仿出来，不仅音准，而且旋律和节奏完全正确。那时的小维妮弗蕾德也就不过 8 个月大。不管是通过诗歌朗诵还是通过钢琴演奏训练听力都有很好的效果。

　　维妮弗蕾德 3 岁时，便开始学琴，我们玩"寻找音符"的游戏，我用手指着挂在墙上的音符，女儿就要在琴键上找到并敲出相应的音符。不久，女儿就能在钢琴上弹奏出简单、悦耳的曲调了，而且她很快就将《献给爱丽丝》的大部分学完，除了比较难的部分，几乎都是一气呵成。我想，这一定是和她在摇篮中的"学习"分不开的。

　　我还发明了一种非常有效的听力训练游戏，这个游戏来源于小孩子们几乎都喜欢的捉迷藏游戏，只是我做了转换，在游戏里添加了音乐的成分。我把东西藏在屋里某个地方，然后用弹响钢琴的方式引导女儿寻找。当女儿靠近藏东西的地方时，我就在钢琴上弹出低音；若是女儿远离藏东西的地方时，我就弹出高音。女儿只有通过认真地分辨声音的高低才能找到我所藏的东西。

》尽量交流，用声音刺激孩子

　　我和维妮弗蕾德讲话开始得非常早，在怀孕不到两个月时，我就开始告诉她我的感受。而女儿一出生，这样的交流就愈发多起来，即使她听不懂，不回应，我也从没有停止过和她交流，我让她感受到声音的刺激。其实，在女儿 6 周时就已经有目标地对着我微笑，对我谈话的声音和声调给予反应。几个月之后，她不仅会微笑，还能发出一些不能听明白意思的模糊声音，甚至还可以不自觉地用点头、摇头来回应我。这时，我总是抓住时机与她谈话，尽管她的回应我听不明白，但这样的机会可以更好地锻炼孩子的听力。交流需要仔细倾听，我相信小维妮弗蕾德一定知道我是在和她讲话。

　　在孩子已能分辨不同人的声音时，除了家里的每个人都和她说话，让她感受不同的声音以外，我还把孩子带到了户外，让维妮弗蕾德听陌生人讲话，听自然界里的其他声音以丰富她的声音感受。我还和维妮弗蕾德一起阅读带着美丽图画的小人书，刚开始，她完全看不懂，我就读给她听。维妮弗蕾德听的时候总是非常安静，非常认真，仿佛她明白所有的角色和故事的内容。由此可见，即使是不懂事的孩子，她对母亲的声音也是相当感兴趣的。

　　一旦维妮弗蕾德可以讲基本的语言，我就开始不断地和她交流沟通，有很多时候维妮弗蕾德还会自言自语。我认为父母应该抓住这个关键时期尽量跟孩子交流，让她的听力更上一层楼。还有我们所要求的健康快乐的保姆，那也一定是个喜欢表达、善于表达的保姆。如果照顾孩子的人不爱说话，那么这个孩子说话的机会就会减少，听力、语言能力等都不能很好地发展。

2. 看：颜色冲击及颜色竞技训练法

悦目之物训练法——颜色、形状、空间都可以让孩子认识这个世界。我们小小的婴儿大小肌肉都尚未健全，只能通过视觉及听觉来接受信息。孩子的视觉基本能力、视觉追踪能力、眼球灵活运转的能力我们都可以进行有效的训练，使孩子拥有更敏锐的感官能力。

对孩子来说，尤其是年幼的孩子，一种不可或缺的重要的情感交流渠道，就是来自父母的热切视线的关注。对婴儿而言，父母充满爱意的注视就是一根爱的纽带，可以将父母的内心与婴儿的感受联系起来。如果母亲每天都有一定时间用以关注孩子，那么对孩子身心健康会有很大好处。婴儿一出生就具有视觉能力，尽管他的这种视觉能力较弱，双眼的运动也很不协调，但他喜欢被父母注视。维妮弗蕾德喜欢看我。当我温柔注视她时，我觉得她也总是专注地看着我的脸，似乎能够感受我的心，那些时候她的眼睛也变得亮亮的，有时显得很幸福、很平静，有时甚至会手舞足蹈。

有一次，小维妮弗蕾德面无表情地盯着天花板，似乎什么也没有看见，样子显得有些傻傻的。我走过去逗她："怎么了，小维妮？"她仍然没有反应，不给我任何回应。当时我对女儿那么漠然的反应很奇怪，女儿今天怎么了，莫非是生病了？当时我手中正好拿着一本红色封面的书，试图碰她时，恰巧在她的眼前晃了一下，突然间，我发现她露出了笑容，并且使劲地舞动小手，不停地蹬腿，很欢快的样子。这时，我才明白了，女儿喜欢看有颜色的悦目的东西，婴儿室现有的颜色对她来说已经没有新鲜感了。

没有任何迟疑，我当天就去外面买回了许多颜色悦目的东西，有好看的大挂图，有鲜艳的玩具娃娃，并且专门把房间的窗帘换成了红黄相间的花窗帘。我还时不时带她到超市看色彩丰富的各种外包装和衣饰，到大自然里去欣赏多姿多彩的树木花草，尽自己所能让她接触色彩比较丰富的东西，为她的眼睛开启鲜艳的世界之门。

我让维妮弗蕾德自由地在地上、草地上、公园里爬行，让她在摸索中，建立正确的认知能力。爬行，也可以很好地锻炼维妮弗蕾德的视觉能力，因为她必须学会用眼睛判断距离的远近。

» "色彩精灵"来跳舞

我开始拿书、拨浪鼓、气球、图片，在维妮弗蕾德眼睛周围慢慢移动，速度由慢到快，范围由小到大，并按照一定的方向来进行训练。从左到右，再返回来；从下到上，再返回来，反复不停。总之，就是尽可能地围绕维妮弗蕾德眼睛周围进行各个方向的移物训练。经过这样的训练，维妮弗蕾德的眼球就会变得更加灵活和灵敏。可以给孩子看的东西很多，刚开始我选用比较单一但色彩鲜艳的图片，以后逐渐增加多颜色的物体。形状也需要千变万化，方形、圆形、球形、不规则形状、长的、短的等，以丰富维妮弗蕾德的视觉内容。

有时，我也会使用棱镜把光线投射在墙壁上，墙上会显现出彩虹的颜色，我就不停地晃动，来回舞动跳跃的各色彩光让小维妮弗蕾德感到非常兴奋。每每此时，她会挥舞着双手想去抓住这些美丽的光。我称这些光为舞动的"色彩精灵"，因为它们有美丽的颜色，它们可以快速地闪动。在我的孩子还不会说话前，如果维妮弗蕾德啼哭，我就让"色彩精灵"来为她跳舞，她就会立刻停止啼哭，对"色彩精灵"的视觉追踪训练让她的眼睛更加敏锐也更加灵动。

优良敏锐的视觉能力对于女儿的未来具有十分重要的意义，维妮弗蕾德日后出色的观察力、辨析力、记忆力、反应力、灵活性，以及她在语言文字、书画艺术、自然科学各个方面的能力都与她幼时的视觉训练有关。

» 多种视觉训练游戏

有一天，邻居的小猫在院子里不停地跳跃，一会在地上打滚，一会又去咬自己的尾巴，对小皮球更是玩得兴致勃勃，不亦乐乎。当时我深受启发。因为那只小猫不光是在玩耍，更重要的是它在锻炼自己身体的运动力、协调能力和灵活性。连动物都知道在游戏之中如何锻炼自己，更何况人类呢？

我对维妮弗蕾德的早期教育几乎都是采取游戏的方式进行的。通过响铃、艺术品和棱镜，小维妮弗蕾德已经非常熟悉各种颜色。我们继续以色彩为基础，训练维妮弗蕾德视觉的敏感度。我教她认识了彩虹的所有颜色，蓝色、绿色、黄色、紫色、靛青、橙色和红色。我让小维妮弗蕾德注意周围很多物质的色彩，比如家具、油漆的颜色，也包括她自己非常喜欢的洋娃娃的衣服的颜色，窗帘的颜色，我编织的色彩斑斓的沙发罩的颜色。

很多的视觉游戏可以很好地锻炼孩子眼睛的协调性、灵活性和敏锐性。我用了一种测试色盲的测试线来训练她，让她挑选出灰度不同的红、蓝、绿等颜色，这对她来说的确是非常简单的游戏，小维妮弗蕾德不费吹灰之力就可以完成。我们还会用毛线玩游戏，在杂乱无章的各色毛线中，我负责收集所有红色系的毛线，小维妮弗蕾德负责收集所有绿色系的毛线，看谁能在最短的时间内先收集到所有的相近颜色。通过玩这种小游戏，维妮弗蕾德很快就对各种深浅不同的近似颜色的区别有了更清晰的认识。我特别推荐母亲让小男孩去玩这种毛线游戏，因为虽然男孩子的触觉比女孩子强，但男孩子的视觉却比女孩子差些，以至于成年以后仍然存在颜色辨析的困扰，很多成年男士无法像女士那样区分裙子色彩的细微差别。如果这些男孩子早期受过色彩训练，情况就很可能得到改观。

我还会继续和维妮弗蕾德一起做视线的追踪游戏，小维妮弗蕾德舒舒服服地躺在小床上，而我则担当移动物体的角色。我会拿一个颜色鲜亮的卡通玩具，在她眼睛的正上方，上下左右、由远及近、由近及远地四面移动。小维妮弗蕾德的视线也会追随玩具上下左右、远远近近地移动。这个视觉训练游戏一天可反复做三到四次，但就像我们一贯要求的那样，每次时间不宜过长。

我和维妮弗蕾德还喜欢玩一种叫彩色雪片的视觉训练游戏。我们用一个盒子来装我们的彩色雪片。彩色雪片由红、黄、蓝、绿、青等颜色的雪花组成，是用纸剪出来然后涂上各种颜色的。我将准备好的各色雪花片放在盒子里，在我从纸盒里任意取出一片雪花片时，维妮弗蕾德必须以最快的速度准确说出颜色来。

维妮弗蕾德一会走路，我便经常带她去散步，这时她甚至比我对色彩的认识都要好许多，俨然已经是一个小"色彩专家"了。她观察天空的颜色，她会用这样的语言描述：深蓝的天空，湖蓝的天空，灰色的天空，蓝灰色的天空；她观察大自然的各种颜色，大自然真是颜色的宝库，树林的颜色、海水的颜色、花朵的颜色、动物的颜色。她也观察现实生活中的颜色，建筑物的颜色、橱窗的颜色、人们服装的颜色。她还会对周围的色彩品头论足，偶尔还饶有兴趣地评论别人服饰的色彩搭配，而我一般都会尊重她的意见。这样的色彩观察很好地训练了她的审美能力和鉴赏能力。

» 先让眼睛识名画

孩子最开始接触的物体对他们来说最具教育意义，那是孩子初步接触世界时，世界回馈给他的感受。当维妮弗蕾德还是婴儿的时候，我就在她的房间里摆放了各种伟大艺术家的作品的复制品，让她可以去看、去欣赏这些作品。我还为她讲解这些艺术作品，使她逐步理解。

孩子的小婴儿室应该装扮成一个充满艺术杰作的房间，就像小维妮弗蕾德的房间，那里挂着许多世界名画的摹本，还摆放了许多有名的雕塑模型。这样，在孩子很小的时候，你就可以抱着孩子，教他认识家里的各种物品，反复地给孩子看那些复制名画和雕塑。孩子最先总是被图画中美丽的颜色所吸引，然后，才会去关注作品中的内容。你也可以逐渐给孩子讲述这些作品的艺术表现力，这是一个循序渐进的过程。我认为，在孩子的智力进入更高的等级前，他们的眼睛就应该先认识和热爱这些图画，并能从色彩的运用当中，体会到那些大师的独特而伟大的审美意向。

艺术类图书、墙上的图画、彩色照片，甚至明信片，都能帮助母亲训练孩子的视觉能力。通过有效的视觉训练可以使孩子对艺术的把握逐渐敏锐起来。万花筒也是维妮弗蕾德很喜欢的玩具，往筒眼里一看，就会出现一朵美丽的花的图案，将它稍微转一下，又会出现另一种花的图案。不断地转，图案也在不断变化。很多国家的孩子都喜欢这种玩具。万花筒有助于激发孩子们对照片和图案的兴趣，有助于孩子视觉能力的训练。

照相机也是自然教育的好帮手，在节假日、晚饭后，全家人在一起的时候，可以一起享受拍摄远处景物或是家中场景的乐趣。如果一家人能一起去看一场老少皆宜的艺术展览也是不错的方式。训练孩子的视力不是一项单纯的眼部训练，它将对孩子的很多层面形成深远的影响。

3. 说：完整规范的语言系统发展法则

» 第一时间教孩子说话

当女儿能够说出第一句"话"时，尽管这一声是那样的含混不清，但我已经非常开心，由此对女儿的发音能力的训练，也就开始了。任何时候，都不要忽视说话的力量。

我时常发现这样的情况，当女儿哭闹的时候，只要我走到她身边，问她为什么哭呢，或者说些别的什么，她就会立即停止哭泣。如果她只是静静地平躺着，但是当她听到我的声音时，她会动，会渴望我给她爱抚；有时候，正好相反，在她蹬腿挥手的时候，一听到我的说话声就立即平静下来。婴儿要听明白父母的话，的确需要一段时间，但是自从她降临于世，她就已经会对父母的话做出不同的反应。当女儿可以开口说话时，我就想尽一切办法保持女儿说话的热情，倾听她那美妙的声音。我认为如果不尽早开始教孩子说话，孩子的头脑就不能很好地发展。

父母应该全力鼓励孩子说话，为她制造说话的环境和素材。我认为，如果把握好孩子的听和说两个方面，就抓住了教孩子说话的关键，孩子也会显得越来越聪明。

» 没有任何理由教孩子不完整的话

我认为，教孩子完整的语言会事半功倍。由于我从女儿很小的时候就用标准英语与她沟通，所以她在很短的时间内就完全掌握了英语，又很快学会了世界语。尽管很多人都惊诧于维妮弗蕾德的语言能力，但我想其实她并没有什么超人之处，她与别的孩子不同之处在于，当别的孩子在为纠正不完整的语言结构烦恼时，她用这段时间又多学了另外一种完整的语言。

父母喜欢用婴儿的语言和孩子们交流，使用叠词或者声音代词，用"喵喵"代替猫，用"嘎嘎"代替鹅，用简单的语言跟孩子说话，也使得孩子的语言世界变得简单起来。他们使用婴儿用语，使得孩子也无法接触到符合规则的完整语言，而不得不在以后再花费精力学习补充完整的句法。

我坚信婴儿期的语言教育将决定孩子一生的语言发展，因此从一开始我就非常注意用准确的发音、精选的语法和词句对维妮弗蕾德说话。虽然，有些时候女儿不能完全领会某些词汇的意义，但我仍然坚持这样做，并耐心地帮助她去理解它们。

在维妮弗蕾德尚不会说话时，我就开始抱着她在屋里走动，让她看屋里的东西，同时缓慢、清晰而准确地说出这些物品的名称。我时常指着那些东西对她说："椅子、桌子、苹果、窗子、床……"我认为，虽然那时她还不能发音，但这些标准词语已经在她的脑海里留下了深深的印象。由于我说的都是正确规范的语言，等她能开口说话时，她脑海中的记忆会立刻闪现出来，所以能够将语言说得很标准，这也是极其自然的事。维妮弗蕾德一直表现出来的惊人的语言能力，并非天赋所致，而是因为得到了正确的训练。小孩子有非常强的好奇心和求知欲，只要父母善于引导和利用，那么他们无论学什么都会很轻松、很顺利。

» 喋喋不休也是一种自我表达

孩子一旦学会说话就变得喜欢说话，从小时候起，他们就常常一个人把学到的单词反复地念叨着。小维妮弗蕾德也不例外，自从她开口说话以来，我时常发现她独自一人坐在地毯上喋喋不休，时常把自己已经掌握的词汇反反复复地念叨。有时，她一边玩玩具，一边不停地说"桌子上的橙子，是谁的橙子，洋娃娃也要吃橙子"。这让我也很受启发，我利用孩子们普遍存在的这种念叨单词的倾向，把女儿能理解的有趣的故事，用精选的词句组成简单的短文，有些像顺口溜，让女儿记住。由于都是有趣的故事，维妮弗蕾德不仅能很快地记住，并且念起来朗朗上口，所以总是高兴地复述着。当然，这些精练小短文也可以翻译成各种外语再教给女儿，在前面理解的基础上，她会学得更快。

孩子喜欢说话，在他们喋喋不休时，语法不是最重要的，不用刻意引导孩子语法观念，因为在实际应用当中，语法出现的机会较少，特别是对于孩子来说，更是没有多大意义。在维妮弗蕾德 8 岁之前，我从来不教她语法。我认为通过听和说来教孩子语言，比教她枯燥的语法有用得多，只要用的是标准语言，自然会给孩子培养正确的语感。据说斯宾塞先生活到 60 岁都没有学过语法，但他依然创作出了伟大的作品。

为了训练维妮弗蕾德清晰的口齿和更有效的表达力，我还常常同她玩"绕口令"的游戏。我们会选择一段绕口令，看看谁能够一直持续地说下去，并且速度越来越快，这样，谁就能够获胜。这是小维妮弗蕾德非常喜欢的游戏，因为她的表现一向不错，在同小伙伴们玩这个游戏时，她总能成为最后的赢家。

为了保障标准英语的使用，我们在家中使用了"语音错误表"，来规范家中所有人的语言标准。图表被划分为三个部分，"爸爸，妈妈，维妮弗蕾德"。每次不论谁，"妈妈""爸爸"或"维妮弗蕾德"一方犯了错误，念错了，说错了，或者用错词了，就需要在他的名字下方画一个黑色星星。一周结束的时候，黑色标记最少的就是赢家，赢家可以收到失败者赠送的礼物，黑色标记数量最多的要给获胜者赠送两份礼物。

» 锻炼孩子表达自己的感受

我那可爱的小女儿，她的感受能力是相当惊人的，不仅如此，她从很小的时候起就能恰如其分地运用词汇来表达自己的感受。父母可以通过一些有效的方法培养起孩子身体的感觉能力，并且在这一过程中，让孩子慢慢地学会一些精准的词汇。

维妮弗蕾德是小婴儿的时候，我尽量多让她触摸不同质地、不同形状、不同温度的物品。她喜欢自己用小手来感知世界。我常常用一块布蒙住她的眼睛，在她面前摆放各种物品，让她用手去摸，并让她说出摸到的物品的名称以及她的感觉。比如，她摸到一个水晶天鹅时，我会问她"是什么、什么感觉、什么形状"等，她就会说："像是玻璃一样，光滑的，冰冰凉的，还是很硬的，有长的部分，有圆润的部分，有弧度……"我会让她记住刚才说过的形容词：光滑的、冰冰凉的。等小维妮弗蕾德稍稍长大后，我又给了她一些小木片，有的粗糙，有的光滑，让她触摸，让她描述。这些东西一定对女儿感受物体并表述感受大有帮助。

我用类似的方法，培养女儿的感受能力，并在这些过程中教会她一些形容词。在女儿长大之后，能够很敏锐地描述事物，能写出非常漂亮的文章。

我鼓励小维妮弗蕾德多说话，我们在家里进行"事件再现"的回忆训练。维妮弗蕾德会回忆一天的经历，在遇到有激烈情绪活动的记忆，如生气、开心的事情或者有趣的、有意义的事情时，我会让她做更精准的细节描述，锻炼其描述事情的能力。

我也锻炼维妮弗蕾德的演讲能力，这也是一种表达的方式，我们一般采用表演戏剧的方法，我们用那些洋娃娃、小熊、小狗坐在凳子上来代替我们的听众，孩子自己在舞台上单独演讲。每当女儿演讲完毕，我就代表所有的"观众"鼓掌。维妮弗蕾德具有优秀的演讲才能，她在任何场合都能有出色的表现，这也得益于有效的训练。

第五篇

学习法则

1. 英语：系统的英语学习模式

» 从字母游戏开始

我一直坚持用完整的成人交流方式和孩子对话，用准确的发音、标准的语法和词句对维妮弗蕾德说话。

英语的学习应该从字母开始，然后再将字母组合成单词。女儿刚满6个月的时候，我在她的婴儿室的墙上贴上用红纸剪下的字母和数字，她漂亮的小眼睛四处观察的时候，随时都能看见它们，她很小就对这些文字和数字有较深的印象。

我通过木块游戏和字谜游戏帮助她记住字母，我给小维妮弗蕾德指了指墙上的"A"字母，并希望她在一堆的字母块儿中找出长得一样的字母"A"，我们一直寻找"A"，并且只看字母"A"，只找字母"A"，直到她完全认识了这个字母。然后我们再开始研究字母"B"，我形象地把"B"字母展示成背部的两个小鼓包，然后我们一起不断学习这个字母"B"，直到"B"深深地进入她的小脑袋，在任何地方，只要看见这个字母，不管这个字母在单词里，还是单独存在，不管是书写体，还是印刷体，她都能一眼认出来。就这样我们一个字母一个字母地认识，而且每次只学一个字母，使她记忆深刻。

在小维妮弗蕾德认识了所有的字母后，我们便开始区分元音和辅音，我们用字母剥离游戏来区分元音和辅音。这个游戏是这样的，我们准备两堆单词板，一堆是红色的，一堆是绿色的，我们要一起把绿色硬纸板上所有单词的元音去掉，把红色硬纸板上所有单词的辅音去掉。当绿色纸板上单词的元音被取完以后，这个游戏就结束了。这个游戏，让维妮弗蕾德很容易意识到，辅音很多，有 21 个呢，而元音却只有"A、E、I、O、U"这 5 个。虽然元音很少，但是每个单词里都必须有，否则无法构成单词，所以元音字母是很重要的。即便所有的单词小维妮弗蕾德都不认识，也丝毫不影响她对游戏的兴趣。她很开心地将元音字母从绿色纸板上抠下来，将辅音字母从红色纸板上抠下来。

» 拼字游戏训练

字母认识以后就可以开始单词的学习了。我在小维妮弗蕾德的婴儿室里，整齐有序地贴着最简单的词，比如 bat、cat、hat、mat、pat、rat，bog、dog、hog、log（蝙蝠、猫、帽子、席子、拍打、老鼠、沼泽、狗、肥猪、原木）。这些都是女儿刚开始认字时最容易产生兴趣的名词，也是她最容易弄懂的词，而且这些单词都含有相同的字母。

对于单词的学习要进行生动的演绎，比如"cat"这个单词，我首先让维妮弗蕾德看看猫的画面，听听猫叫，然后我指着墙上的"cat"，反复发"cat"的音给她听。接着又要求维妮弗蕾德从字母盒中选出"c"，再选出"a"和"t"，用这些字母拼写出"cat"。这样的单词学习法，需要反复练习几天。这种方法很有效，维妮弗蕾德不到 1 岁半就会看书了，识字以后对她的教育进行得非常顺利。

我和小维妮弗蕾德还玩一种称为"蜜蜂碰碰看"的拼字游戏。我们将 26 个字母排成一条竖线，然后看哪一个字母和"at"组合后形成意义。比如用"b"和"at"可以拼出单词"bat"，用字母"c"和"at"拼出单词"cat"，但是用"d"却拼不出来有意义的单词。我们把"d"叫作雄蜂，我们发现它有很多同伴如"e, g, i, j, k, n, o, q, u, w, x, y"以及"z"。我们管"a, b, c, f, h, m, p, r, s, t"以及"v"叫作工蜂，它们可以拼出"at, bat, cat, fat, hat, mat, pat, rat, sat, tat, vat"。我们计算以后得出我们的工蜂只有 11 只，而雄蜂有 15 只。在玩这个配对游戏时，我们发现雄蜂的数量总是多于工蜂。这个"蜜蜂碰碰看"的游戏可以尝试很多字母组合，用这些字母组成单词后，不仅方便记忆，而且可以用拼出的单词编一些简单的韵律诗来帮助孩子记忆。

"图像标示记忆法"也是加深单词记忆的好方法，比如在我们那本满是动物图形的图画书有奶牛图片的那页，我在每一句话中都重复奶牛这个单词，这样孩子看到奶牛（COW）就会记得这个单词了：奶牛（COW）产奶，奶牛（COW）吃草，奶牛（COW）哞哞叫，奶牛（COW）长着角；而在猫（CAT）的图片下则写着：猫儿（CAT）舔牛奶，猫儿（CAT）吃老鼠，猫儿（CAT）喵喵叫，这样的游戏对孩子很有用，不仅加深记忆还能学习新的单词。

"建设单词城堡"是一种连成年人都爱玩的游戏。很多造型各异、写着字母的木块是这个游戏的道具，游戏的规则是，每个人从城堡中拿出一个字母块，然后再分别去拿第二组字母块，可以彼此根据需求交换字母块组成单词，同时也要用你的字母组合块构思你所想到的建筑。它能建设出无数的字母城堡模型。比如我们抽到了很多字母，彼此也根据需要交换字母，我就有了"b，l，e，f，a，u，t，i"，我可以组合成"beautiful"这个单词，但我还要根据字母块的造型搭建成字母城堡，既能在城堡中看出是"beautiful"这个单词，还得有漂亮的造型。

我们也玩"赢名词""赢动词"的游戏，小维妮弗蕾德通过这个游戏很容易就能分开词性。一个装满各种词的卡片盒子是我们的道具，我们从盒子中抽出一张张卡片，会把名词放在一堆儿，动词放在另一堆儿，形容词又放在另一堆儿。如果我们玩的是"赢名词"的游戏，那就是说，谁在一定时间内抽到的名词最多，谁就是获胜者。经过这样的训练，维妮弗蕾德对每种词性都非常熟悉。

» 女王和国王的游戏

为了让孩子学会正确表述，我发明了一种叫作"女王和国王"的游戏，非常适合纠正孩子的语法错误。房间被分成了两部分，一边是女王的领地，聪明人住在这里；房间的另一边属于国王的领地，那里居住着愚蠢和不修边幅的人。

所有的孩子排成一排站在房间的中部。游戏开始了，我们就从

"Between you and I" 这一句开始吧。这显然是一个错句子，正确的表述应该是 "Between you and me"。迈克站在队伍的首列，他很自信地告诉我这个句子是正确的。迈克判断错误，将被发配到国王的领地，那是笨蛋和邋遢人的领域。我们给下一个孩子莉莉娅一句 "I done it"，聪明的莉莉娅很快意识到了句子的错误之处，她去了聪明人应该待着的属于女王的领地。句子有对有错，有长有短，有时候，孩子们能给出正确的判断，有时则判断错误。孩子们越来越警惕，越来越认真，生怕被再次发配到国王的领地，要知道国王的笨蛋领地可不能享受公主和王子的待遇。自然教育学校的老师用这样的方法让孩子们学习正确的表述方法。

» 使用钢笔书写

维妮弗蕾德喜欢模仿，对一切都兴趣十足，当她模仿我用钢笔写字的样子时，我便抓住这一机会，开始教她写字。维妮弗蕾德第一次提出要用钢笔写字时，我没给她钢笔，而是给她红铅笔，并鼓励她把自己的名字写得漂漂亮亮，经过几天的努力，她终于流畅地写出了自己的名字。这时她才 1 岁零 5 个月。在维妮弗蕾德两周岁时，有一次我们全家 3 口外出住旅馆，我就让她自己在登记簿上签名，当维妮弗蕾德流畅地签下自己的名字时，令旅馆掌柜吃了一惊，毕竟她还是个只有 2 岁的孩子。

维妮弗蕾德有很多世界各地的朋友，在给朋友们写信的时候，她总是坚持使用钢笔。我也认为，坚持用钢笔来书写，是一个作家应有的素质，很多伟大的作家都在小小的笔尖中涌动出灵感。对此，维妮弗蕾德倒有自己的认识，她说："笔是一种工具，打字机也是一种工具，它们都是用来表达思想的。使用钢笔不会比打字机更加礼貌，使用打字机也不会比使用钢笔显得失礼。"在维妮弗蕾德看来，这些工具都是表达的手段而已，她可以根据自己的需要进行选择，从不拘束于其中任何一种。

从字母到单词，到句子，再到文章，一步步地训练，维妮弗蕾德优秀的语言能力过早地显现出来。维妮弗蕾德刚刚学会写简单的文章，我就开始让她天天写日记。所以，她从两岁就开始写日记。每当下雨刮风，不能在室外玩时，她就拿出日记，笑眯眯地读着自己曾经的故事，有时候还轻轻念出来，或者和我一起分享，让我感到很开心。这些幼年时代的日记在她成人以后会有更多的意义，并且也将是她的子女的最有趣的读物。由于女儿对书写有着浓厚的兴趣，所以她的写作能力提高得很快。在她 5 岁时，曾为一家著名的报纸写应征作品，并获得了该报的金质奖章。维妮弗蕾德的写作生涯真是起步很早，她有着很强的创作欲望，而这也真的实现了她当年想用打字机赚钱的想法，维妮弗蕾德的稿费收入可不少呢。

2. 外语: 各种有趣的外语学习法

» 别用非母语教刚学语言的孩子

有的语言专家认为小孩子有能力同时学习两三国语言，有些父母也骄傲于孩子用多种语言在沙龙里朗诵诗歌，但我却不认同这样的语言教育方法。同时让孩子用英语、法语甚至德语讲话，对于区分能力欠佳的孩子来说，很容易造成语言思维混乱。我从不让女儿同时去学多门外语，我希望女儿首先学好母语，在学好母语的基础上再去学习其他语言。而且当孩子掌握了两种以上语言时，应该首先让他们了解每种语言所代表的文化特点，这样就不会出现语言混淆。

在与维妮弗蕾德交流时，我尽量只使用一种语言，进行持续的同一语种的交流。美国是一个移民国家，在某些家庭中，父亲和母亲有着不同的母语，这样一定要让孩子在不同的情景中接触两种语言，以利于他们区分，而不会导致混乱，母亲或者父亲最好只用自己的语言和孩子交流，而不要一个人同时用两种语言和孩子交流。父母应该停止使用非母语教刚刚开始学习语言的孩子。没有第二种语言的干扰，孩子才能更好地学习母语。

在维妮弗蕾德基本上能够很好地使用英语后，我才开始教她其他语言，当然，维妮弗蕾德的语言能力发展得非常好，所以她在 5 岁时实际上已能够熟练地运用 8 个国家的语言。

» 孩子外语的学习应该在 12 岁以前

歌德说：一个对外语一窍不通的人不可能了解自己。如果要彻底地了解我们的母语，感受文化的差异性，我们必须了解一些别国的语言。而且这些语言的学习最好在我们 12 岁以前，因为那时人的记忆力很强，可以非常轻松地掌握外语。

我还是坚持我的原则，所有的语言都应该用自然、直接的方式学习，想通过语法来学习语言，不会获得随意驾驭的语言能力。学校里经常通过教语法规则来教语言，但这种方法已经被证明是失败的了。学生的语言能力作为思想表达的工具，应该能够脱口而出，随时应答，应用自如，而不是限于阅读，限于分析语法，限于外语考试。许多大学生虽然已经读了四年某种外国语，但是，当他们到了国外的时候，想要一杯水都不知道该如何简单地表达出来。他们只是被训练阅读和翻译了。而一个在法国或者德国与当地孩子一起玩耍了几个月的小孩儿，也能在不知道任何语言结构学的情况下，用外语来表达自己的想法。知道如何阅读和翻译外语无疑是很好的，但是语言的主要功能是以交流为目标的，语法规律当然不能使你达到这个目标。语法更多的是通过规则和图解来分析的，这让孩子们学起来既困难又无趣。

如果父母自己没有教孩子外语的能力，可以为孩子聘用外教，也可以用录音磁带来帮助孩子学习。我认为目前的教育规定，也就是等到高中后才教孩子们外语，而且是通过语法结构作为主要的教授内容，这样的方法是错误的，对大多数学习外语的孩子来说，这是一个噩梦，既耽误时间，又荒废精力。

» 词源学和语言学的学习法

外语语言之间有很多相通的地方，词源学就成为了一种学习外语的好方法。可以先给孩子们看一些拉丁单词，然后带着孩子们翻字典，给他们看所有这个拉丁语词根衍生出来的其他语种的单词。很自然地，孩子们会喜欢上词源学，另外，这还能培养他们查字典的习惯，有助

于他们日后知识的丰富。

小维妮弗蕾德喜欢用拉丁语词根衍生出来的单词填充她的小笔记本。每一页的顶部，她会写上拉丁语单词的词根，下面则列出所衍生出来的母语单词；在另一栏中，她则写上同一个拉丁语词根衍生的世界语、法语或者其他语种的单词。小维妮弗蕾德做了一本《娃娃书》，这是一种"寻找孩子"的游戏。一个母单词，可以寻找很多的同源词的"孩子"。几乎每一天，她都会加一些新的单词到她的"寻找孩子"的清单中。我相信在接下来的数年中，她会继续添加她的单词"小娃娃"，此《娃娃书》对她的语言学研究肯定将有极大的帮助。用这个方法，每个母单词和它的意思以及它的很多"孩子"都深深地印在了小维妮弗蕾德的脑海里。她每发现某一个单词同根生的"孩子"，就会细心地写下这串字母。

对于小家伙来说，通过阅读释义和讨论单词，通过给单词找"孩子"，她获得了更多的信息。她很高兴发现了系列相同的词源的单词。吃晚餐时，她与父亲谈话，尽量每一句话都用到当天所遇到的单词娃娃。

维妮弗蕾德的第一本词源本，在她7岁生日前就已经写得满满的了。我发现词源真可以称得上"多产的母亲"，维妮弗蕾德查到了许多派生出的拉丁语单词。按照维妮弗蕾德的统计，拉丁单词"女士"一共就有250个"孩子"，依照这样的"生孩子"的原则，看来，维妮弗蕾德学会了不少单词。

» 外国文学作品对语言学习的作用

阅读经典的外国文学原著是学习外语的很好的方法。在教维妮弗蕾德学习西班牙语的时候，我会推荐她看简易本的《堂吉诃德》，我们一起讨论故事的语言风格，塞万提斯轻松活泼的用语习惯给了她很深的印象。而在学习法语的时候，我们则一起诵读拉辛或者高乃依的剧本。这样既能学习一个国家的语言，又能了解该国的风俗乃至他们的文学思想精华。维妮弗蕾德良好的文学素养正是伴随着多国语言的学习而获得的。

当孩子们在学习外语的时候，要尽量给他们推荐一些经典而有趣的原著简易本阅读。孩子们既然是通过诵读那些美丽而经典的文字来学习的，那么没有系统地学习语法和规则，他们所使用的词句结构也是最好的。这种自然而然的熏陶，正是经典著作的力量。因此，不管维妮弗蕾德学习英文、拉丁文、法文、希腊文、西班牙文还是其他什么语言，我总是在第一时间列出一些书目供她阅读，书目包括一些诗歌、散文、儿童故事以及简单的剧本等。阅读让语法成为了最简易的事情。

» 翻译家游戏

依照我的经验来看，孩子学习语言的能力是极其惊人的。维妮弗蕾德刚学会英语时，我把"您早"这句话用13国语言教给了她，她很快就学会了。每天早上她会对着代表13个国家的13个不同的玩具，用各国的语言说"您早"，不厌其烦，每天都要问候。

维妮弗蕾德的玩具模型中有大象、狮子、企鹅、老鹰、老虎、鲨鱼等。有时，维妮弗蕾德会对我说，某某国家是大象，某某国家是狮子，某某国家是鲨鱼。这时，我就会让她用这些动物所代表的国家的语言问候这些玩具，她会对着狮子说法语的"您好"，而对着鲨鱼说俄语的"您好"。

"翻译家"游戏是学外语中角色模仿的好方法。女儿会把自己装扮成一个地道的翻译人员，有着出色的翻译经历，曾追随国王出访其他国家。现在她要陪同我这个"外交大臣"接见来自不同国家的客人，这些客人有来自德国的，有来自西班牙的，还有法国的。我们时常把房间中的桌子、椅子、门窗、床假想为那些外国的客人。我作为"外交大臣"，一边对"他们"说"见到你很高兴"，一边和"他们"握手以示友好。这时，女儿就会在旁边认真地给我当翻译，用不同的语言对"来自远方的客人"说"见到你很高兴"。

如果想让孩子成为语言能手，请多试试学习语言的游戏法吧，相信任何孩子都有能力在12岁以前掌握多门外语。

3. 音乐：七彩音色游戏法

» "找音符"游戏

我发现很多人到了二十多岁，却还不懂得欣赏美妙的音乐。那些听到微风的呼声、流水的旋律、鸟类的鸣叫和人们的歌唱却无法感受到其中美妙之处的人，确实比较遗憾。在大多数情况下，可以将这种对音乐感的匮乏和迟钝归咎于幼儿时期缺乏音乐教育。没有音乐的生活是无趣的，而拥有一定的音乐欣赏能力，则是人们生活的一大乐趣来源。孩子的音乐感觉从很小的时候就可以培养。

孩子同动物一样，天生都有节奏感，对音乐都具有一定的敏感性，他们热爱节奏性强的东西。我给维妮弗蕾德在睡前讲故事的时候，也总是用某种带有节奏的语气，并始终用温柔的声音对她讲话，维妮弗蕾德的耳朵对刺耳的声音很敏感，所以我更愿意采用"愉悦的声音"。

大多数婴儿听到雪橇铃铛的响声时，会高兴地欢叫。在维妮弗蕾德的床头也挂着一长串雪橇铃铛，摇一摇，可以让她聆听音乐之声。在维妮弗蕾德还不会说话的时候，我就开始教她玩拍手游戏和击鼓游戏，让她和我一起感受节奏。

我教授维妮弗蕾德音乐，是从最简单的音符开始的。跟教她学字母的方式差不多，我们玩的是"找音符"的游戏。当我指着贴在墙上的音符"do"时，小维妮弗蕾德就会在写着音符的木块中找到那个相同的音符，而维妮弗蕾德的保姆则会轻轻哼唱出来，给她更深的感受。

维妮弗蕾德有一个小木琴，是为儿童专门准备的那种简易小木琴，每一个按键上都印着音调，当我指着墙上的某个音符时，维妮弗蕾德就会敲击木琴上相同的音符。这对于初学的孩子来说，是件非常有趣的事情。而且，我尝试着用钢琴为她的木琴唱和，当她在木琴上敲出一个音调后，我也在钢琴上敲出一个相对应的高音或者低音来，或者我在钢琴上敲出一个高音，她便在木琴上敲出一个相对应的低音或者中音来，形成有节奏的起伏。

我在女儿很小的时候就注意培养她对音乐的敏感性，我给她买下能发七种音高的小钟，每天播放经典乐曲，或是唱歌给她听。这样的训练一直持续到维妮弗蕾德学会识字为止。

在播放音乐时，所有的婴儿都会集中聆听，当他们听到喜欢的音乐时，他们的身体会随着音乐的节奏轻轻摇动，这就是为什么小婴儿总是喜欢节奏明显的音乐的原因。让孩子随音乐尽情舞动吧，从小就应该给孩子灌输对音乐的喜爱。当维妮弗蕾德还在摇篮中的时候，我就为她精心选择了一些好听的音乐，这是让孩子们建立乐感、节奏感的简单方法。通过音乐，孩子们掌握了节奏，优美平衡的身体姿势也形成了。孩子们还获得了观察、记忆、命令和自我控制的能力。大多数孩子都有超凡的音乐天赋和模仿能力，如果母亲不能适时地进行开发，他们就有丧失成为伟大的音乐家的可能性。

请给孩子充满音乐的生活吧，音乐具有神奇的力量，是音乐把我们带到更加快乐的世界。灵魂里没有音乐的人就不是一个全面发展的人。一个人若热爱音乐，就能听到所有大自然事物构成的欢快旋律，此时，他就会忘记生活中所有烦恼的事情。

歌德说："神给予了我们对美的感觉，为了保持这种感觉，我们每天必须聆听音乐，吟诵诗歌，欣赏绘画。"

» 钢琴的彩色音阶游戏

我鼓励女儿接触钢琴，只要女儿不高兴和哭闹时，我总会把她抱到钢琴前，或是由我弹几个音符给她听，或是让她自己去弄响它，每当她敲响那些白键或者黑键时，就会咯咯地笑出声。只要有了琴声，再怎么哭闹的她也会平静下来，音乐总是有神奇的力量。

　　为了使女儿形成"音阶"的概念，我特意将红、橙、黄、绿、青、蓝、紫色的纸条分别贴在 7 个基本音的琴键上，按照它的颜色为它们重新命名，红色的声音是 1 号音、橙色的声音是 2 号音、黄色的声音是 3 号音等，依此类推。每天我都把她抱在钢琴前，敲响这些琴键给她听。因为维妮弗蕾德经过七色铃铛的训练，所以还不到 6 个月时，就能准确地区分这些七色音了。

　　在维妮弗蕾德学习钢琴的时候，我总是设法同她一起练习，并且增加一些游戏的成分。我们会在钢琴上玩"角色扮演"游戏，维妮弗蕾德选择扮演一位声音嘹亮的贵族小姐，于是当我敲出高音部的音符时，她就要用一种很高的音调跟我说话。而相反，我是一个粗俗的流浪汉，必须用很低沉的声音与她这个小姐对话。我们也用钢琴不同的音阶来玩三只熊的游戏。低沉饱满的声音代表熊爸爸，温婉平和的中声调是熊妈妈，高而细的音阶则代表熊宝宝。这样，学习钢琴变得非常富有乐趣。我也会在恰当的时候，将钢琴的一些指法和弹奏技巧告诉维妮弗蕾德，而她通常也学习得很快。

　　小孩子的创造力是无穷的，母亲们只要给他们一些简单的辅导和帮助，他们就能自编自唱很多曲调，或者自己换了歌词。维妮弗蕾德小时候曾创作了许多曲子，我把这些曲子都记录了下来，就像收藏她童年时代的照片一样。我想她长大以后，看到这些会回味无穷。

　　孩子不喜欢钢琴的原因之一，是因为他们不断被告知，如果对钢琴一无所知就不要去碰钢琴。其实我们可以直接掀起钢琴的盖子，并给他们展示里面的琴弦，看那些长而粗，或者短又细的琴弦。告诉他们，当敲击键盘时，音锤是怎样工作的以及当音锤敲打长粗线或者短细线时，会发出什么样的声音。在教孩子弹钢琴时，没有一个方法可以适用于所有孩子。孩子们都有着不同的气质，我们不能指望他们取得完全相同的成果，正如很多作曲家常说的"没有通用的方法"。所以母亲可以自己创造音乐游戏、开发音乐游戏。

　　学习其他乐器的时候，也是这样，我们总可以制造出一些乐趣来，不管是小提琴还是吉他都能开发出好的音乐游戏来，只要坚持游戏的原则，孩子的音乐成长之路就会顺利许多。

» 别让音乐伤了孩子

有些孩子不喜欢音乐，他们甚至厌恶音乐。一位颇有些名气的女作家最近写信给我说："您在自然教育法中反对逼迫孩子练习各种乐器的想法，我是绝对同意的。我就是曾经被逼迫的孩子，小时候，我的母亲让我每天在黑黑白白的键盘上弹奏练习两个小时，那声音几乎要把我逼疯了，那琴弦对我来说，就像有一种击打身体、破碎心灵的力量，让我害怕它打着我、伤害我。每天，我的母亲则像一个刻薄的老板一样坐在我旁边，强迫我练习很多遍，我怨恨钢琴，我对母亲的这一行为感到十分反感，这使我不能像其他女儿爱自己的母亲那样爱她。"

一个小男孩，在一个老师的教授下已经学习了一年的小提琴，他的老师和母亲轮流督导他，让他每一天都不间断地练习，希望他有所成就。可结果却是这个孩子仇恨所有的，哪怕是最好的音乐乐器。我曾经听见他很认真地对母亲说："我恨你，妈妈，我不愿意练习。"维妮弗蕾德很幸运，她从她的第一位小提琴老师那里得到了启发。这个老师知道如何使她的学生喜欢这个课程。她给了维妮弗蕾德一些简单的旋律练习，当维尼弗蕾德掌握了特定的低头动作时，老师才给她别的练习。老师并没有强迫孩子总是重复单调的音符，而是从简单的旋律入手。

很多父母都希望自己的孩子成为又一个"莫扎特"或者"贝多芬"，但他们却不在婴儿时期对孩子进行适当的音乐教育。当孩子长到七八岁的时候，他们才将对音乐一无所知而且也并不热爱音乐的孩子送进各种音乐训练班。这些没有建立音乐兴趣的孩子在这种学习中如坐针毡，这些音乐训练成了比那些数学课更让他们痛恨的课程。恐怕没有比逼迫孩子学习更糟糕的事情了。与其让孩子在钢琴上进行不自愿的、愚蠢的练习，还不如陪孩子玩些音乐游戏效果好。

» 先听后练

有些音乐教师沉浸在他们所谓的"技术"训练过程中，非常害怕孩子"即兴弹奏"，按照他们的训练课程，孩子最初只能弹那些没有创造性的练习，而且让孩子每天练习好几个小时，不允许他们随意弹琴。看看我们已经有多少机械的钢琴演奏家，如果没有乐谱，他们连最简单的旋律都不会弹。与其再多几个机械的演奏家，不如让孩子们忽略所谓的技术，用最简单的和声表达他们最直接的想法和感情。

为了鼓励孩子们感受音乐，创造声音，应该让他们多听些伟大作曲家的音乐，因为那些音乐充满了灵感。一位教授在《母亲》杂志中，建议采取下列作曲家的作品培养孩子对音乐的感悟能力：瓦格纳的音乐——瓦格纳使浪漫主义时代的愿望得以实现，他不但把音乐的表现和戏剧的表现尽可能紧密地结合起来，而且还使生活与音乐相连；古诺那优雅、清晰、匀称、洗练、真挚、质朴而柔美多情的风格可以帮助我们在花园里闻到花香；在戈特沙尔克那种特有的充满民族风味的拉丁美洲和克里奥尔民间音乐简单明快的旋律中，我们可以听到种植园的旋律和加勒比海的节奏；而善用意大利民间音调，管弦乐的效果也很丰富的威尔第的音乐，则具有强烈的感人力量。

音乐有神奇的力量，如果家里有音乐声，孩子要比在没有音乐声的情况下少哭闹一些。甜美的音乐，能够让孩子们紧张和急躁的神经放松下来，让他们感到舒适和快乐；而小号那种高亢的节奏，那种强烈、锐利、嘹亮、清脆、极富辉煌感的音乐可以振奋人心。

对音乐的热爱必须灌输到灵魂中去。**音乐不是生硬的音符系统或特定的节拍。**通过教孩子们读音乐字符来让他们理解音乐、感受音乐，是多么荒谬。**音乐必须首先通过耳朵听，而不是眼睛看。不要再去告诉孩子，哪个音符代表钢琴的哪个部位以及必须以哪种方式去弹奏。**在我们告诉孩子这些声音是如何产生之前，请先让他体会聆听曼妙声音的乐趣，在他对这些声音充满情感和期待时，再用游戏的方法教他学习。那些伟大的音乐家从来不是一开始就展示出不寻常的音乐技巧的，他们给我们传递的更多的是对音乐的感情。

在孩子试图尝试着挑选出他们已经听过的简单的钢琴旋律并去弹奏时，应该鼓励他们，而且这也有助于孩子进行原创，不要非把孩子拽回基本音符的练习，不是只有按照步骤，才能学好音乐。那些需要孩子在弹奏作品之前必须完完全全地练习两年或三年音阶的方法已经过时了，可以让孩子以美丽的旋律作为快乐练习的开始。让孩子爱上音乐，通过教孩子玩音乐游戏，并给他们讲音符的故事（好像那些音符是一个个的小精灵）从而使学习钢琴成为最迷人的、最快乐的事情。

维妮弗蕾德写下了所有她知道的简单的旋律的名称，同时收集了这些曲子的相关资料。维妮弗蕾德的音乐学习并不是按照传统守旧的思想练习的，她成了一个很好的小作曲家。

» 音乐可以开发舞蹈天赋

对于婴儿来说，自然界的一切声音，滴答的雨声、呼啸的风声、波浪的冲击、芦苇的叹息、小溪的涌动、小鸟的歌唱……一切事物中都有音乐的元素。

儿童有热爱音乐的天性和超强的模仿能力，所以，可以引导他们进入大自然去寻找音乐。在森林中，维妮弗蕾德就喜欢通过吹口哨来模仿鸟类的声音。

夏威夷的儿童伴随着对音乐的热爱长大，他们的父母在工作时都喜欢唱歌，所以几乎所有的夏威夷儿童都会唱歌，而且随口即来，所以应该鼓励孩子从他们会说话时起就去听歌、唱歌，去寻找声音。那些会唱歌的母亲要每天教小家伙们唱歌。

熟悉音调并建立良好的节奏感，这是进入音乐大门的第一步。而这也无形中帮助我开发了维妮弗蕾德更多的潜能和天赋。当维妮弗蕾德刚刚学会走路后，我本来打算教她一些简单的舞蹈，没想到她学得非常快，因为她能非常敏锐地捕捉各个动作之间的节拍。我想，节奏、祭祀、舞蹈这些很久以前的原始活动真的是很有艺术渊源。

有时维妮弗蕾德还随朗诵的诗歌起舞，随意地跟着节奏舞动身体。

她也学着跳国标、跳华尔兹。当一位活泼可爱的少女教维妮弗蕾德跳草裙舞的时候，她跟了三遍后，居然基本掌握了动作要领。维妮弗蕾德还喜欢跳印度舞、日本舞和印第安舞，跳舞时用响板、鼓和铙等节奏简洁明快的乐器伴奏。因为维妮弗蕾德的口哨吹得很好，她还常常自己吹口哨跳舞。维妮弗蕾德很轻易地学会了多种舞蹈。

舞蹈使维妮弗蕾德的身体更健康，体形更优美，希腊和罗马人优美的体形就是与他们从小能歌善舞分不开的。

4. 数学：为枯燥学科创造趣味盎然的学习方法

» 从数数游戏开始

我第一次教小维妮弗蕾德关于数字的知识，是依靠我一直以来经常使用的一种游戏，在字母和音符学习中我也使用过这样的方法。我用一块白色的纸板，贴上大红色数字，并把它们贴到婴儿室的墙上。我指出数字"1"时，就伸出一根手指，并告诉她读作"1"，并拿一个积木一块糖果。然后，我指着数字"2"，向她伸出两个手指，并拿出两个积木块，两块糖果，依此类推，直至我解释完所有的 1 到 10 的数字。

在我提到过的拍球游戏中也提到了拍球数数法。我会用拍球或者扔球的次数来培养孩子对数字的概念。当我给她梳头时我高喊着"一下，两下"，让孩子能感受从而理解这令人费解的"两下"的含义；当我们散步时，我们会数花、鸟、建筑物、路边的孩子等。数数的游戏随处可见，随时可用。当她已经学会数到 100 时，我就试着教她用其他语言计数。

让孩子在日常生活中学习数数更实用，比如数我们要分吃的苹果，数我手里的硬币，数我新买的衣服。现实生活更能使孩子掌握一个数到另一个数的关系。让他们吃苹果或者蛋糕时，每咬一口数一下，看谁可以用最多次数吃掉一个水果或者蛋糕。这样既教导了孩子要慢慢吃，同时也帮助他学习了数数。在小维妮弗蕾德玩布娃娃和积木游戏的时候，可以拿走或者添加不同数目的物体，来教她一些数量关系的概念。

» 掷骰子或者剥豌豆游戏

当维妮弗蕾德5岁时，她的历史学、文学、地理学等方面的知识已经达到了初中毕业生的水平，但她始终不会背乘法口诀表，尽管在教小维妮弗蕾德数数和变化数字时没有遇到什么困难，但是当我试着教我的小女儿乘法表时，我却彻底失败了。她拒绝背诵"二三得六"，她根本没有兴趣学数学，总是无精打采的样子。即使我按照以前的经验，把那些枯燥的口诀编成歌谣，配上韵律来唱，5岁的维妮弗蕾德依然不感兴趣。我很担心小维妮弗蕾德的数学大门将就此紧紧关闭，成为一个偏才，而这样的片面发展会是女儿未来幸福的障碍。我的理想是使女儿各方面均衡发展。我很担心女儿真的完全不喜欢数学，尽管我有此忧虑，但我也从不强迫女儿再去硬背那些乘法口诀，强制女儿学习会挫伤女儿的积极性。

数学大概是所有学科中最难吸引孩子的科目了。我知道，学数学必须死记硬背一些东西，比如乘法口诀、数学公式等，但这些全靠记忆的无趣的东西，是女儿最不喜欢的。

当时，我对维妮弗蕾德的数学教育陷入困境，正好我那时要到各地演讲，所以就带着女儿来到新泽西州的莱卡特。在这里，我们遇到了一位数学教授，她真是一位非常高明的数学教师。在听了我描述的情况以后，她告诉我："你的女儿不一定是片面发展，现在言之尚早。也许她可能确实缺乏数学才能，但也有可能是你的教法问题。你喜欢语言学、音乐、文学和历史，所以教得很好，你的女儿自然也学得很好。但是你可能自己也不喜欢数学，你教得就比较枯燥，孩子对数学自然也就没什么兴趣了。"后来，在她的指导下，我学了许多有用的数学教育方法。在我用这些方法教女儿数学时，效果果然大不一样，看来问题确实还是在于我的教法缺乏吸引力。

我按照那位教授的方法去教孩子数学，首要的是让女儿对数学发生兴趣。我们用很多有趣的游戏来学习，比如：我们把豆子和玻璃球扔进纸盒里，每人快速抓一把，数数看谁抓得多；或者，在吃葡萄、橘子等水果时，数数它们有多少种子；或者在和女佣一起剥豌豆时，边剥边数每根豆荚中的豌豆颗粒。

每一个小游戏都可以演变得更深，比如在玩豆子和玻璃球时，我们会按照两个一组或三个一组排列起来，排成两组、三组或四组不等，再分别数出它们的数量和总数量，把结果写在纸上。在豆荚游戏中，可以每人抓一把豆荚后，维妮弗蕾德需要数出每个豆荚中豆子的数量，我就把更聪明的方法教授给她：把两个豆子的豆荚，三个豆子的豆荚区分开来分别用乘法计算，然后再总和相加。最后我们自己动手制成乘法口诀表挂在墙上。在这种趣味游戏中，维妮弗蕾德懂得了许多数学乘法规则，并且没有一点厌烦的表示。

我们还经常一起玩掷骰子的游戏，开始时只用两个骰子一起抛出去，如果抛出了 5 和 4，就把 5 和 4 加起来得 9 分，如果是 2 和 4 就得 6 分。我们把每次的得分都记在纸上，玩 6 次之后统计一下，谁的点数多，谁就赢。如果维妮弗蕾德输了，她就要把她珍藏的宝贝（通常是玻璃球、卡通娃娃之类的东西）给我一个。如果我输了，她就赢回她的宝贝或者提出别的要求。维妮弗蕾德对这个游戏非常喜欢，经常请求多让她玩几次，但因为学习数学耗费精力，所以我总是适可而止，每次玩的时间不超过一刻钟。

这样的游戏玩下去，骰子的数量是可以逐步增加的，从 3 个到 4 个，最后可以增加到 6 个，维妮弗蕾德都可以应付自如。

珠算工具在中国和日本已经使用了数百年，所有的孩子都喜欢拨动珠子，所以算盘也是我们学习数学的游戏工具。维妮弗蕾德喜欢拨弄算盘，看着这些算盘每行有多少个珠子，我还趁机让她比较一下 "4" 个珠子比 "2" 个珠子多多少，慢慢她领悟了 "4" 就是两倍的 "2"，而 "10" 就是两个 "5"。用算盘，还可以教孩子简单的真分数，显示出 "3" 是 "9" 的三分之一和 "2" 是 "4" 的二分之一。在算盘的珠子游戏中，维妮弗蕾德对加、减、乘、除等运算方式更加熟练。

由于有了兴趣，维妮弗蕾德在很长一段时间里都沉浸在学数学的喜悦之中，后来她又学习了代数、几何等数学科目，数学水平得到了很大的提高。

» 奇偶数游戏

要学习区分奇数和偶数，让一群孩子参与游戏是一个非常好的方法，当然使用纸娃娃玩具也可以代替孩子们。可以假设这些娃娃将去参加一个舞会，游戏从两个人开始，他们便是偶数，可以一起结伴跳舞，不会觉得孤独。当他们的背后又来了一个孤独的少女——"第三个"时，便成了奇数，一个孤独的数字，只能独自跳舞，但是当另一个娃娃来到她身边，她又不再孤独了，他们合在一起便又是偶数"4"了，又可以成双成对了。这样的游戏可以搞明白能够被 2 整除的数字和不能被 2 整除的数字之间的差别，可以知道奇偶数的区别。

还有一个游戏可以教孩子区分奇数和偶数。从不同颜色的大纸板上剪下一些小正方形，在绿色正方形上写上"1、3、5"等奇数，红色的正方形上则写上"2、4、6"等偶数。再用纸盒做成一个想象的火车，火车的车厢由奇数车厢和偶数车厢组成，让孩子将所有写着奇数的正方形纸板放入标有"奇数"的车厢，所有写着偶数的正方形纸板则投入标有"偶数"的车厢。小孩子会觉得这是一个伟大的装货工程。

游戏也可以换成大鱼和鱼塘来玩。从纸板上剪下一些鱼类，一些标上奇数，一些标上偶数，投入鱼塘。等所有的孩子都去抓鱼，抓到一定数量的鱼后，如果谁抓的"奇数鱼"最多谁就赢得了比赛。

» 士兵数字游戏

我们学习的数学游戏中有一种叫作士兵数学游戏，也充满乐趣。我们会在一个盒子里放满各种不超过两位数的数字。这些数字代表了我们能够调用的"士兵"数量，然后我们各自为自己选择一个将军的名字，维妮弗蕾德最喜欢叫"惠灵顿"，而我最喜欢叫"拿破仑"。我们摆出作战队形并准备开战。维妮弗蕾德先从盒子里抽出数字，如果是"16"的话，她将从她的"士兵队列"中抽出 16 名"士兵"，将它们排列好。而我抽了第一个数字时，只得到了 7 名"士兵"，我也把它们排列好。抽取三组"士兵"以后，队列基本成形，可以开战了。

　　我们轮流滚动小型千斤顶球作为想象中的大炮，以阻碍"士兵"前行。维妮弗蕾德首先发动进攻，她滚动了她的球，直逼我的队列，我的前两排"士兵"倒地，那些剩下的站立的"士兵"继续战斗。如果我是以 40 个人的基数开始战斗，那她第一次攻击撞倒我 8 个士兵，她就知道我还剩下 32 个人了。紧接着轮到我滚动小型千斤顶球。我们会这样一直玩下去，直到大多数"士兵"倒地为止。最后，哪一方活着的"士兵"多，哪一方就赢得了比赛。在士兵"加"和"减"的过程中，维妮弗蕾德记住了减法中不同部分的数学名称，对"被减数"与"减数"的关系，还有战场上幸存下来的可怜的"余数"概念就逐步明朗了。维妮弗蕾德通过真实物体的加减学习了加法和减法。

　　我们还可以用这些"士兵"玩"骑士游戏"。"骑士"有坐骑，而且需要决斗，所以总是要行走若干英里去与别的"骑士"战斗。路上会有几个"城堡"，从一个"城堡"到另一个"城堡"之间有不同的距离。有时，"骑士"将停在这些"城堡"中喝点儿水或者拯救一位"公主"，这些在"城堡"花费的时间需要记下贴到"骑士"身上。"骑士游戏"可以学习很多数学知识，比如计算骑士的平均速度，即用总的距离除以骑士在路上花费的时间——当然先要用总的时间减去在城堡拯救公主所逗留的时间，等等。

》 女巫游戏

　　教年幼的孩子认识数字，也可以采用图表对照拼贴法，可以用一张大表，里面标注着数字，第一栏写着 10 以下的数字，第二栏里则是 10 到 20 的数字，10 乘 10 的栏，就可以填满 100 个数字。然后，需要把这 100 个数字分别写在硬纸板上投进盒子里，孩子们在盒子里抓出某个数字，就要去贴在图表中相应的位置。我发现 2 岁的孩子经过一段训练后，可以完全找对数字并贴到图表中相应的位置，但做这个游戏也不要超过 10 分钟。

　　我们还用这张图表来玩一种叫作"巫婆"的游戏，维妮弗蕾德优先选择一个数字。当她选好之后，就写到一张纸上，然后让我去猜这个数字到底是多少。当然，她会给我一些提示，我有三次机会去猜这个数字。比如说，她选择了 15，就说："噢！聪明的巫婆，哪个数字是我选的呢？它在第二栏，是一个奇怪的家伙，总是喜欢站在中间。"游戏轮流进行，用很少的次数就可以猜对的人就成了当之无愧的女巫了。

数学游戏的学习对于维妮弗蕾德来说，不仅仅是数学游戏，更重要的是那些游戏让她真实明白了一些数字与另一些数字之间的关系。那位擅长数学教育的教授还鼓励我去教她算术史，让她了解阿拉伯数字是如何取代罗马数字的。在学习罗马数字时，维妮弗蕾德学会了看钟表，我们还一起去看公共建筑上用罗马数字标注的日期以及公墓的墓碑日期，因为罗马数字更难记忆，维妮弗蕾德对于自己可以脱离使用罗马数字的时代感到非常幸运。

» 学习几何的游戏

在匹兹堡自然教育学校小维妮弗蕾德所在的班级中，孩子们会画三角形、正方形、五角形、六角形、八角形、十角形等图形，他们还喜欢用牙签、细棍摆出类似图形的形状。

孩子们喜欢玩几何图形游戏，比如在孩子们深入了解了六边形之后，给他们每人一张纸，把自己想象到的六边形画出来。开始时，孩子们画的可能只是些正规的六边形，但随着想象力的延展，便出现了六边形的靴子、房子、打开的书、蜻蜓、船、小狗的头、酒杯，甚至还有女士和男士的头像。当然，他们还玩五边形、正方形、菱形、梯形、矩形的游戏。

维妮弗蕾德喜欢让小伙伴猜她的作品，玩一个被叫作"猜猜是什么"的游戏。在她画出一个图案后，就请她的伙伴猜，如果对方猜对了，就给对方加一分，如果没有猜对，维妮弗蕾德就得到一分。维妮弗蕾德对各种各样的几何图案的认识，基本上就是通过这个游戏学习到的。

另一种孩子们喜爱的几何游戏，是给他们一些从不同颜色的纸板上裁下的正方形、三角形、梯形、矩形、菱形等，并让他们用这些来设计教堂窗户或者地毯、挂毯等。他们可以在这些图形中任意涂鸦，随意创作。当他们有出色的创意时，我们就允许孩子将其粘贴在纸板上，然后挂在教室里。

维妮弗蕾德和小伙伴们也经常会在房子内寻找几何图形的物品。孩子们通过在生活中找寻相似的几何图形意识到几何图形对建筑设计、构图等的重要性。

几何图形无处不在，在几何的学习上，我们也借助了很多现实存在的东西，这使得很多抽象的图案变得非常具体。我还记得当维妮弗蕾德第一次发现自己的糖果盒子是方形时，立刻就非常高兴地沿着盒子画了个完美的正方形。当我们出去散步时，我会和维妮弗蕾德一起数房檐、屋顶、窗户上的线条，教她认识正方形、矩形、三角形、梯形等。我们一起感受建筑之美，理解曲线之美，曲线不仅是美丽的线也是充满力量的线。我们还发现了孔雀尾巴里的几何线条。我相信几何学将继续成为维妮弗蕾德的一种快乐资源，并会影响她的一生。

在我们的自然教育学校中，所有的孩子从一开始就被教授高等数学知识。他们不会在难解的题目上浪费时间，而是学习生活中最实用的数学知识。自然教育学校的比利就曾告诉维妮弗蕾德，正方形的所有边的长度是一样的，是矩形中特殊的一种。而老师事先并没有告诉他这个原理，但他通过实践进行比较自己领悟了。

小维妮弗蕾德还为小朋友们写下所有在游戏中提到的有关数学的原理，以用来帮助孩子们记忆。

» 财商训练游戏

多数人在儿时都没接受过财商培训，所以大家总会不同程度地在经济方面出现问题。在学校里，孩子们不断地解答各种应用题，然而在面对现实时，他们依然对数字的价值一无所知。

如果孩子学会了使用金钱，他们便更会懂得金钱的价值和意义。我经常同女儿做购物游戏，这样可以促使她活学活用数学知识，而且对她养成经济意识有所帮助。我到女儿的虚拟商店"购物"，她卖的物品有不同的包装和规格，计量也不同，有的用长短计算，有的用数量计算，还有的用重量计算。她把这些商品按照目前市场的实际价格定价，我们在交易中也使用真正的货币。她计算我所购物品的金额，并一本正经地找给我零头。有时候，又由我充当杂货铺的店老板，维妮弗蕾德装成是顾客。当维妮弗蕾德购买某种物品的时候，我会故意数错，试图多收她一部分钱。当然，每次维妮弗蕾德都能发现我这个贪心的老板多收了钱，她玩这个游戏总是全神贯注，不给我这个狡猾的"老板"一点贪小便宜的机会。我们的交易领域相当丰富，可能是蛋糕店，也可能是杂货店，或者是冰激凌店、彩带店。我偶尔也会让维妮弗蕾德尝试真正的家庭采购，让她到附近的商店购买一点东西，并把找零带回来。有一次，她纠正了售货员在找零上的错误，这让她感到非常高兴。

当她学习测量液体时，她就假设自己有一个酒馆，而我来到她的酒馆买酒，她会从水龙头里卖给我几品脱、几夸脱或几加仑的"酒"。我买每一种葡萄酒，她都会按照计量向我收一定的费用，并给我列出每次她出售商品的交易清单，维妮弗蕾德从测量真正的东西中掌握了液体计量方法。在学习测量物体的重量时，我们也用同样的方法。她扮成一名水果商，用天平称量出我所要购买的斤两。通过各种模拟买卖，她对测量单位完全熟悉了。为了掌握实际的知识，培养女儿的经济意识，我们一直都是用实际的市场价格来计算货物的价格，因此，这个孩子对这些物品在实际生活中的费用也很熟悉。

在婴儿时期，我就给维妮弗蕾德一些已消毒的硬币磨牙。她对美国货币非常熟悉。外国货币的学习可以用样板硬币或真硬币。我告诉孩子这些货币的价值与美国硬币相比的价值差别与换算方法。因为外国货币的介入，孩子的游戏变得更加丰富，因为在不同地区购买玩具、衣服等物品的时候，她需要用法郎、马克等外国货币支付，如果用美元支付，她就需要先换算成等值货币再购买。有时我们也玩旅行游戏，把我们的钱兑换成法郎、英镑、马克等，以便在国外方便使用。

我不会经常给维妮弗蕾德零用钱，维妮弗蕾德用"挣钱"的方式来理解金钱的价值。她会记录下她每周挣到的钱的数目，再把这一周的收入与上一周的收入进行比较。当她收到杂志社为她的小诗所支付的小额支票时，她也会去银行核对支票，并把它存到她自己的账户中。

为了使维妮弗蕾德树立正确的金钱价值观，我也设定了一些银行业务的游戏。我们用钱做模拟投资，看在一定的时间内我们能得到多少利息，然后统计花了多少生活费，花了多少旅行费，花了多少读书费，等等，又在哪个地方节省了多少钱，赚了多少钱，等等。小维妮弗蕾德在两年时间里了解了我所有的"营销活动""经济核算"，她成了一个精明的买主。

5.美术：多感官的综合训练及意识拓展训练

» 图画剪贴素材簿

正如我曾经说过的，婴儿室可以布置一些伟大的艺术作品。我们无法为孩子们提供昂贵的原作，但我们至少可以弄来一些杰作的复制品。有一个可爱的小女孩，非常喜欢在自己的剪贴簿中收藏打印的艺术图片，并依照自己的想象力，为这些图片涂上自己喜欢的颜色，对这些大师的作品进行再创作。这不仅让她的剪贴簿充满内容，而且使她获得了良好的艺术教育。

孩子们小时候喜欢临摹一些物体。他们可以描摹树叶，可以临摹各种在家里找到的几何图形物品，比如：圆墨水瓶、玻璃杯、碟子、方盒子、书籍，等等，然后将临摹作品贴在剪贴簿上。

孩子自制的艺术剪贴簿对于他们来说，是非常有用的素材库和成果库。孩子可以即兴创作，信手涂鸦；可以从各种不同的渠道找来自己喜欢的作品贴上去，做好艺术积累；孩子们可以按照主题、颜色、作者国别等的不同，对自己的剪贴簿分类并不断丰富自己的剪贴簿。小维妮弗蕾德就有一个专门贴各种可爱娃娃造型的剪贴簿。我们也喜欢一起收集报刊里的美丽图案和绘画，我将精心挑选的美丽图片做成丰富多彩的手工书，这些包括了动物、花朵、鸟类、美丽仙女的剪贴簿，成为了她最早的美术启蒙形式之一。

日积月累，孩子的剪贴簿会越来越多，而孩子的艺术感也在慢慢形成和提升。

» 描摹与制作训练

福禄倍尔说过："一个孩子能做的事情可能是最简单而且毫无价值的，但这是他创造的冲动，你应该感到高兴。"

孩子的第一幅作品往往是乱写乱画，涂鸦之作，但这表明了孩子对创造的渴望，应该给予孩子很好的鼓励。对于那些喜欢涂鸦的孩子，我们要逐步引导他们进行更深入的学习和创作。

我们祖先的第一幅图画就是在沙子上创作出来的。在埃及、印度和罗马，孩子们很早就在沙子上画画，或者用鹅卵石在粗糙的大石头上记录。

在孩子学会使用铅笔之前，沙子的确是很好的创作地盘，可以让孩子们自由地在沙板上画画。可以将沙子弄湿、弄平，然后给孩子一根稍尖的棍子或者树枝，教孩子如何描出一个盒子、一朵菊花或一些字母。孩子会对这个沙板产生浓厚的兴趣，创作后再抹去自己的作品，然后再创作，再抹去。这对他们来说，无疑是毫无负担的自由练习过程。

在对孩子智能的开发中，画画的功能是非常重要的。在女儿还不懂事时，我就准备了许多美丽的花草虫兽的图片给她看，我还让她看有漂亮插图的图书，并常常热情地读给她听。在维妮弗蕾德稍大一些后，我不仅给她看更多的图画，还给她买来了颜料、画笔和纸张，开始教她画一些简单的东西。那时的维妮弗蕾德用小小的手费劲地握着那支巨大的笔，对画画表现出极大的兴趣。我手把手，耐心地教她画画。经过很多次的努力，维妮弗蕾德终于把画笔牢牢握在手中，开始真正用笔"画画"了。

我倾尽所知，向女儿介绍造型艺术中的各种表现形式。告诉她除绘画之外还有拼贴、剪纸、雕塑等艺术表现形式，并向她讲述了这些艺术表现形式的具体制作过程。为了让维妮弗蕾德尽情发挥，用多种艺术表现形式体现自己的创作能力，我为维妮弗蕾德买了各种不同颜色的纸张，还去裁缝铺要了一些不同质地、不同颜色的碎布，并给她提供了更多的橡皮泥类的东西，我还为她准备了一把小剪刀和胶水。维妮弗蕾德可以用这些素材随意地创作自己的艺术品。

引起孩子对绘画的兴趣，可以通过玩"现场模特"的游戏实现。游戏是这样玩的，让一个孩子假装自己是伟大的艺术家，而让另一个孩子扮作艺术家的模特，后者需要在扮演艺术家的孩子面前跑步或跳跃，让"艺术家"现场临摹描绘出他的动作。这些年轻的"艺术家"们画出的大部分图画都是非常粗糙的，缺乏比例也没有透视感，但是简单的描摹可以很好地培养孩子的观察力和辨析力。正如珍妮教授所说："绘画主要是（而且应该是）一种语言，一种表达孩子想法的手段。"当孩子们在绘画，并且向他们的老师解释他们所画出的图画的含义时，便是他们在为自己描绘世界。

几乎所有的孩子都可以画画。绘画是鼓励孩子们表达自己想法的最好手段。绘画可以训练眼睛、训练手、训练思维、培养个性化的自我表达能力并有助于孩子领悟艺术品的精髓。

》 色彩培训计划

对于美术技能来说，色彩是最基本的功力。我给女儿买了许多五颜六色的东西。维妮弗蕾德的布娃娃身着五彩缤纷的服装，她还有各种颜色的毛线。我挑选的鲜艳色彩的玩具非常符合女儿的兴趣，而玩具上鲜艳的色彩有助于女儿提升对色彩的感知力。

我常常用蜡笔和女儿玩"颜色竞赛"游戏。这个游戏很简单，就是在一张大大的白纸上进行颜色接龙。从纸上任意一个地方开始，先由我用红色蜡笔画一条5厘米长的红线。女儿也相应地用红色蜡笔画出同样长的平行线。接着，我又在她画的红色线后面用其他颜色的蜡笔画一条一样长的线，女儿也得选用同样颜色的蜡笔来画这条同样长的线，两个人就这样连续画下去，直到这张白纸充满了五彩缤纷的颜色。

为了培养女儿的色彩感觉，我不仅给她提供各色颜料，任由她在调色板上信手涂鸦，还为她买来了色谱，并耐心地教她分辨颜色的细微差异。日子一长，女儿居然能记住多种颜色，不仅是基本的红、黄、蓝、橙色，还能说出不同灰度的色彩名称来。维妮弗蕾德谈到色彩，总能说出一些专业的色彩名称。除非受过专业训练从事艺术相关行业的人，一般的人都只会说"那是红色，那是黄色"，或者"那是灰色"等一般的色彩概念，而维妮弗蕾德从小就会说："哦，那是酱紫色，那是普鲁士蓝，那是一种带有黄的灰色……"虽然维妮弗蕾德没有成为画家，但她对色彩的认识确实超出了一般人。

女儿的创作欲望源源不断，房间的四壁上挂满了她的作品，有古典的水彩画，有色彩斑斓的拼贴画，也有简洁明快的剪纸画等。其中有一组作品特别引起了我和丈夫的注意，就是那棵我们家门前的树，女儿的作品用不同方法、不同颜色将它表现出来，各有各的特点，但都非常漂亮。

曾经有几位艺术家朋友来家里做客。当他们看到女儿的作品时都感到非常惊讶。他们说从未见到过一个未满5岁的孩子能有这么强的表现力，也赞扬了维妮弗蕾德拥有很多孩子都不能企及的对形象和色彩的敏锐感觉。其中一位艺术家希望从现在开始就应该将维妮弗蕾德引向艺术之路，他相信如果我做刻意的引导，女儿很有可能成为一位优秀的艺术家。

如果维妮弗蕾德自己一直对艺术感兴趣，并愿意在这个领域发展的话，她将来是能够成为艺术家的，但我不愿意用成人的方式刻意培养她，引导她，至于她今后的方向，要待她长大后自己选择。

» 艺术博物馆的开发作用

要打开孩子们的眼睛去欣赏美丽的艺术品，就要给他们看优秀的图画和雕塑作品，并且尽可能多地带他们参观艺术博物馆。在参观这些艺术博物馆的时候，不要只是让孩子们茫然地转一圈，看看作品，却毫无收获。我们要引起孩子对这些伟大作品予以关注，首先需要让作品鲜活起来，通过给孩子们灌输这些艺术作品的传说或历史故事来引起他们的兴趣。告诉孩子们这些作品的创作背景、艺术家的创作由来，或者这位艺术家的传奇生涯，让孩子们对创作这些伟大作品的雕塑家们的生活也产生兴趣，以使作品丰富立体起来，孩子便会因为背后的故事开始关注这些作品。如果孩子有兴趣，还可以鼓励他们用一些橡皮泥来复制某些伟大的作品。我们住在匹兹堡时，小维妮弗蕾德每星期都要花几个小时在美丽的卡内基雕塑馆中欣赏作品。她也试着临摹这些伟大的作品，也的确成功地做出了相当多优秀的橡皮泥模型。

在我们的自然教育学校里，我们每天都会花一些时间，让孩子们看一些伟大的艺术作品的复制品或者代表建筑作品的明信片。小维妮弗蕾德经常会邀请小朋友来看艺术作品。当然，我总是会为她们简短地讲述一下那些艺术家们的生平以及他们作品的主题，之后让孩子们随意讨论欣赏。

» 艺术品位提升法

可以通过一些漫画和幼儿读物来培养孩子的艺术品位，但并不是所有的漫画、读物对孩子们都有益。最近一位英国朋友向我表达了这方面的担忧，因为他在报纸、杂志上看到很多劣质的漫画。美国也确实存在这样的问题，现在报纸行业中流行各种各样的小报、杂志，运营商们为了利润，争先恐后刊登各种蹩脚、低级的漫画作品。母亲对于孩子艺术类的图画读物一定要把好关，不要随便选择一本漫画或者艺术读物让孩子去打发时光。要让孩子懂得真正的美，我们就需要来为他们准备真正美好的作品。维妮弗蕾德通过好的作品得到的不仅是对美的体验、对艺术的感悟，还有善良、真诚、正义、博爱等品格。

绘画本的《格林童话》和《安徒生童话》是小维妮弗蕾德最喜欢的读物。即使对成年人来说，书中那些惩治邪恶、宣扬善良与美丽的故事，都是很好的生活调剂品。童话书中的美丽的故事对孩子来说更是快乐生活不可或缺的乐趣。

维妮弗蕾德有时也会将自己的想法，用绘画的方式表达出来。所有的孩子都应该用画笔，用自己头脑中的记忆将自己的童年生活以绘画的方式表现出来。孩子的绘画工作往往是从模仿开始，模仿什么取决于看到了什么，所以那些低劣、粗糙的画作，是绝对应该从孩子的眼前消失的。那些美丽的童话作品才应该是孩子临摹的样本，孩子们用那些独特的人物或者动物造型可以发挥出更多的艺术原型来。

后来，我又给维妮弗蕾德推荐了瑞典女作家塞尔玛·拉格·芙的长篇童话《尼尔斯骑鹅旅行记》，这不愧是一部公认的优秀儿童作品，维妮弗蕾德非常喜欢看，而且自己动手把故事画了出来。虽然她画的线条还很幼稚，但我认为那简直就是杰作，应当之无愧地纳入家庭收藏品行列。

一些富有美感的、简洁的素描图画，也是维妮弗蕾德非常喜欢的。有时，我会引导她为这些图画配上小故事。这样，她就会带着思考去欣赏这些绘画，她会为这幅画构思故事，构思更丰满的人物。

6. 历史及文学：戏剧化的上演，节奏化的记忆

» 演绎历史，而不是读历史

在自然教育学校，孩子们学习历史或者某部文学作品都是通过讲故事，而不是读故事来学习的。教室里还可以设定放电影的地方，用最生动的方式演绎历史。

我从来不给维妮弗蕾德列清单，让她去记忆某个时间段发生了什么样的重大历史事件，但我会让她了解历史和文学中的人物。教她将他们作比较，在她的头脑里将他们生活的那些日子与发生的事情联系起来，用人物来记历史事件的时间远远好于依赖时间来回忆历史或者历史人物。我让她了解不同历史阶段的特色，了解不同阶层的生活。我知道一个只能记住大量历史人物事件的人，他很可能缺乏原创性，因而给不了这个世界任何新的、有价值的东西。

对于维妮弗蕾德来说，我们研究的那些文学人物都是栩栩如生的。作品中的人物和写作品的人都是我们需要关注的对象。我们制作了一本伟大人物早期生活的大剪贴簿，这本剪贴簿上的资料不断丰富着。维妮弗蕾德喜欢读一读拜伦、弥尔顿、朗费罗等人在她这个年龄时的生活，顺便比较一下自己的生活。维妮弗蕾德会充满兴趣地去比较谁的鼻子比较大、谁的眼睛比较小，谁的前额比较高。这本剪贴簿非常有趣，它能帮助维妮弗蕾德熟悉作者，那种熟悉感使得维妮弗蕾德在接触他们的作品时，显得更具人情味，更有理解力，也使得每一部作品也更加鲜活生动起来。很多时候，我们一起研究讨论某位诗人或某个伟大作家的生活，以及他的生活给他的作品带来的影响，并试图从

作品中找到作者生活中的原型来，这些美丽的文学作品和这些既熟悉又陌生的伟大作家极大地丰富了小维妮弗蕾德的思想以及她对文学的深刻感悟。

» "骑士、作品和历史地点"游戏

"骑士、作品和历史地点"游戏可以让维妮弗蕾德记住历史事件或者哪部作品属于哪位作者。我们把作者的照片放在一个盒子中，作为我们勇敢的骑士匣子，再把相关的作品或者历史事件放在第二个盒子里，作为我们的事件匣子，而所有国家的旗帜放在另一个盒子里，作为我们的地点匣子。我们依次抽出一个作者、一面国旗和一部作品（历史事件）名称，如果它们之间匹配就把它们放在一条直线上，如果不匹配，就放在斜线上。当我们抽完所有的作者，做完所有的匹配时这个游戏也就结束了。这个游戏让维妮弗蕾德不仅能记住时间、地点、人物，而且不会混淆这些时间和相关的人物或者事件。

为了使文学作品或者历史故事更有趣，加深小孩子的记忆，母亲可以和孩子一起演绎故事。如果家里只有一个孩子，其他角色可以用洋娃娃代替。我认为胖瘦黑白不同的各种洋娃娃或者卡通娃娃是最好的演员。如果没有足够的布娃娃或卡通娃娃来饰演不同的角色，还可以裁剪纸娃娃当角色。我和小维妮弗蕾德用纸剪了很多形象。我们剪出了骏马、怪物、雷神、乌龟、女巫、黑暗之神（从黑纸上剪下来的）、火神（用红色纸剪的）、太阳神（从黄色纸上剪下的）等，我们可以通过这些形象生动地演绎故事。

这些纸娃娃或者造型可以保存在大信封里，随时提供给孩子们玩角色游戏，尤其是阴雨绵绵无法进行户外活动的时候。孩子可以自己选角色，编故事，演绎故事。通过这些游戏，极大提高了孩子的想象力和表现力。

小维妮弗蕾德演绎故事的时候非常认真，那些被锁起来的怪物她一定要检查是否真的锁好；那些勇敢的骑士摔下马时，她会悲伤；小女孩被冻死时，她会流泪。

　　历史课本完全是对着年代照本宣科，枯燥无味，孩子们自然不会喜欢，而用历史演绎的方式再现历史就生动了许多，这并不需要花太多的时间，只需每天练习几遍就可以记住历史中所涉及的年代、人物和情节。

» 历史和文学的纸牌游戏

　　除了讲故事、演绎故事、角色扮演游戏，我还和维妮弗蕾德玩一种纸牌游戏来增加她对文学和历史的兴趣。我们把那些有趣的内容分解成小故事写在纸牌上，可以通过问答的方式，很快记住纸牌上的内容：谁，在哪，什么时候，干了什么事，结果怎样，通常提问一两遍之后女儿就能把那些内容流利地复述出来。《圣经》上的故事我们就是通过纸牌游戏记住的。这个《圣经》故事的纸牌游戏中设计了一系列的问题，涵盖《圣经》的整个历史。孩子们玩够了这个游戏，也就熟悉了《圣经》中的每一个故事。

　　这个方法到现在我们还经常使用，当读了一本好书后，就用这种方法来检验彼此的阅读效果。我们还用这个游戏尝试记录那些重要的、受过教育的人理应知道的历史故事。

　　也可以用纸牌游戏来玩文学作品配对游戏。我们用莎士比亚、弥尔顿、拜伦等名字做成小纸牌或者用他们的名字给我们的卡通娃娃命名。当我背诵这些伟人作品中的经典段落时，小维妮弗蕾德挑选出对应的作家（写着作家名字的纸牌或者作家名字的洋娃娃）。没过多久，她便对我引用的这些诗歌很熟悉了，并可以重复这些经典诗句。

　　当孩子们对这些伟大人物的作品产生了浓厚兴趣之后，他们自然渴望更多地了解伟大人物的生活及其作品，并且愿意通过阅读传记和人物自传的方式来进一步加深对伟大人物的认识。

» 孩子第一本书的选择

　　每年都有成千上万种图书出版，给孩子挑选要读的书，是父母重要的任务。约翰生博士曾经说过："一个人的后半生取决于他读到的第一本书的记忆。"因此，母亲们一定要谨慎择书，尤其是对第一本要放到孩子手里阅读的书。

人们的品位是无法解释的，有的人喜欢理论书籍，有的人喜欢漫画，有的人喜欢故事书，但孩子阅读的起始阶段的读书选择是由我们来指导的。**我们需要引导孩子去读最优秀的文学作品。如果我们在幼时接受了培训，知道应该读什么，怎么样读书，那么在阅读中我们会发现更大的乐趣，会有更多的收获。**

我给小维妮弗蕾德提供的大部分阅读书籍都是经典著作。那些历久弥新的著作总是有撼动人心的力量，让维妮弗蕾德尽情吸纳其中深邃的思想、精致的语言。维妮弗蕾德不会无目的地阅读，没有目的地阅读是一种懒惰的消遣，我们很多人将时间荒废在随意的阅读上，去读些不能给我们带来任何益处的垃圾。

维妮弗蕾德对第一本书的记忆应该是我一直为她读的那本摇篮叙事诗。那本书在维妮弗蕾德刚出生时就开始陪伴她，并成为她听力训练和语言训练的好工具。在维妮弗蕾德刚刚一岁的时候，她已经能够背诵出这首叙事诗，也就是维吉尔的《艾丽绮斯》第一卷的前10行了。事实证明，给女儿朗读诗歌确实有很好的效果。所以，在引导孩子阅读时，父母要教孩子带着感情阅读，或者指着文字大声朗读，这样有利于培养孩子的表达能力以及想象力。母亲可以选择大号字体印刷的书籍和带有丰富图片的书籍，以便孩子阅读。

标记不认识的生词一直是我读书的习惯，然后我会查字典了解它的意思及衍生词，并顺手将这些信息写在书的边缘部分。维妮弗蕾德则喜欢将生词信息写在她的知识记录簿中。

如果你有阅读的习惯，那么孩子也会有相同的习惯，孩子喜欢模仿。在孩子可以自己读书的时候，父母就要学会伴随孩子进行分享阅读。为了激发和增强维妮弗蕾德阅读的兴趣，在读过与动物有关的书籍后，我就带她去动物园看看；看过与植物相关的书籍后，我就带孩子一起去野外认识各种各样的植物。这样就可以使阅读变得很有趣，也因此维妮弗蕾德从来没有丧失阅读的兴趣。

一些父母似乎认为孩子们不必买书回家，因为他们在公共图书馆就可以读到所有的书籍。但就像费城的编辑所说的："我们应该把书籍当朋友一样带在身边，当我们感觉到需要安慰、娱乐、引导和鼓舞时就可以感受到它的存在。没有人非常了解一本书，除非它是他家庭生活的一部分，和它友好地生活在一起。"有些人一遍遍地读《圣经》，有些人一遍遍地读莎士比亚的作品，有些人不断地看《安徒生童话》，这些精彩的书籍是他们心灵的一盏灯光，即便很微弱，也能给他们温暖和指引，成为他们最亲密的心灵伙伴，成为他们生活的一部分，甚至影响他们的一生，影响他们职业生涯以及他们的思想和行动。一个人的生命中一定会有一些书会触动他的灵魂，成为他最有影响力的朋友或者老师。

维妮弗蕾德有很多藏书，她有自己的小书架，有可以放松阅读的自由空间，更有颗热爱书籍的心灵。她相信阅读是这个世界上最有趣的事情，而且她无私地教她所有的小伙伴们如何更好地阅读并从中有所收获。只要培养孩子们逐渐对阅读的内容感兴趣，他就拥有了迅速学习的方法。最近，随着一些5岁大的孩子来拜访，维妮弗蕾德对奥谢博士那本著名的教育类书籍《六个育儿经典》非常感兴趣。她已经像我一样，喜欢把教育她人当成一件愉悦的事。

现在出版的杂志越来越多，但是我们并没有订阅很多杂志，只是选择一些有意义的杂志了解最新时势动向。

» 从阅读迈向写作

小维妮弗蕾德喜欢阅读，阅读的衍生作用就是小维妮弗蕾德的写作能力的提高。阅读是很好的积攒美丽文字、学习深邃思想的方法。阅读和写作之间很容易形成水到渠成之势。

小维妮弗蕾德很早就开始发表作品，她的作品题材广泛，涉及诗歌、顺口溜、小说、童话，甚至还有剧本。她对自己的作品总是很有责任心，总会有目的地阅读大量的辅助素材。当她写《与小精灵一起在圣诞节旅行》时，她很认真地阅读了不同地方描述圣诞节风俗习惯的书，竟然达到 30 本。她在写《与复活节的兔子一起去旅行》时，查阅了匹兹堡图书馆里所有关于复活节习俗的书籍。维妮弗蕾德写了许多关于《我的动物园里的朋友们》的故事，并将它们组成了一个系列。虽然其中的很多动物在动物园里她从来都没看到过，但是，她通过阅读研究它们、熟悉它们。她在阅读了所有她能发现的描述动物及其习惯的书籍后才开始自己的作品创作。阅读的确给她提供了很多帮助。

» "我读到了什么"的自制记录本

每年年末小维妮弗蕾德都将自己的那本叫作"我读到了什么"的自制记录本给我欣赏。本子中记录着这一年她读的书，书的主题、作者、主要人物、主要情节和思想精髓都在她的本子中记录了下来，这些书中的信息对她而言都是非常宝贵的。第二年她会再准备一个新的漂亮小本子作为她当年的新书记录本。

做读书笔记也是阅读及掌握知识的很好的方法。小维妮弗蕾德也收集一些她欣赏的句子、段落，还有书中的某些章节。她把收集的这些好的句段和佳句称作"文学佳句要览"，随着阅读量的增加，她的这本集锦也在不断增厚，有时间她就会拿出来翻看。虽然有许多关于精彩内容节选和摘抄的书籍，但自制的选读摘要能涵盖所有自己喜爱的段落和句子。

我们应该鼓励孩子做出自己的"文学佳句要览"或者"文学佳句精选"。孩子通过对这些章节段落、句子的品读可以很快提升自己的阅读水平和写作水平。孩子甚至可以在写文章的过程中信手拈来这些佳作名句，它们多是作者多年阅历的精彩体现，经过了作家或者诗人的匠心锤炼和艺术加工，不但有巨大的感召力，而且历久不衰，有强大的生命力，值得被世人传诵。

小维妮弗蕾德习惯每天用打字机打些经典诗歌和文章。在打字的过程中，她逐渐就能将这些有名的诗篇和文章背下来。通过誊写或者打字，孩子能记住一些值得记住的文学作品及优美的句子。

» 坚持记个人笔记和日记

我非常推崇使用记录个人思想和常用信息的个人笔记本。很多历史大家，在他们的日记中，给我们带来了那个时代最真实的历史信息，而且个人笔记也是文学创作最好的素材和记录。

我相信，每个孩子可以通过写日记、个人笔记记录每一天发生的重要事件来练习写作并学着表达自己的想法，他们都会得到意想不到的收获，多年后，他们会更珍惜这些宝贵的记忆。

为了培养维妮弗蕾德的写作能力，我让她坚持写日记。那时，维妮弗蕾德才两岁。每当天气不好不能出门玩时，维妮弗蕾德就翻出她小时候的日记看，在读日记中度过了许多快乐的时光，回想着从前的时光和趣事，确实能获得不同寻常的快乐。

维妮弗蕾德的日记是非常整洁的，到现在这些日记本也干干净净。如果您的孩子有写日记的习惯，建议您让他坚持下去。这些幼年时期的日记对孩子来说弥足珍贵，在孩子有了自己的子女以后，也可以成为下一代有趣的读物。母亲也应该为孩子的成长做好日记记录，记录好孩子的成长史。

许多孩子对学校布置的作文不感兴趣，因为他们觉得写作文是在做功课，那些表述形式，并不能传达出他们真正的想法。为了培养女儿对写作的兴趣，我鼓励女儿给小朋友写信，因为在这些真实的信中可以写很多实在话，表达自己真实的想法。孩子们大多会很认真地与另一位小朋友通信。

» 顺口溜记忆历史法

歌德说过："对诗歌持否定态度的人有可能是未开化的野人。"过去的一个世纪是一个开放的时代，但诗人并没有受到应有的重视和尊敬。各种各样的文学大家被推崇、被歌颂，而诗人却依然被忽视甚至被蔑视，他们被看成是"长头发的另类"。现在，诗人开始重新回归，获得了应有的尊重。人们越来越意识到，思想表达的最高形式体现在诗歌当中，诗歌不仅可以精练地表达情感，更可以浓缩思想，很多时代都产生过优秀的诗歌作品。

一旦孩子能够讲话，就可以教他们学一些诗歌作品，培养他们对语言韵律的把握，并鼓励他们学习编写顺口溜。小维妮弗蕾德创造了一种押韵游戏，她非常喜欢这个游戏。我们在一些纸板上剪下许多小卡片，每个小卡片上写上单词，维妮弗蕾德说这些词属于一个"合唱团"。所有这些单词卡都被随意地扔到"合唱团"盒子中，像玩字谜游戏那样，每个人抽出两个单词卡片后她必须作两行诗，每行诗末尾要用这两个单词押韵，然后再将这两个单词卡片扔回盒子里，以便给下一个人编写新诗歌的机会。编出最多诗歌的玩家就算赢得了游戏。令人惊讶的是，能够编出好韵律诗的孩子并不懂那些真正的韵律知识，没有比这个游戏更能培养孩子的韵律意识了。

这种编顺口溜的方法可以用在很多地方，比如记忆重要历史事件。小维妮弗蕾德几乎将所有的欧洲国家历史都写成了儿歌，这样便牢牢地记住了她想记住的日期和事件。

因为年龄的不同，我不可能用我女儿的方法记住英国、法国、西班牙、意大利和其他国家的国王们，也不可能记住美国的总统和埋葬在威斯敏斯特大教堂的伟人，以及莎士比亚的戏剧或者《圣经》中的重要人物，但我相信，我们编的那些顺口溜一定能帮助其他孩子增强记忆。

7. 地理：学习地理可以和听童话一样有趣

» 用沙子上第一堂地理课

老师应该将地理这门学科生动地展示给孩子，将孩子带入地理知识的殿堂。如果老师有兴趣研究并热爱地理教育，那么对于孩子来说，学习地理可以和听童话传说一样有趣，那些高山、沟壑、河水都有着生命的潜力，都能够用最生动的形式演示出来。通过玩沙子、卡片旅游、地图旅游等游戏，我的小女儿可以趟过河流、越过高山、渡过大海、穿过沙漠、了解火山、欣赏间歇泉、感受冰川等，从而学到了地理知识，也学到了大自然的很多秘密。

小维妮弗蕾德对地理的第一次学习就是玩沙子。在婴儿室附近的储藏室里有一个巨大的沙盒。我们稍稍润湿沙子，就可以开始我们伟大而壮观的制作工程。我们把沙子做成各种模型，塑造成一些美丽奇妙的村庄或者一条蜿蜒的河流。

维妮弗蕾德特别喜欢玩"我们在荷兰"的游戏，并花了很多时间去制作"沙子风车"和极小的"运河"，我们用树木枝条搭成荷兰小乡村的桥梁，我们摆出美丽的花园，并放上了各种颜色的郁金香。在我们制作的极小的运河中，我们摆上了用红色、蓝色和绿色硬纸剪的渔船，并且在"沙子风车"上粘上了荷兰的旗帜。而我们的卡通娃娃或者洋娃娃们则根据它们原有的造型被装扮成在务农、散步、挑水、交谈或正在擦洗东西的荷兰人。我的小女儿认为我们需要原汁原味地再现荷兰的风格，所以荷兰的女士们应该穿18世纪的裙子，因为这样可以真实再现荷兰的特征和它的繁荣景象。为了这个庞大的荷兰村庄民族风情的再现，我们有些自己做，有些去买，总计弄到十八条裙子，着实耗费了不少精力。任何细节都不能放过，我们将树木修剪成各种样子，也为纸奶牛挤奶，制作荷兰人吃的黄油和奶酪。通过玩这个游戏，小维妮弗蕾德完全熟悉了荷兰这个国家及它的民族特色。

我们每天都在做这个荷兰村，直到小维妮弗蕾德的兴趣得到彻底满足。我们便开始建造法国或德国的模型，我们依然尽心尽力用法国或德国的特色充分演绎两个国家的村庄。我们有代表所有国家的袖珍国旗、小娃娃、微型瓷器雕像。我们的辅助物品大多数文具店都可以买到，比如牙签、卵石、贝壳、纸花及其他小物体，我们建设用的材料可以延伸出无限的想象力。

在维妮弗蕾德了解了世界上很多的国家后，我们计划用沙堆制作一个虚拟的世界。在这个虚拟世界里，我们的布娃娃穿着代表世界不同地方的各民族的服装。我们那个白色的小爱斯基摩娃娃，穿着真正的海豹皮长袍；我们的棕色小娃娃，戴着印度的面纱；不穿衣服的非洲娃娃在"热带丛林"里休息。我们用棉花覆盖地面来代表雪，用沙堆堆砌大山。这个虚拟世界由"王后"露茜来统治。

用沙堆画地图也是很好的学习方法，我们将沙子铺平，用尖木棍画地图，边画边谈论那些国家的主要河流、湖泊、山脉的位置。巨大的大陆板块、浩瀚的海洋轮廓、高高的山脉都能从我们所绘的地图中看出，维妮弗蕾德常把属于这个国家的旗帜插在这个国家的最高点，但漂亮的法国国旗总是装饰在她喜欢的勃朗峰上，因为她喜欢它的美丽。看着美丽的沙堆勃朗峰，顺便还可以背诵一下拜伦著名的诗句：勃朗峰是山脉中的君主，很久以前它就被加冕，它是云中的长袍，积雪上的王冠。这样的绘图游戏，真可谓一举数得。我们在沙子上描绘所有著名河流的线条，而且清晰地显示出一条河是如何流入大海的。

有一次，我们把所有的沙堆制成了英国。那还是古代英国的某个时期，我们想象的场景是英国正在举行盛装游行和锦标赛，我们有一大批穿有不同盔甲的英伦风格的"骑士"，我们安排其参加比赛，将其组成了相当庞大的阵列。我们有带着护城河的城堡，"骑士"们将去森林里追捕纸做的"公猪"或者是别的凶残野兽，来保护人民。

有时候，我们不用沙子，而用各种模型做小村庄，还弄一些"山"作为背景，甚至还有模型河。村里的小"居民"是我们的玩伴，这些小"居民"非常具有民族风情。我保留了一个斐济岛的"居民区"的样本，那是我小女儿在两岁的时候做的，已成为我的地理模型中的一个纪念品。借助我们可爱的橡皮泥，我们可以创造更多模型，这一切都使那些曾经遥远的国度看上去距离我们非常近。

我的小女儿每天都能学到一些新鲜有趣的地理知识，而且我们通过不断地看书补充我们的知识库，以保障我们各种地理游戏中知识的准确性。

» 地图拼图与地理记事簿

另一个有助于小维妮弗蕾德学习地理的游戏，就是不同大洲和国家的地图拼图。通过拼装地图法，孩子很容易就记住了美国各州或者世界其他国家的轮廓，而且孩子之间非常乐意进行拼装竞赛，看看谁能最快最准确拼出国家地图来，或者比赛看看谁能最快地识别出美国或其他国家某一地区的轮廓。

如同她的文学作品记录簿，维妮弗蕾德也有专门的地理记录簿。每个星期，她都为自己的地理记事簿添加有趣的新项目。每当我教维妮弗蕾德地理课时，她就翻阅这个地理记事簿去发现她感兴趣的项目和我进行交流。最近，我读了她的地理笔记——《太阳和她的孩子们》。她试图为一个曾经问她"哪个行星距离太阳最远"的小女孩寻找答案，而这个问题在小维妮弗蕾德这里就演变成了对太阳和她所有的孩子之间的关系的研究。维妮弗蕾德是个非常负责的孩子，而且秉承自己善于阅读浏览与搜寻资料的优势，她查阅了大量的相关资料。为了解答小女孩的疑问，她以太阳为中心，说明了距离太阳最近的行星——水星的运行路线，其次是金星、地球、火星、木星、土星、天王星，最后是距太阳最远的海王星。她在每个循环圈里放了一些卵石，去显示这个行星有多少卫星，并且还解释每个行星存在的时间。

浏览小维妮弗蕾德的地理记事簿，内容真是丰富多彩，里面记有各种世界之最或者新奇的世界奇观。我在地理记事簿里发现了有关世界上最小的民族、最大的民族的记录，七个古老遗迹和七个现代奇观等的记载。她的地理记事簿里甚至可以浏览到关于加利福尼亚州的统计数据……

在这本地理记事簿里，所有国家的名称都是以字母表的顺序排列的，每个国家后面都记着它的首都，所以维妮弗蕾德任何时候都可以毫不费力地说出某个国家和它首都的名称来。相信用不了多久，这个地理记事簿就可以出版成一本充满趣味性的非正统的地理教材了。

随着小维妮弗蕾德年龄的增长，我发明了一个"好奇问题游戏"，这是一个关于地理知识的问答游戏，游戏涉及地球上的所有民族。在晚上，我们还和她的父亲一起玩。她享受着这些游戏带来的乐趣。每一次玩这个游戏的时候，她都能学到很多新东西。

» 地理学习的系列辅助工具

顺口溜一直以来都是我非常推崇的一种学习方式，我觉得地理顺口溜给我们自然教育学校的孩子们带来了很多乐趣，而且极大地优化了孩子的记忆形式，缩短了孩子的记忆时间，令记忆变得生动有趣。小维妮弗蕾德喜欢自编一些非常有趣的地理顺口溜并把它们传播出去，帮助引导其他孩子对不同地区产生兴趣。比如这首《我们要去印度》，旋律优美，朗朗上口，孩子们围成一圈唱"现在我们将去印度，去看大象表演；现在我们将去印度，去看大象表演……"

还记得我曾提倡过的艺术剪贴簿吗？里面可以贴很多的名家作品。在地理学习方面，我也推荐采用剪贴簿的形式，如果说地理记事簿采用的是文字记录的形式，那么地理剪贴簿就是用生动的图片来演绎自然地理的风貌。我们将各国人民的照片做成剪贴簿，孩子们能非常开心地了解各族人民的皮肤特点和着装特点；我们将各种地貌——褶曲构造地貌、断裂构造地貌、熔岩构造地貌、岩溶地貌、黄土地貌、花岗岩地貌等用图片展示出来，并告诉孩子每种地貌的特点、成因和分布规律；我们也从杂志、旧书籍、铁路指导书籍上剪下图片交给孩子，让他们贴到剪贴簿上面，告诉孩子们关于这个地方的有趣故事，并让他们在图片下面写下他们记住的东西。

　　散步也是学习地理的好方法，许多重要的关于自然地理的事实，可以通过带孩子们去散步来教他们。散步是一件非常放松、非常惬意的事情，在散步的时候可以向孩子们展示岩石、土壤、水体、岩层等的结构。当我们生活在华盛顿汤森港口所处的普吉特海湾时，小维妮弗蕾德和我有一个极好的机会来研究各种岩石、泥土和水的形态。我们会有选择地沿着某条路去散步。从我们家到城市的沿途有一块巨大的岩石，上面覆盖着土壤、花朵和小草，而且形成了不同质地的土壤。一天早晨散步时，我让小维妮弗蕾德从岩石上拔了些草，让她感觉一下草根部土壤的情况。她捏了捏手中的泥土，回答说："有粗砂纸的那种感觉。"我解释说，这些土曾经是固体岩石，就像她看到的下面的那些还很坚硬的岩石一样，虽然已被风化，但这些泥土仍然能让人触摸到微小的甚至还很坚硬的岩石颗粒。我还让她仔细观察岩石上被水冲出的深深的裂缝，告诉她滴水穿石的作用。小维妮弗蕾德还注意到一些花的一部分根埋藏在这些岩石几英尺深的地方，而它们的花却开在最上面。我告诉她，植物也是会渴的，就像小女孩一样，它们也要喝水。所以，它们把根送到岩石潮湿的部分去获得水分。维妮弗蕾德回家后，还写了一个关于土壤和花朵的故事。

　　在我们自然教育学校，教师们从来都不会说"让我们来上地理课吧"这样的话。当我们研究地理时，我们同时也是在学习地质，学习历史，学习生物。同样，在学习历史或者生物时，也包含着地理知识。事实上，有很多参观者进入我们的游戏室时，都很诧异于我们的教学形式，而我们也确实没有办法告诉他们我们正在学习的是什么或者说正在上什么课，因为所有的环节都是融会贯通的。

　　就拿成年人来说，如果要求他们必须坐下来半小时学地理知识，而且在这半小时之内必须专心学习，不能考虑除了地理之外的任何事情，我相信他们不会享受这样的学习形式，但是如果把地理课演绎成一场生动而丰富的大荟萃，涉猎多领域的学科，包括生物、历史、科学，并且还有探秘、传奇的因素包含在内，那么半小时很快就过去了。

在学习某个国家的地理之前，自然教育学校的老师会先告诉孩子们他们所在城市的一些地理知识，然后带着他们散步，向他们展示这个城市的土壤特点和水资源特点，并告诉孩子这个城市的历史建筑特点。孩子们返回学校后，老师鼓励他们用散文或者顺口溜的形式简单地描述他们所看到的东西，这时候再去告诉孩子其他国家的地理情况，孩子就会自然地作比较，从而更快地领悟知识。

» 虚拟旅游的妙用

没有比旅游更好的来让孩子们获得真正的世界地理知识以及各地民族特色知识的办法了。

在给孩子们讲不同国家的特点时，有一种非常有趣的虚拟旅游的方式。我们需要在一张很大的桌子上摊开一幅足够大的地图，用一个小的瓷娃娃或者卡通娃娃作为旅行者，跟随着它乘着纸船穿越海洋，或者乘坐纸质的火车或汽车翻山越岭，长途跋涉，从一个地方穿越到另一个地方。小维妮弗蕾德很喜欢这种虚拟的地图旅行游戏。当她还是一个小家伙时，她就喜欢骑在椅子上颠簸旅行。我们会将一些椅子上下颠倒，竖起一面英国国旗，假装我们要去隶属于英国的土地，离开的时候我们还会唱着这样的歌：哦，英国，等着我，哦，英国，我们不能乘火车前往，所以我们要走海路……

虚拟旅行中，我们更愿意进行各种情景旅游。有时候，小维妮弗蕾德会装成船长，我们将以水路的方式在世界各地航行，停靠在大的海港或者海湾。又或者，她从陆路出发，乘火车从纽约到西雅图，或从加拿大到新西兰。我们在旅途中会遇到许多意外，比如因为大风走错了航线，甚至遭遇了强盗。有一次，我们几乎掉进了火山口；还有一次，在冰山上差点冻死；有一次，我遭遇了意外事故，幸好维妮弗蕾德是一名医生，给我急救——按她父亲教给她的方式，她在我受伤的地方系上了绷带和夹板；当我们的旅行不断被扎破的轮胎耽搁时，我们被困在一个荒凉的山区。我们得像鲁滨孙一样生活，想尽办法生存下来。我们历经艰难，但最后总能够安全返回家园。从这些虚拟旅游的游戏经历中我们学到了许多有用的知识。

我们在亚洲国家登陆了，看到了世界上最高的珠穆朗玛峰，根据女儿的地理记事簿的记录，这座山有 29002 英尺高，直径超过 5 英里。为了让孩子感受世界最高山脉的高度，我们采用了比较法，我们一起测量屋子，直到他们对 20 英尺有了明晰的认识。然后，我们告诉他们，1 英里是 5280 英尺长，珠穆朗玛峰直径超过 5 英里，可以想象它的高度和广度。我让孩子们对这些山脉充分想象，孩子会编写一些诗句或者顺口溜，比如孩子会诵念：在亚洲我们看到世界最高的珠穆朗玛峰，勃朗峰和它很不相同，很不相同，比它矮小的山脉实在太多太多，实在太多。

我们又抵达印度了，这是一个热带国家，有凶猛的野兽以及毒蛇，我们随时准备和恐怖的动物战斗，比如有毒的眼镜蛇，或者大嘴巴鳄鱼。如果我们逃离了那些可怕的大嘴巴鳄鱼，我们又可能会落到豹子的爪下。一些孩子会表演眼镜蛇、鳄鱼和豹子的动作，而另一些孩子表演试图逃离这些危险的紧张样子。为了更有趣味，加深记忆，孩子们还唱着这样的歌谣：在印度，太阳好热，我们真怕融化在这里……在唱歌的同时，孩子们可以遮住脑袋，仿佛在遮挡烈日；如果碰上暴雨或山洪暴发，孩子会做手势表明大雨磅礴，使这些顺口溜生动形象。

配合我们演绎的虚拟旅行，我们会给孩子展示在旅行中碰到的那些动物图片，并告诉孩子那些动物的生活习性。因为我们来到了亚洲，所以也要给孩子解释亚洲地区的不同宗教。我们也让孩子在沙子中写出所到国家的名字。一系列的虚拟旅游和讲解，孩子们就不会忘记如何拼写这个单词，也不会忘记有关这个国家的主要特点，他们甚至可以轻易地在地图上找到它并描述它。第二天课上，有些孩子会念一念自己昨天写的小作文，他们写道：我们很高兴，没有看到恶魔，也躲过了危险，因为仙女一直陪伴着我们，我们不会受到任何伤害。我们知道了亚洲的位置，而且必须通过水路的方式才能到达那里。那里有猴子、鳄鱼、毒蛇和老虎，那里天气炎热，雨势迅猛。那里还有世界上最高的山峰——珠穆朗玛峰。

我们还告诉孩子印度的特产，我们向孩子展示棉花、靛青、烟草、茶叶、乌木、檀香木、竹子、红木、丝绸、红宝石、铜、锡和铅的样品，尽量通过实物展现。如果附近有一个动物园，我们会带孩子们去参观一下，让他们看"牛"这个一度在印度被视为圣物的动物，并向孩子解释说，在埃及人们崇拜猫，大象在泰国受到崇拜，而在印度，人们崇拜的则是牛。

小维妮弗蕾德很喜欢虚拟旅行，她洗澡时，会热衷于玩河流旅行游戏，她会假设浴缸里的水是密西西比河、亚马孙河、伏尔加河，等等。有时，一个小的洋娃娃会在浴缸的一个特定地方搭乘"桦皮"舟从旧金山到美国俄亥俄州，再到埃及，从那里又进入了密西西比河，一路下行到达墨西哥湾，每当这时她就会感到十分高兴，得意于自己设计的旅游线路。

» 实战地理学习

地理课曾经是许多孩子的噩梦，但通过自然教育法，通过接触大自然，这些以前讨厌学习的男孩和女孩都爱上了地理课。

这几年，美国童子军和美国露营少女团已经形成了两个出色的组织，他们从大自然中获得实用知识并为生活而接受各种野外拓展训练。大自然是上帝所做的一项最伟大的工程，因为它能激发人类更高和更纯净的追求，提供给人类无限的探索空间。

非常喜欢旅行的维妮弗蕾德，在每个我们参观的城市和小镇，都能寻找到她感兴趣的相关事物，寻找到有价值的信息。当我们到达她曾经收集过资料的小镇，她就会特别开心，煞有介事地告诉我关于这个小镇的信息。

有时，你会吃惊地发现，尽管是土生土长的孩子，却对他们自己生活城市的工厂、公共建筑和市政官员了解得少之又少，身边的地理知识显得那么的匮乏。孩子们应该去参观了解自己城市里所有繁忙的市场，从而对自己所在的城市生活有一定认知。

　　为了使孩子拥有更实际的地理知识，我经常带孩子去海边玩。在那里她们可以做许多有趣的事情，比如拾贝壳、采海藻、捉螃蟹、寻找水母和海星，男孩子们在沙滩上玩各种游戏，堆沙子、开河道、挖洞、修小岛等。而女孩子们则更喜欢听关于海洋的故事，我告诉她们大西洋这个无比广阔的海巨人和那些相隔万里的其他几大洋的故事、关于海滩上那些贝壳的故事；我向她们描述软组织动物或者单细胞生物的特点；我们观察螃蟹在沙里横着爬行；我们会收集少量的海藻；我们谈论被冲上沙滩的各种海洋生物；也讲《海的女儿》的故事。有一天，我们甚至有幸看到了一只因搁浅而被困在沙子里面的巨鲸。

　　我的好奇心也因广阔的海洋、丰富的植物、美丽的鱼类而苏醒，我在自己获得信息的同时也努力教育着我的小女儿。有很多人记忆力比我好，但我不断努力更新我的知识储备去教我的小女儿。我把地球仪带到海边，进行现场教育，女儿指着地球仪上的蓝色块对说："这就是大西洋，大西洋那边就是欧洲和非洲。"维妮弗蕾德的地理知识就这样不知不觉中增多。学地理的过程中，我的孩子从没有被束缚在"河""湾""海"的名称中，我们几乎没有用到地理书上的大江、大河、湖泊和岛屿的图表。尽管我的小女儿7岁就通过很高级别的"地理考试"，但我不认为她在这个特别领域的学习就结束了，我继续每一天都教她学习地理。

8. 生物：物种学习基于自然生态

» 源于自然的生物学习

安静的环境、纯净的空气使人心态平和、神清气爽，在自然的沐浴中，我们的教育得以在舒缓而温馨的节奏中继续。

散步时，我会告诉女儿我们经过的每种树木的名称，在返回家的途中，就反过来，由女儿告诉我这些树木的名字了。我们还带了照相机，为那些翠绿的树木、五彩缤纷的花朵、跳跃的小鸟、忙碌的昆虫拍摄照片，在我洗印了这些图片后，小家伙会给这些黑白图画配上合适的颜色，这对她来说也是极其有趣的活动。

森林是孩子最好的课外读物，散步于森林时，我教给她许多歌颂大自然的美丽诗词，她自己也能吟诵不少著名的篇章，甚至自己也会煞有介事地在现场作首关于小鸟或者关于灌木丛的小诗；散步中，我给她讲述一些美丽古老的神话传说，让生命物种的起源听起来充满了神奇色彩；散步中，她知道每种鸟都有自己的语言，她也看得见自然界的繁忙和有序；散步中，她发现没有懒惰的鸟类和昆虫，不管是松鼠、蜜蜂，还是蚂蚁、或者是小鸟总是忙着收集它们过冬所需的食物。对自然生物的理解就在自然界最自然的形式——散步中完成。

亲近自然非常重要，在和女儿涉足郊外的途中，我所告诉她的那些有趣的故事，都蕴含着各种自然知识，这些深深地吸引住了小维妮弗蕾德。维妮弗蕾德还喜欢在树林里作画，并开启了她创造的灵感，还写了许多关于树木和鸟类的散文。

在自然界的探秘过程中，我还注重培养维妮弗蕾德观察和研究事

物的习惯，我们经常到郊外去，摘下一朵花，拔起一棵草，进行现场
解剖或者砸碎一块岩石观察结构，窥视小鸟的窝，观察小虫的生活状
况等。维妮弗蕾德喜欢用显微镜观察各种东西，喜欢在自然界探秘。
维妮弗蕾德非常喜欢植物，她采集的标本分门别类，收获丰富。她有
一本经典的世界压花标本册，这是通过各地小朋友采集的生长在伟大
人物墓地上的花，经过压制变干而成的。她还有一本珍贵的《奥邦花册》，
奥邦先生从事研究的地区是肯塔基州汉德森附近的树林。这个压花册
就是维妮弗蕾德在奥邦先生那里亲自采集制成的。

　　孩子们总会有一些不良的行为，因为他们精力旺盛，却又不知道
如何宣泄，许多母亲都为此担心。其实，只要让孩子们充分接触大自
然就可以分散他们的注意力，纠正许多不良习惯。长期接触大自然的
孩子往往心地善良、精力充沛、品德高尚。让孩子接触大自然，可以
使他们保持旺盛的精力，身体也更加健康。城市里的很多孩子因为很
少接触大自然，不能呼吸到新鲜的空气，所以身体受到影响，导致心
情恶劣。我觉得，与其把钱花在改造不良少年身上，不如将钱花在预
防不良少年产生环境的改造上，每个城市都应该拨出一部分经费为城
市里的孩子提供大量接触大自然的机会。

　　人类生于自然，适应自然，并陆续从自然中学到了各种本领，也
得到各种教训，所以人们总会说自然是最好的老师。自然教育对孩子
的成长非常重要，尤其是那些长年生活在城市中的孩子，更应该经常
到大自然的怀抱中去感受世界。

》 生理学学习方法

　　维妮弗蕾德8岁时，父亲使用骸骨教她生理学。在父亲外出旅行
期间，她用顺口溜写出了骨、筋肉和内脏的名称，而且朗朗上口，便
于记忆，那些复杂的肌肉或者内脏组织知识轻轻松松地被维妮弗蕾德
掌握了。她写的关于肌肉和关节的节奏诗，为她的生理学和卫生学的
记录本增加了不少新东西。父亲回来后也为女儿的创造力大为吃惊，
并深感骄傲。

在学习生理学的过程中，维妮弗蕾德还学习了有关食物和疾病等卫生学方面的知识。当着她的面，她父亲和我常常谈起卫生学，我们想以此唤起她的好奇心。当然，天性使得她愿意问一系列的问题，于是她又获得了更多的信息。通过这项学习，她已经知道怎样照顾好自己的身体，如何保护她自己远离致病的生物。她也了解某些食物的营养价值，还知道了其他一些会损害身体的不当行为。我相信给每个孩子生理卫生的教育，可以让孩子学会保护上帝给他的独一无二的身体，使他自己免于遭受不必要的痛苦。

» 实物与现场学习法

美国卡内基研究所的博物馆是一个非常适合孩子去的地方，我每周都会带着维妮弗蕾德去参观几次。她在那里可以观看世界各地的动植物，了解世界上不同民族的生活习惯、服饰及生活用具，还欣赏到了不少古今中外的名画、雕塑等艺术作品。

虽然，植物学确实是最生动的科学之一，但是，有些无聊的教授是那样古板严肃，缺乏想象力和快乐的激情，这样就使得孩子们厌恶植物学。如果去树林，给孩子们展示花草树木，并让他们在放大镜下观察花卉的不同部分，会很快激发他们的兴趣。通过自然教育，一个4岁的小孩便能学到一些植物科学的真正知识。去年夏天，一个17岁的高中男孩和一个接受自然教育的5岁孩子的谈话让我深思。那个高中生邀小家伙一起去玩，并问小家伙喜欢玩什么，小家伙说："那干脆我们去研究植物吧。""噢，绝不！"大男孩说，"我讨厌植物学，我再也不想听到关于分析花朵之类的话。"小男孩儿一向视这个大男孩为英雄，听到大男孩这样说感到十分惊讶。小男孩儿什么都没说，一个人跑到花园里摘了一些鲜花，把它们带到大男孩坐的秋千那里并开始和那个大男孩谈论可爱的花萼和漂亮的花冠，奇怪的雌蕊和雄蕊，直到那个高中男生确实开始感兴趣，并且开始仔细观察他摘的野花。小男孩儿向那个高中男生展示了真正的植物科学，这是一门生动的学科，并不像教科书那样枯燥无趣。

附近的树林中有一个池塘，许多鸭子喜欢在那里戏水。坐在池塘旁，我告诉了维妮弗蕾德安徒生写的《丑小鸭》的故事，并带她去看了一只真正的天鹅。在我们回家之后，我听见维妮弗蕾德这样安慰一个孩子，她说："哦，小的时候，长得丑陋或许是一件好事情，等你长大后，你有机会变得像天鹅一样美丽。但如果你在小时候就太美的话，你就会变得自负，爱慕虚荣，没有很好的性格。当你长大时，你就会因你的虚荣而受到惩罚。"

在维妮弗蕾德的《自然书》中，她写了许多关于植物的有趣故事，她还画了许多花的图案，正确呈现了这些千奇百怪的植物的样子。她写了一个非常有趣的关于"魔鬼仙人掌"的故事，故事原型来自于目前墨西哥大动荡中的故事；她还写了玫瑰花的故事，它们用荆棘保护自己的魅力；仙人掌穿着令人恐惧的荆棘盔甲保护自己；有一种植物可以长出有毒的果汁，能杀死接近它的任何昆虫。《自然书》中还有许多精彩而奇怪的植物故事。

» 与动物为邻

自然天性使得所有孩子都热爱动物。孩子们知道如何与各种小动物玩耍，并从这种伙伴关系中找到快乐。凡是活着的、会动的东西都能给他们的童年带来欢乐。一些成年人看到一只小老鼠可能会恐惧地尖叫，然而当孩子们看到这种啮齿动物时却会很开心地想与它共同玩耍。

每个孩子都是一个小生物学家，他们渴望了解动物和它的生活习惯。在家中饲养宠物是很有趣的，并且通过照顾这些无助的动物，孩子们可以学会关怀他人，承担照顾小生命的责任。我的一位年轻的朋友休顿，他是美国将军沃辛顿的儿子，他在不到四岁时就照顾各种宠物，长大后成为了一名自然学家和哲学家。

狗是人类最真实可靠的朋友，一条干净并且打过疫苗的小狗是小孩子最理想的伙伴，当然孩子们也要进行免疫。当维妮弗蕾德患了肺炎时，通过观察她的三只可爱的小猫咪，几乎忘记了痛苦。她的宠物小狗也是使她快乐的源泉。她喜欢观察猫和狗之间的小把戏。饲养动物并不是一件容易的事，孩子们需要时时刻刻关心它们，不过这样也能很好地培养孩子的爱心。很多人认为动物容易带来传染病，其实只要打好疫苗，保持卫生，多加留心，就可以避免这种事发生，不能因为过度担心就剥夺了孩子与动物相伴的机会。

我们经常去动物园，维妮弗蕾德会告诉那些被关在笼子里的不幸的动物们说它们很快就会被放出来。我们研究所有我们能发现的有趣的动物特征，通过这些研究，维妮弗蕾德写了一系列的动物故事。

同样，我们也研究了鱼类。我们有一个大鱼缸，当鱼儿们游泳或浮动时，我们就观察它们，而且我们几乎参观了美国所有的水族馆。一岁以下的孩子在看到金鱼、蜗牛和其他水族箱内的两栖宠物时，都会感到非常高兴。

所有的孩子都应该像挪威的孩子们那样，学着用留在餐桌上的面包屑去喂小鸟，特别是在下雪的时候，这样可以培养孩子的爱心。在我们家厨房的窗外搭了一个小架子，每天早晨，小维妮弗蕾德都为她那些长着羽毛的野生朋友们放些碎面包屑。这些鸟儿天天按时来吃饭，而且渐渐地，似乎已经认识了她，有几次甚至大胆地站到了她的肩上。

教孩子照顾鸟类，让他们学会爱这些美丽的动物，当他们到青少年时期（有些人把这个时期称为孩子的"恶魔"时期），他们便不会想要去掏鸟巢，或者向这些鸟类朋友开枪。

通过自然的方式教孩子自然史，是让孩子快乐的源泉。带孩子到动物园或博物馆，在那里他们可以看到正在学习的知识中出现的动物。如果连插图都没有，只是给他们描述一些平淡苍白的事实，那样只会把本来有趣的知识变得枯燥。

维妮弗蕾德5岁的时候喂养了两只金丝雀，她叫它们菊花和妮妮达。维妮弗蕾德教金丝雀玩各种游戏，它们在她小提琴的伴奏下欢喜地叫着，还站在她的手掌上不停展翅。维妮弗蕾德弹钢琴的时候，鸟儿就乖乖站在她肩上。它们很听话，能按照维妮弗蕾德的要求闭上或睁开双眼。维妮弗蕾德读书的时候常常让它们用嘴帮忙翻页。

在与自然环境接触时，儿童关注的不仅是自然中各类事物的名称、形状，他们更多关注的是各类自然环境与他们自身之间的关系。喜欢小动物是因为它们和自己一样能吃、能叫、能动；喜欢水是因为水可以喝、可以打水仗、养小鱼、玩小船。大自然是儿童思维、语言、美与艺术的活源头，只要儿童被大自然引发了美好、兴奋、爱惜的感觉，他们对大自然知识及感情的追求就会展开。在此过程中，他们的观察力、思辨力、解决问题的能力及对自然的感悟力都会得到提高。

» 星星和神话的世界

在教孩子矿物学、化学、地质学和天文学时，我也有相同的计划来使他们直接获得大自然的知识。当然，也利用实验、博物馆和一些有趣的书帮助孩子们通往知识之路。神话故事中的仙子和有趣的故事也能帮助孩子们对这些领域保持浓厚的兴趣。

我看不出天文学对孩子来说是多么有趣，除非告诉他一些古老的神话，允许他从自然界里研究星星，而不是从书籍中记住星星的名称。神话书让女儿对天文学产生了浓厚的兴趣，在她的要求下，我带她去过许多天文台，在那里她学会了用望远镜观察美丽灿烂的星空，还与许多天文学家成了朋友。维妮弗蕾德曾经用世界上最大的天文望远镜来观察天空，获得了很多的信息。她的一位天文学家朋友，告诉维妮弗蕾德说她启发了自己写《心灵迷宫》这本书。维妮弗蕾德觉得他一定弄错了，因为她其实对这本书中所涉及的内容完全不理解。不过她很喜欢这位朋友，在她看来，这个天文学家是她有幸遇见的既风趣又聪明的男人。

不是每个孩子都有机会使用天文望远镜，但每个母亲都可以在满天繁星下告诉她的孩子各种星座，像猎户座、大熊座、小熊座等，告诉孩子与这些星座有关的神话故事。她可以与她的小孩子们一起在小树林里玩印第安人的游戏，通过树木的阴影和北斗星来教他们辨别方向。

第六篇

思维动力法则

1. 记忆力：孩子的记忆天赋非常强大

» "鹰眼"游戏

据说伟大的思想家伏尔泰在婴儿时期就记住了很多东西，孩子的记忆天赋，也许比我们想象的更为强大。我也相信，至少孩子从出生或者还在母体腹中时，就已经开始拥有记忆力。因为，在维妮弗蕾德出生后不久，当我轻轻唤她名字的时候，她就对我做出了回应，我想这应该是在怀孕期间我不断呼唤她名字的结果。

为了培养小维妮弗蕾德的记忆力和敏锐的观察力，我们会在散步时睁大眼睛用心去观察记忆沿途的事物，并将这种游戏命名为"鹰眼"游戏。当我们来到陈列了许多物品的橱窗前时，我和维妮弗蕾德会快速扫视一下橱窗，然后分别列举橱窗内的物品，看看谁观察到的以及记住的物品数量最多；当我们经过坚果店后，我就会问她，刚才的坚果摊上都有些什么，每当这时，维妮弗蕾德会一一列举："瓜子、胡桃、还有花生……"这种方法简单有效，现在维妮弗蕾德能用非常快的速度观察某种场景或者某个过路人，并能很快做出准确描述。

小维妮弗蕾德很喜欢玩"鹰眼"游戏，并教会小伙伴们一起玩。"鹰眼"游戏可以在很多地方进行，可以观察人，可以观察动物，可以观察场景，可以观察图片。

在维妮弗蕾德很小的时候，我训练她的识路能力，我领她四处走动，教她认路，如果下次还要经过同一个地方，那就得由她在前面领路了，经过这样的训练，女儿在一岁半的时候，就能带着我和保姆到处走了。

这些训练确实使小维妮弗蕾德具有了很好的记忆力。年仅5岁的她，在阅读了《共和国战歌》之后，就在一群来自新泽西和纽约的大学教授面前一字不差地把整首歌的歌词背了下来，引得教授们啧啧称赞，大家纷纷认为她是天才。但我知道，维妮弗蕾德没有任何特别的天赋，只不过我特别培训了她这方面的能力而已。

» 演绎故事调动记忆细胞

我们喜欢演绎故事的游戏，而演绎故事是一种非常适宜的锻炼记忆的游戏。它们把小孩的大脑记忆细胞调动起来，使孩子们很难忘记。

我用演绎故事的方法来教维妮弗蕾德历史、文学，甚至地理，不仅使维妮弗蕾德对所涉猎的内容记忆深刻，而且很好地锻炼了她的记忆力。讲故事可以锻炼孩子的记忆力、启发他们的想象力、扩展他们的知识，是最有效的增强记忆方法。

女儿现在是匹兹堡最有名的年轻教师，她教的那个班是 5 岁至 14 岁的孩子。她用卡内基研究所的教员室作教室，教学方法大都是利用游戏和唱歌，有时还到博物馆进行实物教学。她在教世界语时，使用了一种新方法，就是把世界语的文章用极常见的、谁都熟悉的旋律谱成歌曲，让学生唱，学生不仅记住了学习的内容，而且记忆能力得到了极大的提高，孩子们都能用自己熟悉的旋律很快地唱出新教的内容。我把这一方法也运用到了匹兹堡大学的教学中去，效果同样很好。

我们曾经提到过的卡片游戏也是强化记忆力的好方法，为了在我们的记忆中保留我们需要记忆的内容，我们就拿着需要记忆内容的卡片进行提问，锻炼记忆力，以此记住需要记住的内容。

生动的游戏记忆练习法，使我们的"记忆抽屉"里总是保留着我们希望知道的事情，这使我们记忆抽屉的容量日益扩大，抽取自如。

» 不厌其烦地重复事物的名字

我的小维妮弗蕾德从 6 个月左右开始就记得不少东西了，她可以记住各种颜色的铃铛，总是能准确摇响我所说的那种颜色的铃铛。当她几个月大的时候，我经常抱着她指认房间里的物品：指着杯子，告诉她"杯子"；看到沙发，告诉她"沙发"；在户外的时候，我指着天上的白云告诉她那是"白云"。总之，我总是不厌其烦地重复这些事物的名称，千万不要以为重复数遍就可以，需要很多次地不断重复才可以在孩子幼小的记忆中留下印象。

我会和维妮弗蕾德玩一个叫作"再重复"的游戏。比如看到一朵金盏花，我会首先说出这种植物的名字，然后告诉这种开花植物的所有特征，例如花的颜色、花瓣的形状、花瓣的数量、叶子的形状、根茎的形状等，这样她就会轻易地从很多花朵中将金盏花认出来，维妮弗蕾德会尝试着重复描述我的叙述。有时，这些关于一棵树或一朵花的重复描述游戏，会在一天之内重复多次。小维妮弗蕾德也会在散步归来后把她当天通过重复描述学到的东西再描述给她父亲听，她做这一切的时候通常兴致很高，每每描述完总会非常骄傲地仰着她的小脑袋，当然，她父亲这时也会慷慨地给予她足够的鼓励和赞美。

重复其实是生命赋予孩子的本能，重复赋予孩子多种发展的可能性，重复观察可以再现事物的细微变化，重复叙述可以给孩子更深的体验。重复不仅仅是父母给孩子的一种好的记忆的方法，更是一种更深的理解和感悟。

» 调动各感官参加记忆过程

需要提出的是，无论出于什么样的目的，父母都不要强迫孩子去记忆。自然而然的记忆一旦变成被迫的，孩子就会产生逆反心理，结果适得其反。

当小维妮弗蕾德能够背诵整页文章的时候，我总是会给她一些鼓励或者奖励。当然，这种奖励和鼓励要真诚、自然，不能过分夸张，以免孩子自以为是或者为了能得到某种奖励而去记忆。即使维妮弗蕾德有的时候无法记住一些东西，我也不会责怪她，因为孩子在没有建立起辨别能力之前，可能只会对自己兴趣浓厚的东西产生深刻记忆，当初那些乘法口诀维妮弗蕾德一直无法记忆，直到有一天感受到了数学的乐趣才去记忆的。其实，大人们又何尝不是如此呢？

父母可以运用生动直观、形象具体的事物吸引孩子的注意力，使孩子在游戏中记住需要记忆的知识。记忆过程中要尽量调动孩子的各种感官参加，比如演戏记忆就让孩子的多种感官，眼、耳、舌、手等都能参加活动。我们必须努力为孩子提供那些色彩鲜明、形象具体、生动有趣并富有感染力的识记原型，使材料本身能吸引孩子，以充分发挥孩子记忆的主动性。各种有趣的小卡片提问法、故事演绎法，或将识记材料编成儿歌、童谣、诗歌来记忆的方法都可以提高记忆效果，还有维妮弗蕾德创造的熟悉旋律的歌曲记忆法，也是很不错的记忆方法。

一个人的记忆力越强，越会为他的智力活动提供更多、更好的"储备"，记忆力是可以培养的，父母要记住，没有记忆力不好的孩子，只有没有训练好的记忆。

2.观察力：敏锐观察力源自不断训练

» 如何培养孩子对周围事物的观察力？

观察力是通向一切知识的门户，是科学实验和科学发现的基础，是人类进步的基本能力。达尔文曾说过："其实，我既没有突出的理解力，也没有所谓的过人智力，我只是在觉察那些稍纵即逝的事物并对其进行精细观察方面的能力稍比他人强一点。"

孩子一出生时就对周围的事物充满了好奇，相信父母一定有过这样的经验：他的眼睛咕噜咕噜地转，好奇地看着周围的环境；他用小手触碰着好奇又陌生的事物；他用嘴巴尝试很多不能放到嘴里的东西。没错，所有的感官能接收的信息都是一种观察力，包括视觉、听觉、触觉、味觉等。观察力是否敏锐关系着孩子成长的成败，因此，如何有效培养孩子的观察力，便成了父母责无旁贷的使命。

当维妮弗蕾德2岁的时候，她令一位艺术品经销商大吃一惊。在那家充满艺术作品的商店里，维妮弗蕾德很随意地看完艺术陈列品后，问他为何商店里没有"柯格勒斯和奥姆菲娜"，也没有"马尔斯与维纳斯"，一个2岁的孩子居然知道这个，令对方难以置信。我曾经说过，事实上，没有任何迹象表明此时的维妮弗蕾德具有天才般的智商，这一切得益于她一出生就能观察到这两件艺术作品，时间久了自然就能轻易地区分它们。

在维妮弗蕾德能走路以后，我们经常一起去散步，我们观察树林、河流、花朵，以及沿途的房屋，甚至人们的着装；我们观察建筑物的线条、几何图形；我们观察各种明暗不同、深浅不同的颜色。这些做法有效地培养了女儿的观察力和记忆力。

女儿对身边色彩的观察，图形的观察，不仅让她得到了美的感受，更重要的是让她形成了敏锐的观察力，建立起了一种独特的视觉感受力。并且这种善于观察的习惯和能力，非常有利于她智力的发展和内在潜力的开发。

我带维妮弗蕾德到大自然去观察世界，认识世界，因为自然界拥有最丰富的素材。我们一起亲眼看看破土而出的各种各样的禾苗与小草；亲手摸摸饱满飘香的麦粒谷穗；亲口尝尝凉而爽口的冰块，通过观察认识四季，认知世界。维妮弗蕾德还有自己的小花园，在种植、养殖活动过程中也可以培养她的观察能力，孩子天生对小花、小草、小鸡、小鸭等生物有强烈兴趣。我和孩子一起种植花草、养殖动物，并制订观察计划，填写观察记录，记录下不同时期的观察结果。

》 帮助孩子建立明确的观察目的

孩子和成人一样，观察能力都是在实际生活中培养起来的，要想达到满意的观察效果，首先要有主动的观察欲望。在生活中，对许多有意思的现象，有些人熟视无睹，而有些人却有惊奇发现。孩子在建立观察习惯的过程中，常常显得不知所措，所以在进行观察习惯的训练时，应该注意帮助孩子确立观察目的。

当你和孩子在看一本图画书时，孩子看到鲜艳的图片很开心，但他往往一眼看过去就着急地想翻到第二面看有什么更新鲜的。这个时候，需要细心地指引孩子注意：书的左边有什么，右边有什么，大的是什么，小的是什么，藏在房子后的是什么。

孩子越小，任务就应该越具体，当你问孩子："这图片上的小狗是什么样子的？"他们会不知所措，如果你问："图片上小狗的眼睛是什么形状的？""这只小狗的毛是什么颜色的？"孩子就会很容易给出答案。可以告诉孩子怎么看，应该先看什么，后看什么。

我常带维妮弗蕾德参观商场、动物园、公园，参加一些画展、音乐会等有趣的活动，以丰富她的生活，扩大她的观察范围。而在这个过程中，我慢慢地给维妮弗蕾德灌输观察的方法，告诉她如何有顺序、有层次、有角度、有目的地观察，使维妮弗蕾德的观察力得到系统的提升。

» "快快看" 游戏训练法

在维妮弗蕾德小的时候，我和她经常玩的一种游戏叫作"快快看"。这种游戏既能让女儿产生极大的兴趣，锻炼孩子的观察力，也会激起她的好胜心。

我用一只手抓住五六根彩色的带子在她眼前一晃而过，并问她有几根，都是什么颜色。开始时，我在她眼前晃过的速度比较慢，让她有足够的时间注意看它们，后来，速度越来越快，到最后，这个动作在眨眼间就完成了。由于我对她采用的是循序渐进的训练法，起初她并不能完全判断准确，但后来她十有八九都能说对。

这种"快快看"的游戏还有许多玩法。比如，我给女儿一个有各种图案的小花瓶，让她观察一分钟，快速收起来，然后叫她说出花瓶上面有几朵花、几条鱼，都用了什么颜色。经过长期的训练，她总能准确地说出来。有时我还会将她带入一个房间中，让她仔细观察房间中的东西，三分钟后让她出去。我会把房间中的某件东西拿走，或是在房间中摆放本来没有的东西，然后让她说说房间中的变化。比如，她会说，"少了一个水杯，多了一把扇子……"我把棋子、豆子或者坚果等随意放在桌上，让女儿看一眼，然后报出数字；路过客厅，我会问女儿盘子中有几个苹果；会问女儿一部电影中某个场景的细节。我表演各种动作，还要求小维妮弗蕾德必须和我做得一样，我说的每一句话，我的语调，当然也包括我的表情都要和我做一样，而且不能丢字加字，这个游戏也可以帮助孩子提高观察力和注意力。

我会和女儿经常待在家里比较安全的地方做蒙眼游戏，我蒙上女儿的眼睛，然后拿来很多东西让她摸，猜是什么，或者让孩子蒙上眼睛，在屋子里摸，摸到什么就描述什么，并且猜出是什么。

供孩子观察的现象，要具体、生动、活泼、好看、好玩、好听、有意思。激发孩子观察兴趣的环境也应当是丰富多彩的，最好是动态的。

3. 创造力：肯动脑筋，孩子就可以创造

» 游戏对发展孩子的创造力大有益处

游戏对所有的孩子而言是一种必需品，是孩子们社交的小缩影，是孩子们健康成长的动力源。缺少游戏活动就会阻碍孩子的发展，阻碍孩子创造力、想象力的发挥，阻碍孩子健康成长。孩子从一个人玩独自探索，到两个人玩配合，再到大家一起玩团体游戏，游戏都融合了生活与教育。游戏可以锻炼孩子的创造力、观察力、记忆力和空间力等。没有游戏，在我看来，是对孩子创造力最大的破坏。

我经常与小维妮弗蕾德用纸、布等材料制作各种物品，我们可以根据童话故事的原型创造出一种动物或者神的造型来，我们也可以用碎步拼贴出小钱包，这类动手游戏对发展维妮弗蕾德的创造力大有益处。只要小孩子肯动脑筋，他们就可以做出各式各样的东西。

维妮弗蕾德在我的指导下从小就喜欢做一些简单的手工活，为了让女儿学会这些女孩子的小"玩意"，我时常先用碎布给她做一两个样本，然后让她照着做，以训练她的动手能力。可是，女儿往往会出乎意料地自己创作一些新的东西来，并且常常比我给她的样本还要好看。她的玩偶身上的衣服都是自己造型、自己裁剪、自己缝制的。所有的手工活中她最喜欢刺绣，在 4 岁的时候，她就亲自绣了一幅漂亮的少女头像作为礼物送给她的保姆。

我认为小孩子的玩具不应是完整无缺的，因为太完美的东西有损于孩子发挥创造力，有碍于他们发挥想象力，缺损的玩具可以让孩子尽情构思，去补充，去完善，去再创造。玩具应该对孩子发挥积极的

引导作用，而不应该仅仅是一个玩的物品。我给维妮弗蕾德玩一些缺损的玩具，不仅如此，我还让维妮弗蕾德自己动手做玩具。

父母不仅要为孩子提供玩具，最好还应该为孩子设立一间可以让孩子随意创作、尽情玩耍的游戏场所，提供给他一个自由探索而安全的环境，让孩子可以用自己的方式去探索、研究他所感到好奇或有趣的事物。

» 小脑袋在游戏中飞转

孩子的游戏中，包含着太多的创造性，只可惜，很多父母都剥夺了孩子的大部分游戏时间，也剥夺了孩子的创造性。

游戏是孩子最重要和最主要的活动，也是可以表现幼儿创造力的最重要的方式。游戏对孩子来说，是孩子自己最愿意做的"假装是"的活动，也是最自由、最无拘无束的创造和体验。他们可以自由使用他们的玩具，他们可以随时变换方式对待自己的玩具，他们可以尝试给他们的玩具创造一些新玩法，在游戏中他们的小脑袋不停地转着，不停地创造着，他们才是真正地"玩游戏"。

给孩子提供充裕丰富的游戏机会，对孩子创造力的发展非常重要，我的游戏教育法为维妮弗蕾德提供了自由探索的空间，也给她提供了大胆想象的机会，还养成了维妮弗蕾德乐于探索和想象的性格。

在看故事书的时候，孩子可以玩戏剧表演游戏。他们充分创造、尽情演绎自己装扮的角色，他们用自己的有创造性的思想和方式理解情节、体验人物感情；孩子喜欢玩木匠游戏，用刨子、锯子等工具做家具，在动手的游戏中，不断创造出特别的家具造型来：三条腿的桌子，长了翅膀的火车等；孩子喜欢玩厨房游戏，他们做饼子、做菜，那些具有创造性的三角饼、立体菜盘子等各种造型让人惊诧。孩子的游戏，就是创造。

音乐、跳舞、绘画、手工、拼图、折纸、泥巴、挖沙子、泥塑游戏，还有堆积木、堆雪人、搭帐篷、猜谜、玩橡皮泥等建构性的游戏都能锻炼孩子的创造力。男孩喜欢拆拆装装，女孩喜欢剪剪画画，他们渴望了解一切事物的奥秘，不要对孩子的那些正常的"破坏"行为做出许多限制，不要轻易批评和否定孩子的探索，以免影响孩子的兴趣，摧残孩子的好奇心。孩子健康发展真正所需的是更多美好的游戏时光，自由玩耍会让孩子受益无穷，它有助于孩子变得更具创造性。玩耍是一种单纯的快乐，是童年弥足珍贵的一部分。

» 这是为什么，那是为什么

自然教育工具书中有《百科全书》，这是孩子学习的工具，也是我们用来回答孩子那么多"为什么"的工具。孩子充满好奇心，遇到不懂的事情总是想着弄明白其中的奥秘，好奇心可以引发出孩子浓厚的兴趣，从而萌发出更多的创造力。

孩子天生具有某种创造力，咿呀学语的维妮弗蕾德常常突然对我冒出一句没有听到过也听不懂的句子。她的这是为什么，那是为什么，常常让我不知所措，我愿意和她一起通过《百科全书》寻找答案。询问的过程也是孩子思想创造的过程，我愿意和维妮弗蕾德一起去思考，去寻求未知的答案。在孩子的世界中，充满想象力与创造力，问题的答案往往超出逻辑之外。

每个孩子都是幻想家、创造家。孩子的问题太多太多，他们依赖问题认知世界，而途径就在于"问"。孩子的发问可能离谱，而且不会轻易满足简单的答案，但那何尝不是孩子创造潜力的发挥？父母对孩子问题的回答，也可以使孩子创造能力得到进一步的发展。

» 父母是开发孩子创造力的主力

"父母是孩子最重要的榜样"这句话仍适用于创造力的培养。因此，在父母努力开发孩子创造力时，不要忘了同时培养自己的创造力，使自己成为能欣赏创造力，并能与孩子的创造力互动的主力。

我认为家的感觉对于孩子创造力的培养很重要，如果孩子的父母心胸开放、观念通达，他们会喜爱并接纳孩子的奇想，以及孩子的失败。

这种民主、慈爱、开明、会包容、懂赞美的父母，是开发孩子创造力的最好动力。真正成功的创造力培养者，是能与孩子一起学习、一起成长，耐心倾听孩子的心，了解孩子的举止，知道何时给他掌声，何时扶持他一把，从来不嘲笑，从来不气馁，没有命令、没有压抑的父母。孩子创造力产生的最重要的因素就是轻松、活泼的气氛。我们为维妮弗蕾德努力创造家庭氛围，尊重她，信任她的能力，让她自己拿主意，这样有利于开发维妮弗蕾德的创造力。孩子的信心，是创造力中的重要因素之一。在合格的父母身边，孩子才敢说、敢问、敢干，将创造力发挥到最好。

母亲可以和孩子一起重新编故事，将旧故事用新版本演绎出来，维妮弗蕾德就和我一起改写了《卖火柴的小女孩》的结局；母亲可以和孩子一起做剪纸创造，相互比拼，可以和孩子的思想一起飞跃，我和维妮弗蕾德一起玩女巫游戏，我在心里想到了室内的某件物品，然后告诉孩子这个物品的颜色，某个主要特征，让她马上猜我想的是什么。父母可以和孩子一起开发创造力。

4. 专注力：无论有多少干扰也不把正在做的事情停下来

» 懂得专心的妙处

维妮弗蕾德小时候兴趣非常广泛，有很多爱好，但是，她并没有因为这些而影响任何事情。很多认识她的人都很奇怪，像维妮弗蕾德这样的女孩，有太多的需要学习的内容，有太多的爱好，又有太多的活动要参加，她如何均衡这之间的关系呢？

维妮弗蕾德会弹琴，喜欢画画，喜欢自然，从小就阅读了大量的书籍，并且还掌握了多个国家的语言，而且无论在数学、历史、文学、天文、地理还是体育方面都极为优秀。维妮弗蕾德之所以能够妥善地处理这么多知识之间的关系，完全归功于她从小养成的专心致志的习惯。

维妮弗蕾德总归是个孩子，总会有着急的时候，可是她逐渐发现，越着急效率越慢，无法专心，手头的事情总是做不好。这种时候，我会告诉维妮弗蕾德："知道你为什么着急吗？知道为什么越做越慢吗？因为你不能专心。我建议你在做任何一件事的时候，都要把其他的东西完全抛开。比如说，在看书的时候，就一点儿也不去想画画、弹琴；等到画画、弹琴的时候再也别去想看书的事情，扎扎实实做好眼前的事情。"

维妮弗蕾德养成了专心致志的做事风格，无论有多少干扰都不能扰乱她的心绪，或者让她把自己正在做的事情停下来。在女儿四五岁时，这种良好的习惯已经在她的心中深深地扎下了根。人们都说，维妮弗蕾德是个很有个性的孩子，因为没有人能够轻易地打乱她正在着手的工作。良好的专注习惯的确可以事半功倍，如果能够专心致志干某一件事，不急不躁，坚持不懈，就一定能够获得巨大收获。

» 故事提问法培养专注力

一位哲学家说过："具有专注力的人可免于一切窘困。"专注力既然这么重要，我们就有必要从小培养孩子这方面的能力。

在维妮弗蕾德还很小的时候，我就开始努力训练她的专注力。一直以来，我都尽量在睡前为小维妮弗蕾德讲那些有趣的故事，这样就可以帮助她在愉快的氛围中进入睡眠。小维妮弗蕾德最喜欢的是《兔子杰米的故事》，有时候会连续一周要求我讲这个故事，孩子在重复中也会有新的收获。为了让孩子保持更高度的专注力，我采用了故事提问法，我会尽量提一些故事的细节问题，这样维妮弗蕾德在听故事的时候就需要全神贯注。有时我们会一起读完某个故事，然后互相提问题。通过这种训练，维妮弗蕾德长大之后在聆听和阅读方面，比一般的孩子注意力更集中，更专注。而且，当她决定做一件事情的时候，绝不会半途而废。

我想所有的父母都希望自己的孩子能在自己喜欢的事情上做出成就，那么，专注力训练就是一个很好的基础训练。根据我的经验，对于专注力训练除了利用游戏外，还应当帮助孩子养成"时间计划"的习惯。玩一种游戏，15 分钟内，只专心于这个游戏；看书 30 分钟，不能随便转换成别的游戏。

阅读、搭积木、拼图、剥鸡蛋壳、捡小豆子、串珠子，这都是需要耐心的游戏，是培养专注力的很好的游戏。

» 互动使婴儿的注意力更持久

在这个世界上，存在许多孩子未曾见过和未曾听说过的新鲜事物，我们可以充分利用孩子的好奇心来培养其专注力。新奇、富于运动变化的物体最能吸引孩子的注意。孩子在做自己感兴趣的事情时，总会很投入、很专心。

如果不存在互动，幼儿的注意力很快就会转移，去寻求一些更特殊的事物。但是一旦存在着互动，幼儿的兴趣就会倍增，注意力也会更持久。这里的互动并非仅仅是指父母与孩子之间的互动，更多的是指游戏本身存在互动内容，不管是游戏的道具还是需要配合的人，甚至包括周边环境都应该和孩子之间存在一种沟通和交流。"互动"是指一种变化着的动态游戏，而不是静止的单纯物件。

其实孩子用手抓、用嘴咬、用脚踢等这些简单的动作都表明他正在"专心研究"，而他的手、嘴、脚都是有意思的互动内容。但稍微大些的孩子对互动的要求就高许多。一件事物能否吸引儿童的注意力，不在于事物本身的特征，而在于它能为儿童提供多少游戏互动的可能。

我和维妮弗蕾德玩送礼物的游戏，我们需要给一只可怜的流浪狗送一个温暖的"家"，所以我们必须用积木为这个小流浪狗搭一个非常舒适的小窝，作为"给狗宝宝的礼物"。如果单单是搭积木游戏我们的专注力可能不会持续这么久，但是因为小狗的存在，游戏变成了动态的互动游戏，我们与小狗说话，问它希望有个怎样的家，问它为什么要去流浪，这样游戏的时间自然持续更久，孩子始终保持很强的专注力。

» "长性"的孩子需要什么？

看着维妮弗蕾德一天天长大，我常常想：她总是会不断地出现很多新的想法和爱好，不知道她将来会从事什么行业，她会对哪一项爱好保持最久远的恒心并最终成为她的事业。

很多孩子缺乏恒心和毅力，做事半途而废，一遇到困难就依赖妈妈，或者干脆放弃，缺乏坚持不懈的习惯，或者取得很小的成绩就心满意足，这样的孩子难成大事，孩子做什么事情都必须让他懂得负责任，懂得计划。

很多父母都愿意让自己的孩子多和维妮弗蕾德一起游戏，因为他们认为维妮弗蕾德是个很"长性"的孩子，总能将要学的东西学会，他们希望自己的孩子也能坚持到底，不轻易放弃。我也鼓励孩子多与有毅力的人接近，尽量避开那些意志消沉的人。

父母可以采取一些措施，有针对性地"磨炼"孩子的意志。可以指导孩子学习绘画、弹琴、解乱绳结、下棋等，这些都有助于培养孩子的耐心和韧性。此外，还要指导孩子学会调控自己的情绪，教育孩子做事情有始有终，踏踏实实做每一件事，一次做不成的事情就一点一点分开做，积少成多，聚沙成塔。父母还可以让孩子长期坚持体育活动，这不仅可以锻炼身体，而且能够磨炼意志、培养毅力。

那些毅力强大的勇敢者，能够成为命运的主人。孩子的恒心和毅力品质的培养是个较大的工程，是个漫长的过程。

5. 想象力：想象支配着整个世界

» 教孩子用想象力感受幸福

如果我被赐予所罗门王的特权，能够从这一生的一切美好事物中选择一件，我会选择让那些有着神奇想象力的人与我做人生旅程的长伴。没有想象力，我们就不能创造，就将停滞不前，没有想象力，生活中很多现实就变成了索然无味的理论。想象力支配着整个世界。

孩子们因为还没有被模式化、同质化，所以充满了丰富的想象力，一些被人们称赞的聪明、反应灵敏的孩子可能就是因为他们存在着活跃的想象力。

有了想象力的存在，就连最普通的物体都可以被美化；有了想象力的存在，即使平凡的人也可以有充满色彩的思想；有了想象力的存在，再苦再难都可以变得充满希望。不要抛弃想象力，不要把圣诞老人、小仙女、小女巫从孩子的家里赶跑；不要坚持说浪漫的传说和神奇的童话对孩子的成长不利；不要去揭穿给孩子送礼物的皇后仙女其实就是孩子的妈妈。既然传说、神话还有童话故事可以使孩子的品德更加美好，思想更加丰富，生活更加美好，我们为什么要放弃它们呢？凡是在儿童时代充分发展想象力的人，当他遇到不幸时，依然可以感受幸福；即使他陷入贫困，也能体验到生活的快乐。对孩子来说，拥有非凡的想象力要比拥有百万财富重要得多。

生活在没有童话色彩的家中的孩子，在我看来是非常可悲的，成人的生活若缺乏想象力都会变得索然无味、缺少希望，更何况是天性活泼、思想浪漫的孩子呢？从孩子的心目中赶走圣诞老人，驱走小仙女，就如同让孩子们抛弃自己心爱的玩具和亲密的伙伴一样，对孩子来说是不公平和残忍的。

小维妮弗蕾德曾经这样安慰生了重病的托尼："托尼，试着想象一些美好的事情，这样可以帮助你摆脱生病带来的苦痛，使你的心情明朗起来。你也可以读些书，看看美丽的图画，摆脱现在这种糟糕的心情。我病得很重的那次，我一点儿也没有颓废。即便我不能出去玩，只能躺在床上，但我也可以想象自己出去玩了，而且可以随意驰骋，想去哪儿就能到哪儿。我想象在鲜花遍地的林中奔跑；想象骑着白马在草原上放牧；想象有着白色的翅膀在蓝色的天空中飞翔，穿过细纱一样柔软的白云，非常有意思。我慢慢忘记了生病的痛苦，让自己开心起来。"5 岁的小维妮弗蕾德真是非常善于用想象的办法宽慰他人。又一次，她这样劝说沉浸在丧偶之痛中的舅舅："亲爱的舅舅，请您不要再伤心了。舅母是个多么善良的人，我想她现在一定是去了天堂，并得到上帝的关爱。她可能会有金色光环，纯洁的翅膀，可以飞回来看您，如果您很伤心，她也不会开心的。"

有人会认为，用想象来使自己摆脱痛苦是一种逃避现实的方式。但在我看来，无论使用哪种方法，只要能把自己从不快中解脱出来就是最实用的方法。

如果一个人的想象力在幼时被遏制了，那么他在以后生活中的幸福感受就会降低很多。一个没有想象力的人不仅不可能成为诗人、小说家、艺术家，也无法成为一名建筑家、化学家或者法学家。任何有创造性的活动都需要想象的翅膀推波助澜。富尔顿依照想象中在大洋里航行的浮物才发明了真正的汽船；莱特兄弟也是想象出了飞翔的机器才发明了真正的飞机；马可尼在发明无线电前，首先就是在脑海中想象出了千里通信的情景；拉斐尔的超凡之作、爱迪生的惊世发明等无一不是想象的结果。拿破仑甚至说，想象支配着整个世界。没有想象力的人做一切事都以现实为基准，因为现实的桎梏常常被陷于各种条条框框的束缚之中。这样的人，缺乏开拓创新的勇气和能力，做事缩手缩脚，不可能有什么突出贡献，终将沦为平庸之人。

» 表演可以发展想象力

表演儿歌和神话传说中的情景是一个有效发展孩子想象力的方法。儿童剧场的创始人阿里斯·朋尼·赫茨女士曾说过："儿童剧场的布景和扮装不能过于逼真，因为这样反而不能促进儿童想象力的发展。没有发展孩子想象力的教育是失败的。"我认为赫茨女士的观点极为正确，所以在与女儿进行戏剧表演游戏时我尽量给她自由发挥的空间，而不用任何死板的东西去限制她的想象力。角色可以重新诠释，故事可以再度演绎，情节可以改变，台词也可以随着情景调整。

童话对孩子很有吸引力，可以说它是孩子获取智慧、铸就品质的好帮手。引导孩子把童话故事演绎出来，这将是充满乐趣的事情。这种做法不仅可以帮助孩子加深对故事的理解，而且还可以开发孩子的创造力、想象力。但在进行这种游戏时，要选择一些内容健康、情节生动、语言优美、角色可爱、易于表演的故事，比如深受孩子喜爱的《格林童话》或者《安徒生童话》中的故事。在表演过程中，尽量让孩子参与所有的准备工作，包括道具制作、角色分配等，这些过程有利于孩子创造力的开发和想象力的衍生。当然，表演需要宽松、自由、舒畅的环境。而无法表演的部分，如爬山、过河等，显然要充分想象，用象征性的语言和动作来加以表现。

记得我和维妮弗蕾德第一次表演《卖火柴的小女孩》时，由我饰演卖火柴的小女孩，女儿客串其他众多角色。我饰演的小女孩按照剧情最终被冻死了，女儿却忍不住放声大哭，伤心极了。后来，她发挥自己的想象力，很有创意地修改了故事结尾，最终小女孩的奶奶只是去了乡下，圣诞节的时候接走了小女孩，后来小女孩和奶奶快乐地生活在一起了。这场表演经过改编后，维妮弗蕾德心情愉悦了许多。有时候，我们也和邻居或者维妮弗蕾德的小朋友一起表演改编的童话剧，这种游戏给我们带来了其他游戏没有的乐趣，而且极大地丰富了孩子的想象力。一般来说，表演都需要有一个固定背景，为了发展维妮弗蕾德的想象力，我和她的表演往往都没有背景。

除了戏剧表演的方式外，我还和女儿各自交了位想象中的朋友。

我的朋友叫拉里，是位印度姑娘；女儿的朋友叫皮亚，是位英国女孩。当我们住在郊区，远离朋友时，我们就请出这两位想象中的朋友一起玩，即便维妮弗蕾德独自一人的时候也不会感到孤独和无聊，这对于形成维妮弗蕾德乐观的性格也起了一定作用。

» 激发想象力的多种方法

我们可以通过音乐激发想象力，音乐可以用精神灵感丰富孩子们的心灵；我们可以通过艺术来激发孩子的想象力，可以多参观博物馆和艺术画廊；我们可以把孩子们带到动物园，告诉他们书籍上记载的有关动物的童话，用这些故事来提升他们的想象力；我们可以通过天文望远镜开发孩子的想象力，通过望远镜让孩子认识星星，告诉孩子希腊、罗马和斯堪的纳维亚等有关行星和恒星的神话……此外，天文学、诗歌、雕塑和绘画都能激发想象力，并在想象力中再衍生出创造的灵感。

充满想象力的童话和神话故事最能引起孩子的遐想，父母可以给孩子讲一段故事，让孩子进行故事接龙，想象故事如何继续发展，给孩子留出思考的余地和想象的空间；也可完全不依照书本，将虚幻的想象空间与现实世界相联系，设置一些问题让孩子回答，让孩子参与思考，从而激发他的思考和想象；还可以将孩子也编入故事当中，使故事的情节在他头脑中生动鲜活起来，让孩子充分想象自己在故事中的命运；父母讲完一个故事后，可以鼓励孩子对故事进行复述，从而激发他的想象力。

"孩子的心是一块神奇的土地，播上思想的种子，就会获得行为的收获；播上行为的种子，就能获得习惯的收获；播上习惯的种子，就会获得品德的收获；播上品德的种子，就能获得命运的收获。"

» 相信童话更具备创造力

最近，有许多书籍和杂志在向人们介绍蒙台梭利教育体系，许多母亲对她的教育方法非常信服，并且购买了相关的教育工具。或许人们总会觉得东西越昂贵就越有价值，但我估计蒙台梭利的教育体系永远不会培养出伟人，因为这种教育体系并不倾向于开发孩子们的想象力，而想象力是孩子们智力发展的明灯。我承认，蒙台梭利医生是一位杰出女性，她为这个世界上那些智力存在缺陷的孩子的智力开发的确做出了杰出贡献，而且她的教育体系也确实对这类孩子是有效的，但是我并不看好这种方法对智力正常的孩子的教育效果。一位用蒙台梭利的教育体系既教过聋哑儿童也教过各个方面完全正常的儿童的老师认为，这套教育体系在帮助聋哑儿童开发触觉方面有非常显著的效果，但必须强调的是，这位老师同时也指出这套体系并不是非常适合指导智力发育正常的孩子。

每个教育体系都带有创造者个人的某种特点。蒙台梭利医生是一位善良的女性，对孩子们充满了同情心，她相信作为一种科学的教育力量，其基本原则必须是解除对孩子的束缚。但令人遗憾的是，她没有能够利用想象力为孩子们照亮通往知识殿堂的道路。如果要解除对孩子的束缚，就更应该解除对孩子思想的束缚，让孩子放飞自己的想象力。她教孩子的方法是：圆就是圆，立方体就是立方体，对于这些既定事实不需要加入任何美妙的想象。因此，我觉得蒙台梭利的学生们不会具有很强的发明创造能力，不会为人类创造出新的奇迹来。

蒙台梭利医生对那些"愚昧的神话故事"持相当轻蔑的态度，但如果这个世界上没有天使的存在，那么一定是我们人类用自己残酷的怀疑态度把她们消灭掉了。天使是不会与那些不相信她们存在的人们在一起的。只是，如果你在熟睡的婴儿旁，看着他那粉红色唇边流露出的微笑，你一定不会怀疑在这个世界上有天使的存在，一定是有一个小天使在这个婴儿上方盘旋着……

第七篇

身体能动力法则

1. 运动力：不要束缚孩子的手足，妨碍他的成长

» 我们和我们的牙齿年龄相当

在孩子发展的过程中，没有什么比让孩子拥有健康的身体更为重要的了。如果聪明的脑袋和丰满的灵魂必须附着在一个羸弱的身体上，那么拥有丰富的知识和伟大的理想又有什么用呢？

人的身体，是大自然最精妙的馈赠，是我们赖以存在的物质基础，其真正的价值还没有被父母和孩子们所珍视。作为母亲，我们给了孩子生命，所以我们也必须好好照顾、保护我们的孩子。在我们小心照料孩子身体的同时，也要教会孩子学会自己照顾自己的身体、重视自己的身体。

正如伍兹哈钦森医生所说"我们和我们的牙齿年龄相当"，所以我们要告诉孩子，保持牙齿清洁的重要性。维妮弗蕾德小的时候，我每天用适宜温度的水给她洗澡，保持身体干净。我也帮助维妮弗蕾德做一些简单的练习，让她抓住我的手指并轻轻地来回摆动她的胳膊，或者给她做最简单的按摩或者拉升运动。我让维妮弗蕾德呼吸大量的新鲜空气，把她的小吊床放在屋外。我给维妮弗蕾德喝足够的水、营养的水果汁和蔬菜汁，让她养成规律的饮食习惯。在夏季明朗的下午，我会带着女儿到海边，我总是松松地抱着她，使她的身体得以自由舒展，无拘无束；天气暖暖的时候，我把她放在户外睡觉，让她晒晒温暖的太阳，沐浴自然的恩惠。

维妮弗蕾德很小的时候，我让她依靠婴儿的本能去抓放在她手中的任何东西，锻炼她的小手指；长大一些的时候，我让她多在户外活

动——她很喜欢进行户外体育锻炼；天气晴朗时，我们会在海滩上度过大部分时间，我和她一起玩沙子、做游戏，充分接收大自然的灵气。我让我的小女儿沿着公路旅行，而且给她分配了很多旅行途中的任务，锻炼她身体和大脑的协调性。我们在相当短的时间内，用种种方法在身体的多个部位做锻炼，而不是让某个部位一直做一种锻炼。一直以来，我们的游戏教育法不仅能开发大脑，而且对锻炼身体都发挥了很好的作用。

每个母亲都要努力给孩子营造一个欢乐的成长氛围。在那种忧伤的氛围中，孩子即便再小再不懂事都可以捕捉到忧伤的气息而就此变得压抑和忧伤。忧伤的情绪会导致消化不良、神经脆弱，这样孩子不可能健康地成长。恐惧、担心、忧伤、仇恨、贪婪和不满这些负面的情绪会导致孩子脑力损耗、体力虚弱、生长延缓。所以父母所制造的家庭情绪氛围很重要，每位母亲都应该努力让孩子带着微笑进入梦乡。

» 促进孩子肌肉生长的游戏

如果你研究动物玩耍的特点，你就能注意到它们是带有目的性地进行玩耍，它们不会白白浪费能量，比如猫妈妈教小猫抓尾巴，是为了加强它肌肉的力量，以便在以后的日子里能抓住老鼠，为自己赢得食物。自然界中所有的生命体，都有保持身体健康的独特方式。

可以从孩子6周大的时候就开始锻炼孩子背部的肌肉，可以让孩子抓住一根圆润的小棒子，孩子会凭借本能，挥动、举起或放下。孩子们喜欢这样的游戏，我很少看到孩子在手里拿着棍子的时候会轻易松开手。维妮弗蕾德42天大的时候就长得像4个月的孩子那么大了，很多人非常惊奇，不知道我采用了哪种特殊的养育方法。其实，从她出生两三周的时候开始，我就把她带到室外，呼吸新鲜的空气，并帮她在光滑的木棍上做悬挂运动，婴儿们都能够模仿猿猴做一些简单运动。任何运动，尤其是对如此小的孩子，都不能勉强，需要适可而止。

游戏是一种非常好的锻炼形式，不仅能使孩子的智力得到发展，而且能使孩子的身体得到锻炼。父母给孩子设定游戏形式应该目的明确，通过不同形式的游戏设定锻炼孩子相应的身体机能或者开发智力。我在女儿的房间里专门开辟了一个角落作为维妮弗蕾德的活动场所，那里放着各种玩具，有的可以用来击打，有的可以用来攀爬，有的可以用来投掷，有的可以用来滚动，这些玩具都可以很好地促进孩子的肌肉生长。我还专门为她在院子里设置了活动场所和各种简易的运动器具，像跷跷板、滑台和梯子之类。

维妮弗蕾德5岁时我就教她骑马，到现在为止骑马还是她最喜欢的运动之一。

用纸、布等材料制作物品的手指运动游戏，对发展孩子的能力十分有效，我和维妮弗蕾德用纸叠成蝴蝶、青蛙、小船等；用剪好的布做娃娃衣服；用卷烟盒做小马车和火车；用厚纸建造房屋和城市，建造桥梁和宝塔等。这些手指运动游戏，包括钢琴游戏、击鼓游戏，不仅开发孩子的智力，也增强孩子大脑和身体的协调性。

一种训练孩子们体能及耐力的游戏叫作"扮铜像"，这个游戏需要两个人配合，其中一个人从1数到50，剩下的那个人在他数数的过程中要坚持保持一个固定的姿势不变，如果动了就算认输，不变的形体动作不仅可以很好地训练孩子的肌肉能力及肌肉的力量，而且可以锻炼孩子的控制力和耐力。这也是希腊人经常做的游戏，据说他们的动作之所以那样优美，原因正在于此。

» 促进孩子身体协调性的游戏

塑料剪刀是我在自然教育工具中介绍过的。在孩子小的时候，给他们一把安全的塑料剪刀，教他们剪纸，当各种对称图形出现在孩子眼前时，他们一定极感兴趣。还有一种剪纸游戏——在纸上画出简单的动物、人物或者其他图形，让孩子自己剪下来，当然也可以剪一些硬纸片的动物图形。孩子稳稳地拿住剪刀和纸，游刃有余地让剪刀沿着弯曲的线条游走，这样可以锻炼孩子思维和身体的协调性。

翻绳游戏同样有益于锻炼孩子手部肌肉的协调性和稳定性。父母用绳子在手上编出图形，然后让孩子学习，所有的孩子都喜欢绳子在手指上互翻的游戏。

促进孩子身体协调性的游戏很多，可以让孩子自己动手脱衣服、穿衣服，尽量不要帮忙，这样可以使孩子的手的动作更加精细，可以增强手指的调节能力和手腕的力量；可以准备一些小夹子和卡片、小纸杯等，教孩子用夹子把小物品一个一个地夹起来，这样不仅可以增加手指的力量，还能锻炼手眼协调能力；在玩厨房模拟游戏、小村庄构建游戏、虚拟旅行等游戏时，孩子自己动手操作玩具，对锻炼孩子的肌肉很有好处；所有的孩子都喜欢用橡皮泥做馅饼、水果、小房子、家具、小动物等，我女儿最喜欢捏的是动物的一家：兔妈妈和小兔子、鸡妈妈和小鸡等。至今我还保留着她第一次捏出的"蛋糕"，橡皮泥游戏可以使孩子的手指灵巧，而且促进身体和大脑的协调性。

» 家里的小健身房设置

我在家里为维妮弗蕾德建了一个迷你健身房，在这个小小的健身房里，为她配置了用于锻炼的普通运动器械，还放置了沙盒、跷跷板、滑梯和一棵仿真攀岩阶梯型的大树。这棵大树由一个主树干、若干大树枝构成，它能让一个小孩很容易地去攀登。攀登大树阶梯可以训练孩子的平衡协调能力并强化孩子的腿部肌肉。

维妮弗蕾德5岁时，我已经教她学会了骑马、划船、游泳、踢球、爬树和爬山等运动。通过这些游戏和训练，不仅可以锻炼孩子的体能，还可以培养她有足够的体力和勇气去克服困难，面对环境的变化。

为了提高孩子的肺活量，我教她进行深呼吸训练、唱歌和吹口哨。上天没有赐予她得天独厚的声音，因此她的歌唱得不是太好，但她却能把口哨吹得非常好，可以吹出悠扬的歌曲。

维妮弗蕾德有很多玩具可以锻炼自己，但她没有手枪玩具、刀具、烟花爆竹和其他"儿童杀手"玩具。我也从来不带她做游乐园里过分刺激的游戏，我相信这些娱乐除了使孩子神经受到高度刺激，持续保

持兴奋之外，没有太积极的好处。有些父母带着孩子去玩那些危险而刺激的游戏，这对孩子的发展并无益处。

　　每天，我和维妮弗蕾德一起踢球、散步、玩游戏、做园艺……她在忙碌中成长着。不过我觉得就应该用这种日常的训练去消耗一个孩子过度的能量。当一个孩子无所事事时，他就会感到厌烦和无趣。让孩子忙起来、动起来，他们是很快乐的。

2. 动手力：放手让孩子去做

» 让孩子去做事

在维妮弗蕾德很小的时候，我就开始教她自己做事情。自己穿衣、洗脸、刷牙、上洗手间、吃饭、整理玩具，等等。我尊重女儿自我管理的权利和责任，让她形成足够强大的自我意识，并不断鼓励她学习自己动手的新技巧。维妮弗蕾德总能把自己收拾得整洁干净，并能每天让自己的小游戏室条理井然。

从婴儿时期开始，维妮弗蕾德就表现出自己干事情的意愿。很多父母都会在早期发现孩子愿意自己抓东西往嘴里送，尽管他们常常并不能准确地放入口中。维妮弗蕾德也自己去抓勺子，试图自己喂自己饭吃，我从来不像其他父母那样害怕她把衣服和桌子搞得一团糟而不许她尝试。如果禁止她自己吃，非要喂她以保持秩序的话，就很可能挫伤她在萌芽中的积极性，使她对自我能力产生怀疑，并更多地习惯依赖父母。把一个脏兮兮的孩子洗干净，要比重新树立起她的勇气容易得多。只要女儿显示出要自己做事情的意愿，我一般都会放手让她做。

父母必须控制总想帮孩子的冲动，父母的不放心和过多干预会给孩子品格的形成造成阻碍，忙来忙去的父母，反倒令孩子更多丧失了能动力。孩子小，特别是孩子遇到确实难以解决的困难时，父母对其提供帮助是责无旁贷的，但是，父母不能养成帮助孩子的习惯，有些帮助是父母自找的责任，有些担心是父母自寻的烦恼，孩子们或许早就想自己去掌握那些基本技巧了。剥夺孩子实践的机会，不符合自然教育的精神。

　　每个孩子在生命之初就有表现自己能力的欲望，成长期间，他们愿意自己动手做事情，并因为自己能做事萌生自豪感和愉悦感。如果他们有机会去表现、照顾自己，帮助父母，长大成人后，他们也自然能够承担自己应该做的事情，也更乐于助人。

　　维妮弗蕾德小时候有很主动的参与意识：父亲在写字的时候，她也忙着找一支笔想要写写画画；当我浇花的时候，她要提着一个小水桶来帮忙；当我做家务的时候，她拖着清洁布跟在后面抹来抹去，这是孩子参与的欲望，也是孩子自己动手做事的能力和想法的表达。但是我发现在大多数的家庭之中，孩子的这种愿望被忽略，因为父母担心孩子受伤，或者弄坏东西，或者担心他能力尚未达到，或者只是担心孩子会弄脏什么，于是就不断地阻止，频频代劳。这种情况下，孩子的积极性往往会受到打击，认为自己没有足够的能力，从而自信心在不知不觉中消失了，慢慢不再萌生主动动手的意愿。由于父母对孩子能力低估，放大他们的无助之处，这样就使孩子慢慢丧失了珍贵的勇于尝试的勇气和责任心。

　　在孩子表现自己动手的意愿后，请在安全范围内允许孩子动手，动手能力必须从孩子小的时候起就开始培养。

》替孩子做事，是对他积极性的最大打击

　　从我教育维妮弗蕾德的过程中可以看出，替孩子做他们自己能做的事，是对他们积极性的最大打击，因为这让他们失去了自我实践的机会，会导致丧失自信与勇气，也使孩子没有安全感。因为安全感是建立在能够用自己的能力去应对问题的基础上，父母的包办代替行为，恰恰剥夺了孩子发展自己能力的权利，而这是孩子成长中最珍贵的要素。

　　孩子在成长中，开始更多地尝试分离和独立，以及为自己的行为承担责任，形成自主意识。如果他通过多次尝试认识到，他想亲密的时候，妈妈就可以跟他亲密；需要帮助的时候，妈妈就愿意来帮助；而他想自己玩、做事情的时候，妈妈也会允许并给他自我控制的权利。

那么，这个孩子的安全感就会比较稳固地建立。

维妮弗蕾德六七岁时，与人相处愉快，乐于助人，还是个受人欢迎的小老师。人们总会问我维妮弗蕾德在家里受到了什么样的训练，有时我真不知如何回答。但是有一点就是，我时常鼓励女儿自己做自己能做的事，只要是女儿能够自己做的事情，我一定不会去帮她，避免她养成对自己的行为不负责任和万事依赖别人的习惯。我时常告诉女儿，能够摆脱对外界依赖的人，才有希望做独立而骄傲的公主。

» 让孩子多动手是促进孩子智力发展的良好途径

刚出生的孩子紧紧攥着小拳头，一副好斗的模样，而且可以很紧地抓住你的手指。孩子天生就有"动手"的能力和意愿。

我用很多方式训练维妮弗蕾德小手的能力：让她抓取桌上的玩具，并摇晃、敲打；也准备一些有弹性的橡皮类玩具让她随意抓捏；我教女儿滚球、拍手、招手、握手等手部动作。自然教育中的很多工具和游戏都可以锻炼孩子的手。比如串串珠游戏、折纸游戏、夹豆子游戏、掷骰子游戏、算盘游戏等，还有扮演游戏，在教孩子唱歌、跳舞、学儿歌的同时，用小手比画出各种动作，把内容表演出来，还有剪纸类、拼图类玩具也能很好地锻炼孩子的手指，增进孩子精细动作的发展。

手指的运动对孩子的智力开发功不可没，所以，要用那些简单的工具和游戏来帮助孩子的小手"动"起来。手指的运动可以刺激大脑的很多区域，而通过大脑的思维和眼睛的观察又可以不断纠正改善手指动作的精细化程度。"动手"可以锻炼眼、手、脑的配合协调，能够极大地促进幼儿的智力发展。

维妮弗蕾德喜欢交朋友，我们有时候会在家里举行小的PARTY，招待她的小伙伴。我会和她一起制作一些有趣的东西，作为她给小朋友的惊喜。比如，用香蕉做成小狗或者小船的造型，这是维妮弗蕾德非常得意的一门"手艺"，我们把这叫作"香蕉大变身"游戏。在香蕉做成的小狗、小船旁边，还要放上一朵胡萝卜切片做的花朵，这样会使作品看起来更加完美。在聚会上，这些胡萝卜花、香蕉小船、香蕉小狗成了最受欢迎的东西，这让维妮弗蕾德倍感自豪。

折纸游戏也是训练动手能力的好方法，通常我会和维妮弗蕾德一起动手做。比如我们想要折青蛙，就会事先准备好彩纸，每人在限定时间内折出一只绿青蛙或者黄青蛙，然后由"裁判"评选出最漂亮的一只。只要母亲们稍加留意，就会发现生活中处处都有锻炼孩子们动手能力的机会。

爱迪生还是儿童的时候，就开始自己动手制作所需的实验器材。尽管我们并不可能把孩子都培养成大科学家，但让孩子拥有良好的动手能力，毫无疑问会激发他的创造力、实践能力和承担能力。

» 女孩有必要学一些手工

对于女孩来说，学习一些手工是非常必要的，而且很多女孩子本身也很喜欢这样的工作。维妮弗蕾德的手工兴趣，我是通过"装扮娃娃"的游戏激发的。当我指导维妮弗蕾德第一次为她喜爱的一个布娃娃缝制一条带有蕾丝镶边的围巾时，她非常开心。她又要求我帮她的布娃娃缝制一套紫色的晚礼服，以便出席一个晚会。我答应了她的请求，但要求"裁缝"的角色由她充当，我则仅仅作为她的助手。维妮弗蕾德在很长一段时间里十分迷恋"装扮娃娃"的游戏，有时她还接受一些其他小女孩下的"订单"，为其他孩子的娃娃缝制得体而美丽的衣服。这让她在一群女孩子中间很受欢迎，俨然一位拥有很高威信的小时装设计师兼小裁缝，她们很愿意一起就颜色或者样式进行沟通，充分显示了女孩子的天性。4 岁的时候，维妮弗蕾德还喜欢上了刺绣，她在一个蓝色的垫子上绣了一只黑白色的斑点狗，这是她的第一个刺绣作品。这个作品本来想作为家庭藏品保存起来，但最后维妮弗蕾德把它作为礼物送人了。那些女孩子的手工活，维妮弗蕾德都很喜欢，她还学会了编织，并为她的布娃娃编了一顶粉色的太阳帽。如同所有的小女孩，维妮弗蕾德对布娃娃很迷恋，对"装扮娃娃"游戏很投入，有时候装扮工程异常复杂，以至于我不得不为她限定时间：我规定无论是制衣、刺绣还是编织，都不能连续工作超过半个小时。

维妮弗蕾德的手工作品很有艺术感，她的小创意经常令人惊喜，在颜色、式样、构图上都有奇思妙想。每个母亲都来鼓励自己美丽的公主做些手工活，让她们充满创意的力量，也具备很强的自我实现的动手能力吧。

» 用各种自然教育工具提高动手能力

孩子的动手能力可以在各种游戏和玩具中得到锻炼，这里我所说的玩具是指自然教育所用的工具，而不是商场里那些机械的玩具。孩子应该玩天然的或自己动手做的玩具，哪怕是残缺的，尽量不要购买机械玩具。玩具最好是由纯天然材料做成，比如树枝、圆木、树皮、树叶、果实、贝壳、泥沙、碎布、棉花、麻线、纸盒、自制模型等。越原始、越单纯的玩具，越能激发孩子的想象力和创造力，一个拿着机械手枪的孩子就只能来回扫射，没有任何发挥，而拿着标本树叶的孩子可以看它的叶脉，可以描绘它的形状，可以给它归类；一截圆木，可以做一张桌子，可以做一面鼓，可以做方向盘，可以做车轱辘……根据游戏的需要，孩子时刻都可以变换手中玩具的名称和用途。不管男孩女孩，都喜欢玩用各种炊具做饭的游戏。在这个游戏中，他们边动手边发挥自己的想象，做出各种糕点和饭菜，还可以请别人来做客品尝。很多游戏都可以让孩子在动手的快乐中学习知识，锻炼思维。挖沙子也是一种很好的锻炼方式，孩子们挖了坑，修了渠道，垒了城堡，既锻炼了手工技能，又增长了建筑知识。孩子玩的这种游戏越多，想象力越丰富，以后解决实际问题的动手能力也就越强。橡皮泥也是很好的动手工具，孩子在玩橡皮泥时，他们注意力集中，呼吸深沉、舒缓，你会发现，他们对依靠双手制造出来的东西充满想象力。

充分应用自然教育的工具锻炼孩子的动手能力，使孩子成为以独立承担责任为荣的勇敢能干的人。

3. 习惯性：只有父母坚定不移，孩子才更有信心

» "纸娃娃消失"惩罚法

一个人如果有了好的习惯，好的规划能力，就会享受一辈子它的利息；要是养成了坏习惯，就会一辈子都偿还它的债务。

为了培养女儿的良好习惯，我和丈夫都是非常有耐心的。我知道只有父母坚定不移，孩子才会有足够的信心保持下去。我会用童话来引导和激励她，当她整天都表现得很好时，仙女就会悄悄地在她枕头旁放上巧克力。如果她淘气，没有坚持好习惯，仙女就不会来看她。如果维妮弗蕾德随意乱扔衣服，或者忘了叠衣服，第二天她就没有衣服可换，仙女也不会给她带来美丽的新丝带。如果她在地板上乱扔纸娃娃，这些纸娃娃就会消失许多天，当维妮弗蕾德再想和它们玩时就不会得到允许。这些"小伎俩"都是为了让孩子养成良好的习惯。

» 给孩子明确任务

在维妮弗蕾德六七岁时，就养成了自己看书、做记录，然后收拾好书本才去玩的习惯，这时候不仅需要做事有始有终，而且需要责任心。

父母在培养孩子好习惯的时候，一定要根据孩子的年龄特点，提出非常具体的要求。这样，孩子就有了目标，也知道该怎么做。尤其是年龄小的孩子，父母更要形象、直观、具体地提出孩子应该做的事情，要让要求看得见、摸得着。父母要培养孩子爱劳动的好习惯，不应该说"难道你不会打扫一下你的房间吗？"而是可以给孩子规定明确的

任务，我就会告诉维妮弗蕾德："可以收拾好你的玩具吗？可以将你的书回归书架吗？"

我的一个邻居总是向我抱怨孩子不听话，因为孩子总是把玩具和书乱扔。其实，这种情况很多时候是母亲们没有给孩子定好规矩所致。乱扔玩具和书这样的问题，是每个妈妈都会遇到的。我在家里，给小维妮弗蕾德设置了游戏区，要求她的玩具都放置在那里，不能随便拿到餐厅和起居室。定好了这个规矩，她必须把玩具整理好以后才能干别的事。值得庆幸的是，她一直做得很好，从没有把玩具带上餐桌或其他地方。

对于放置书本，我也给她规定了几个地方，书桌和书柜是放书的地方，床头也可以放一两本，窗台上也是放她喜欢的书的空间。有一次，她把看了一半的书放到了玩具区，我就告诉她那个绿色的"书本小精灵"离开它的朋友会很伤心、很孤单。她此后就注意了放置书本的问题，再也没有乱放过。后来她还主动给自己的书本包上漂亮的书皮，按她的说法是给"书本小精灵"们穿上美丽的外套。

培养孩子的习惯，要把握一个原则，多做塑造工作，少做改造工作。养成好习惯容易，改掉坏习惯就难了，孩子从小到大要养成各种各样的习惯，我们在孩子还没形成坏习惯前，就要注意纠正和引导孩子。

有一天下午，维妮弗蕾德要去一个小朋友家玩，我欣然同意，只是告诉她要在6点准时回家吃饭，她虽然答应了，但是过了6点还是没有回来，最后我们晚了20分钟才开饭。我接受了她晚回的道歉，没有因为这件事情再去指责她。饭后，她换了好看的衣服，和我去看我们计划好要去看的戏剧演出。可是，因为维妮弗蕾德的迟归，我们并未按时到达。她已经明白，是她没有按时回来造成的这个结果，她的错误给我们带来了失望，扰乱了应有的计划和程序。我知道，她已经记住守时的重要性了，而且我也相信她以后不会再犯这个错误了。从那以后，她都很准时，一直遵守约定。我们幼小时所得的印象，哪怕极小，小到几乎觉察不出来，都会对我们的一生产生长久的影响。

　　自然教育原则一直强调父母的榜样性，在习惯的培养上，父母也一样需要树立榜样，其实，在对孩子的任何教育问题上，父母都应该是个好榜样。在培养习惯时，父母要前后要求一致，不能随意妥协，或者无原则地放弃，也不要因为自己的心情很好或者很糟，就让孩子有例外。

第八篇

品行法则

1. 品行训练的基本原则

» 制作品行记录表

为了使维妮弗蕾德养成良好的行为习惯，奠定良好的品德素养，我特别为她绘制了品行记录表，以便她及时了解自己的品行，修正自己的不当行为。

品行记录表的设定非常简单，可以设定为 7×10 的表格模式，当然，也可以增加品行度量的标准。品行度量的主题以礼貌度、耐心度、整洁度、大度、真诚度、快乐度、善良、做好事、勇气和自控力等为横向内容，一周七天为纵向内容。通过这个周品行表可以很直观地评判维妮弗蕾德近一周的品行情况。

每个周日晚上，我会和维妮弗蕾德一起把旧的品行表格作废，重新制作一张。

一天中，如果维妮弗蕾德的表现不错，做了与表格中所设品行项目相符的行为，能彬彬有礼、大气忍让、乐于助人，表现出应有的勇气和毅力、注意力集中、自控力强、努力获取知识，不管是练琴还是绘画都很有耐心、不说谎、心情快乐，那么在晚饭后，我就在那一天的每一栏里贴上一颗漂亮的金星；如果她的表现不好，一个丑陋的黑色标志就会代替金星出现。

周日的下午，是维妮弗蕾德和我的品行记录检查日。我们数出所有的黑色标记和金色标记。如果金星多，在下一周，她会得到丰厚的奖励，童话仙女会悄悄为她带来可爱的鲜花、糖果、丝带和新书。如果是黑色标记占了上风，童话中的仙女也会最早知道，这一周就收不到可爱的礼物，下一周就需要好好努力了。

虽然维妮弗蕾德一直自律性很强，但黑色的小标记肯定时不时会冒出几次。对于这些负面记录，维妮弗蕾德总会尽力保持良好的态度，不抱怨，不气馁，不急躁，而是微笑地告诉我说："是的，妈妈，这的确是我的错，请您相信，下周我会做得更好。"周日的下午，我们一定会毁掉旧的图表，抹去上周的记录，开始新的一周。毕竟保留黑星，会给孩子压力，容易使孩子感到沮丧。

维妮弗蕾德凭借良好的表现，得到过几张全是金星的品行记录表，我选择这样的表保存了几张，作为给她的鼓励和孩子过往努力的纪念。我们都很希望每个周末，记录表上闪耀的都是金色的星星。

很多奉行自然教育法则的母亲和教师利用"品行图表"对孩子实施品行引导，都有不错的收获。一位六个孩子的母亲也根据自然教育法的品行表原则设计了图表，因为她有六个孩子，所以她特意增加了"协作性""关爱度"等标准。她还在信中告诉我说，她4岁的儿子为他的金色徽章感到十分自豪，每天晚上的时候，他总是满怀希望地走到母亲面前，希望再获得一个新的金色星星，而当他又得到一个金星的时候，快乐得就像亚历山大征服了世界。

"如果一个孩子生活在敌意之中，他就学会了争斗；如果一个孩子生活在恐惧之中，他就学会了忧虑；如果一个孩子生活在耻辱之中，他就学会了负罪感；如果一个孩子生活在鼓励之中，他就学会了自信；如果一个孩子生活在表扬之中，他就学会了感激；如果一个孩子生活在认可之中，他就学会了自爱；如果一个孩子生活在友爱之中，他就学会了相信这世界是生活的好地方。"请把美德和善行推荐给孩子们，因为能给人们带来幸福的只有它们，而不是财富。

» 遵从十戒理论

"性格"在某种程度上带有恒定性，如果我们培养孩子形成良好的性格，就赋予了他一种实力，一种不能被夺走的性格优势。不论是坚强还是温婉的秉性都会与他的人生相伴。

瓦特卡尔医生，性格发展联盟主席，对于孩子性格的养成有这样的观点："塑造孩子性格的第一个伟大的目标便是唤醒孩子为别人做一些事情的欲望，学习自我控制和给予。"父母和老师总希望培养出孩子更好的性格，正如瓦特卡尔医生所说，"控制""给予""助人"是孩子应该形成的最重要的性格基础，而父母只有通过自我奉献、自我牺牲的具体示范才能更好地引导孩子。

即便孩子智力非凡，若没有很好的性格，孩子依然不能获得真正快乐幸福的生活。良好品行的形成，能让孩子在未来的人生旅程中受益无穷。

在培养孩子性格的时候，我对父母有十条戒律建议，父母遵循这十条戒律，可以更好地形成孩子的性格基础，帮助孩子自我控制、坚毅自信，帮助孩子完善人格，从而成为快乐有用的社会一员。

请仔细阅读我在培养孩子品行中所遵循的十条戒律：**不要体罚孩子；不要斥责孩子；不要说"不"；不要说"必须"；不要让孩子养成说"我不行"的习惯；不要拒绝回答孩子的问题；不许威胁孩子；不要嘲笑或者戏弄孩子；别让孩子失去自尊继而不尊敬父母；不要在家里摒弃仙女——这个总能让世界更加生动的元素。**这十条戒律是培养孩子良好品行的基础，希望父母遵循这些基本原则。父母正确的示范与引导，是形成孩子良好品行的重要因素。

在我看来，棍棒法教育孩子是一种原始而野蛮的行径，造成孩子自尊、自爱和自信心的损伤。当你不希望他们做一些事情时，可以引导孩子将精力转移到其他方面，避免用激烈的"鞭笞"形式对待孩子。在我和维妮弗蕾德有对抗产生时，我们俩会暂时将冲突搁置，等再回到这个冲突时，冲突已基本平复。

绝不要对孩子说"必须"。"必须"这个词是一种专横、大人式的居高临下的表述方式。我们可以对大人说"您能递给我那本书吗"就不要对我们心爱的孩子说"你必须捡起你的玩具"，与孩子平等相处是自然教育的原则。

绝不给孩子机会说"我不行"。"我不行"是懦弱胆怯的宣言，是拒绝尝试和努力的借口。父母应避免使用，为孩子做好示范，如果父母常常说"我试试""我可以做到"而不是说"我不行"，那么孩子也将在自己的语言世界中逐渐抹去"我不行"。

对于我的第六条戒律"不要拒绝回答孩子的问题"，父母可能会觉得有些困难。但是每一个孩子天生就是小问号，提问是他们探索世界、认知世界的重要手段，所以，即使他们的问题匪夷所思，的确很令成年人为难，也不得回避。如果实在回答不了，就和孩子一起寻找答案。现在，我使用《儿童百科全书》，里面可以找到几乎每一个孩子都会问的问题的答案。

绝不要威胁孩子。但凡慈爱的母亲应该不会破坏我的第七条戒律，但很多母亲其实并没有意识到自己是在威胁孩子。她们用威胁孩子的方法去压制孩子的活力，她们说，"你再招惹妹妹我就不让你出去玩了"，"你如果还是不吃东西，我就饿你几天"，等等。威胁让孩子在童年，甚至在未来的岁月中埋下了紧张和不愉快的种子。

不要嘲笑或者戏弄孩子。母亲一般不会打破第八条戒律，但是父亲却有可能犯这样的错。大男孩儿总是喜欢捉弄小男孩儿，丈夫总喜欢取笑妻子。如果我们愚弄动物，动物就会变得凶猛暴躁；如果我们愚弄、嘲笑孩子，很有可能会让他们变得急躁易怒，甚至犯罪。

不尊敬孩子的父母一定会破坏第九条戒律。年幼的孩子同样有自尊心，他们希望得到关注、尊重和平等对待。

绝不摒弃仙女，这是我十条戒律中最美好的要求，请在家中保留仙女的原型。童话使孩子的世界五彩斑斓，使孩子充满创造力，让孩子的未来有无限可能。美妙的想象力不会通过游戏、音乐、美丽的图片、雕塑作品以及微笑进入不需要童话的家庭。那些在家里不能唱歌、跳舞、玩游戏的孩子，没有快乐的童年，也没有快乐的未来。

仙女可以培养孩子的创意，仙女喜欢发明创造，鼓励探索发现；仙女让孩子产生绘画灵感；仙女喜欢生活中所有造福人类的美好事情。正是这些仙女和童话故事，教孩子们去爱、去微笑、去助人，惩恶扬善。亲爱的母亲们，欢迎童话仙女吧！用您在家中的笑容留住这些神奇的仙女。

我一直让"仙女"来帮助我维护家中的秩序和纪律。她最擅长用迷人温和的方式代替棍棒法，协助我平息小维妮弗蕾德的愤怒或者紧张。孩子品格开发的"内驱力"不是崇高的理想、远大的目标、高尚的志趣，**他们品行的"内驱力"更多地来自好奇心、童趣心、好胜心、自信心，来自父母给孩子的示范，来自父母对待孩子的方式。**为人父母者一定要承担起孩子品德教育的重任。

» 从神话中学会判断对与错

有人认为神话没有任何价值，不应该给孩子构建这样不真实的东西，但我却非常欢迎它们。在我看来，同样是眺望天空的星星，同样是在大自然徜徉，懂得神话的孩子的感触与不懂神话的孩子是完全不一样的，孩子眼睛闪烁的光彩也是不一样的。

孩子缺乏社会生活经验，不懂得善恶的区分。为了让他们分清善恶，我认为最好的方法就是给他们讲述神话，让孩子从神话中感悟对与错、善与美，明白扬善惩恶的道理。

在小维妮弗蕾德还不会说话时，我就给她讲希腊、罗马、北欧各国的神话和传说。等她会说话以后，我们两人就通过戏剧表演的形式演绎这些神话。小维妮弗蕾德从这些故事里学会了善良、温柔、礼貌、真诚、无私和勇敢等品质。

我给小维妮弗蕾德讲古罗马神话和《圣经》中的故事。熟悉这些故事后，她就用神话、《圣经》和历史中的人物给她的洋娃娃命名，她会和叫宙斯、赫尔墨斯、摩西等的卡通娃娃自由交谈。她对神话中那些正义之神由衷地敬佩和喜爱，她很喜爱希腊神话中的普罗米修斯。我告诉小维妮弗蕾德关于普罗米修斯的故事：普罗米修斯是人类文明的指引者，凡是对人有用的、能够使人类满意和幸福的，普罗米修斯都愿意倾囊相授，传给人类。人们也用爱和忠诚来感谢他，报答他。但最高的天神领袖宙斯却嫉妒他。普罗米修斯最终为了人类牺牲了自己，他从天庭取走了人类文明的必需物——火种。尽管火神告诉他，只要他向宙斯承认错误，归还火种，宙斯就会饶恕他。但普罗米修斯意志坚定，他说："为了造福人类，我可以忍受各种痛苦，但决不会承认错误，更不会归还火种。"宙斯大怒，派人把普罗米修斯带到高加索山，用一条永远也挣不断的铁链牢牢地将他绑在陡峭的悬崖上。普罗米修斯被吊在那里，而且永远无法入睡，他只能直挺挺地站着，甚至不能弯曲一下疲惫的膝盖。宙斯为了惩罚他，每天还会派一只恶鹰去啄食普罗米修斯的肝脏。小维妮弗蕾德觉得普罗米修斯是一个真正伟大的人，他愿意承受痛苦，为成全他人而牺牲自己。她从故事中感受到了勇敢、忠诚、刚毅、报答等优秀的品格，这对她人格的完善是很有帮助的。小维妮弗蕾德给她的一个有着古铜色皮肤、穿着披风的娃娃取名为普罗米修斯。在她以后演绎或者构思故事时，这个娃娃经常承担帮助别人、不怕任何困难、敢于承担苦难的角色。神话故事，对于维妮弗蕾德的道德指引，有很好的帮助。当她做事时，她能感知对与错、美与恶。

童话中的神仙鬼怪不是世界的主宰，而是人的化身，是某种理想、希望、意志的化身。童话故事中蕴含的真善美对孩子的品行形成有很正面的指引，也一定会给孩子带来深远影响。丑小鸭历经千辛万苦、重重磨难之后变成了高贵的天鹅，那是因为它心中拥有梦想，愿意承受考验。一个小小的士兵娶到了最美丽的公主，并成为了英明的国王，因为他勇敢，为得到自己想要的东西而坚持不懈，他富有同情心、乐于助人，所以能得到别人的支持和拥戴。

孩子在读童话故事时一定有自己的一番感受，美的还是丑的，好的还是坏的，童话都能激起他本能的情绪和感觉来做正确的判断。童话会让孩子相信奇迹，对未来充满希望。亚历山大大帝说："把财富分给别人；把希望留给自己，她将带给我无穷无尽的财富。"

» 道德教育越早越好

巴布尔博士说："孩子的品德教育必须从摇篮中开始，因为现在社会所缺乏的不是聪明人而是高尚的人。"通过科学的早期教育可以产生伟大的人物，孩子优秀的品德也必须从摇篮时期就开始培养。

　　我以自己的经验得出这样的结论：在孩子品德的培养中，母亲的作用至关重要。我之所以这样说，是因为母亲是陪伴孩子的第一人，也是时间最长的人，她的一言一行都会成为孩子模仿的对象。年轻的父母们，千万不要忘记孩子的命运就掌握在你们手中。母亲应该严格要求自己，做好孩子的表率，努力培养孩子好的品德，为他开拓美好前程积极创造条件。

　　有些父母会说："我给孩子创造了那么多好的条件，从小就开始教育他，可是他一点儿也不合作。"我认为这一定是父母的培养方法存在问题，因为，孩子会受父母的影响是一个亘古不变的规律。在维妮弗蕾德很小的时候，我也常常面对这样的问题，但从来不把责任推到女儿身上，而是想尽一切办法用自己的行为去影响她、帮助她，为她做好每一种示范。

　　现在很多父母只看重开发孩子的智力，对孩子的自主精神、独立精神和创造性都缺少有效培育。我的理想是把女儿培养成有优良品德、健康身体和出众才能的人，这三方面缺一不可，否则她将不会是一个优秀的人才。为了让小维妮弗蕾德将来成就真正有价值的人生，我对她的教育从她很小的时候就开始了，而且从一开始就是从身体、智力、品行这三方面同时着手。

2. 自制力：幸福的人能支配自己

» 自制力是未来幸福的保证

自制力是孩子身上应该具备的美德。有一句话这样说："幸福的人并不是能随意支配金钱的人，而是能随意支配自己的人。"

14世纪，有个名叫罗纳德三世的贵族，是祖传封地的正统公爵，但他的弟弟推翻了他，并把他关进牢房，弟弟命人把牢房的门改得比以前窄了一些。罗纳德三世身高体胖，出不了牢门。弟弟许诺，只要罗纳德能减肥并自己走出牢门，就能获得自由，而且自己也将归还爵位。可惜罗纳德自制力很差，他无法抵挡弟弟每天派人送来的美食的诱惑，结果不但没有减肥，反而更胖了。一个没有自制力的人，就像被关在铁栅栏中的囚犯。

意志和思想一样，不是与生俱来的，而是逐步培养和锻炼出来的。维妮弗蕾德控制自己吃糖的频率，坚持自己读书的习惯，面对不礼貌时从不过度情绪化，很多年都坚持词源学的学习。她强大的毅力和自控力并非天生，而是得益于我们从小对她进行的意志力培养。一般来说，父母会在孩子成功之后给予赞美和鼓励，对孩子活动过程中的自制和努力视而不见。我很看重女儿在完成任务过程中的努力，不管结果如何，我首先会对她克服困难达到目标的精神给予鼓励。有时，她用心做一件事而不能成功，也曾想放弃，我会鼓励她"再试试看""能不能换一种办法"。

自制力是一种善于控制自己情绪、支配自己行动的能力，是意志的重要品质。父母在生活中，要鼓励孩子有始有终地做好每一件事，孩子的自制力便能得到培养和发展。

目标的实现，很大程度上取决于一个人自制力的强弱或者说高低。美好的人生建立在自我控制的基础上，让孩子拥有自制力是孩子未来幸福的一种保障。而冲动的、情绪不稳定的、行动缺少自制力的父母，必须先教育自己增强自制力，才能帮助孩子建立自制力。切记自然教育的原则：父母是孩子最好的示范。

» 溺爱会毁掉孩子的自制力

生活中总是能看到一些脾气暴躁的孩子，他们随意发泄自己的不满、任性，不顾及他人。很显然，这是由于他们的父母非常懒惰，没有为这些"细嫩的树枝"准备一个正确的成长方向，自然变成"被宠坏的孩子"。

尽管父母宠爱孩子有时是情不自禁的，但结果往往会毁掉孩子的自制力。我见过很多母亲粗手笨脚地照看他们的孩子，假如小孩子不小心摔伤了膝盖，母亲就会立刻扑过去，反复询问孩子痛不痛。孩子在这样过度宠爱的氛围中，就会变得纵容自己。聪明的母亲不会这样，她会在第一时间鼓励孩子面对痛苦，像中世纪的骑士一样勇敢，并时刻保持风度。

要明白，总是一味宣泄不满的孩子永远长不大，即使他们在年龄上成为一位男士或者女士，也无法自如地控制自己，因此就会一生都在寻找依靠。他们是成年的"儿童"，总是管不住自己的行动，一切得依靠周围人提醒他应该这样、不应该那样，他们的生活永远是一团糟。

» 自制力训练法

孩子的自制力一般都很差，甚至他们都不懂什么是自我控制。对孩子的自制力越早训练效果越好。玛丽·赖斯夫人说，只要在孩子幼年时期就注意对其进行各方面的有力引导和培养，那么孩子就会像刚刚长出的嫩芽一样，按照既定的引导方向发展。

也许，通过"绅士和淑女的聚会"，能让孩子们学会忍受疼痛和拥有不退缩的精神，锻炼出有益的控制能力。在这个聚会活动当中，孩子们都必须遵守"绅士和淑女条例"，无论在什么情况下，都不可以对别人使用刻薄的语言，每个人都要努力表现得得体而且体贴，要学会克制，不能随便乱发脾气、指使他人，或者放纵自己吃零食。作为绅士或者淑女，不仅要随时保持微笑，而且还应表现得彬彬有礼。为了获得完美的"绅士身份"或者"淑女身份"，参加这个聚会的所有孩子都自觉地努力让自己变得完美，他们要在这个活动中从控制自己的小脾气或者馋嘴巴开始，直到能控制自己的言行和思想为止。如果谁在聚会中没有管好自己，就会受到相应的惩罚——剥夺"绅士"或"淑女"的身份，而成为仆人。

有一个非常有效的训练孩子自制力的方法，叫作"延迟幸福"：将两个盘子摆在孩子面前，并将两个盘子里放些糖果，其中一个盘里糖果多些，另一个盘子里少些。如果孩子能够多忍耐一刻钟不去动盘子里的糖果，那么就可以得到多的那一盘，反之只能得到少的那一盘。这个训练在刚开始，孩子几乎都会在几分钟之内忍不住去拿盘子里的糖果，于是他们只能得到糖果少的那盘。久而久之，孩子明白，只有忍耐才会得到更多，于是开始懂得自我控制。

》成人人为地推迟了孩子学本领的时间

在一个孩子的成长过程中，接受鼓励而产生自信心是非常重要的成长内容，父母应该时刻关注。**孩子只有信心十足，才能走向真正的独立，在我们的孩子进行独立解决问题的尝试后，不论结果如何，我们都应给予鼓励。**就算孩子在这一过程中犯了错，我们在纠正的同时也不要忘记对其独立解决问题的精神给予肯定。培养他们独立解决问题的兴趣和坚强的自信，使孩子乐于独立去做事，是父母教育孩子的重要一课。

每一个孩子都需要不断的鼓励，就像植物需要阳光雨露一样，鼓励对于孩子信心的产生，有非常重要的作用。

孩子小时候，常常感到束手无策。但是，他们仍然有勇气进行各种尝试，遇到困难和矛盾时，他们想自己去试一试"解决"问题。虽然这种"解决"问题的目标并不明确，方法也不一定对，但是孩子已经具有独立解决一些力所能及的问题的意愿。对于孩子来说，他们努力地探索这个世界、认知这个世界，以使自己融入这个世界中。然而在这个时候，我们大人往往无意中给他们设置了许多爱的障碍，而不是在对他们非凡的勇气与努力进行鼓励的基础上为孩子构建自信心。

当父母说"不要动它，你会打碎它的""你怎么把房间搞得这么乱""你怎么把衣服穿反了"这类话时，都是在告诉孩子，他们是多么无能，多么缺乏经验。这么做就会使孩子慢慢失去信心，简简单单的一句话却在孩子的心灵投下了阴影，推迟了他的自主能力的发展。

孩子是可以做得很好的，而父母却人为地推迟了他们学会本领的时间。最为关键的是，父母这种做法会使孩子失去自信，怀疑自己的能力，削弱他们的进取心。

我们应该让孩子敢于犯错误，敢于失败，同时又想办法不损伤他们的自尊心和自信心。孩子和成人一样有权利去犯错误。对于父母来说，我们自己首先就不能泄气或失去信心，而要用鼓励的方法去培养起孩子的自信心。

维妮弗蕾德还不会系鞋带的时候，每当她的鞋带散开了，她怎么系也系不好，就只好坐着等我过去帮忙。后来，她觉得自己系不好，干脆不想自己动手了，只要遇上类似情况，她就大喊妈妈。不管我有耐心为她系好鞋带还是失去耐心地训斥她笨，维妮弗蕾德都会丧失信心，她会觉得自己真的好笨，而妈妈真的是可以依赖的有魔力的妈妈。以上两种方法我都没采用，而是一次又一次鼓励她自己去学着系鞋带。只要她做得稍微好一点，我就大声地赞扬道："这一次系得很好，我们再来一次吧，肯定会比上次更好的。"我就用这种鼓励的方法最终教会了女儿系鞋带。

在孩子的成长过程中，有无数个第一次，这些第一次是孩子成长关键中的关键，比如第一次系鞋带，第一次洗碗，第一次浇花……家长如何看待和对待这第一次，对于孩子能力的养成与自信的发展至关重要，一个不慎，就会挫伤孩子对自己能力的信心，延缓甚至扼杀孩子能力的发展。

放手让孩子做自己应该做的事，母亲一定要有耐心、有恒心，要善于等待，让孩子在慢慢摸索中由不会到会、由不熟练到熟练。通过自己的努力而做成的事是对孩子自己最好的奖赏，这是孩子迈向自信的关键。

» 教孩子平静对待失望

在对女儿的早期教育中，我把培养她敢于接受生活中的失望及失败的勇气放在很重要的位置。我尽力让她做到不依赖别人，这一点对她将来能否成为一个幸福的人极为重要。

我们在很多情况下都容易低估孩子的承受力。看着那个幼小的生命，我们总会觉得自己的孩子太柔弱了，根本无法对付现实生活中的种种问题。我们的态度渐渐也会让孩子形成对自己的错误认识，他们会认为自己真的没有能力对付一切，而开始过多地依赖我们，一遇到困难便容易手足无措。正是我们对孩子的不信任和过多干预，破坏了孩子的锻炼机会。我们替孩子做事，帮孩子做事，孩子没有机会去试着自己解决问题，久而久之，很可能变成缺乏耐心、要什么立刻就要有、遇上挫折不知如何是好的性格。这种情况下成长起来的孩子，必然缺乏独立处理事情、承担事情的能力和信心。

如果做父母的能够平静地对待孩子失望的现实，对孩子施展好的影响，会使他们更容易地接受失望。这样，孩子在日后的成长中才会真正体会到生活的快乐而不会只看到失望和不幸的一面；孩子才更有信心迎接生活中的一切挑战。只有敢于接受生活中的失败的人才可以做到信心满满地迎接生活。

在维妮弗蕾德的成长过程中，我深深地感到：孩子最需要的是父母的理解和鼓励，是充满爱的关心与引导，是父母和他们在一起度过的欢乐时光。在健康环境下成长的孩子才拥有自信心。

让孩子主动承担工作也是很好的培养孩子自信心的方法，孩子能够在完成工作的过程中获得自信和自我肯定。维妮弗蕾德非常喜欢帮我承担家务事和事务性工作，每次帮我做完家务或者帮我誊抄完稿子，她的情绪就很好，她感受到了为家庭做贡献所带来的自豪与自信。到五六岁时，维妮弗蕾德不仅有能力照顾自己，还会在聚会时主动去照顾更小的孩子。

在孩子自己处理事情的过程中，难免会遇到大大小小的失败，但我总是很信任女儿，由她自己调试自己的行为和心理状态，只是给以她必要的鼓励。当孩子之间发生争吵纠纷时，我让他们自行调节缓和矛盾。在做家务的过程中，在自己处理各种关系的过程中，维妮弗蕾德越来越自信、越来越敢于承担、敢于表现自己。

» "你能行的，妈妈相信你"

当维妮弗蕾德写出第一首诗歌的时候，我就鼓励她投到报刊争取发表。"先不了，妈妈，也许我应该再修改一下韵脚，再等等吧。"维妮弗蕾德显然并不十分自信，三天之后，我故意问起投稿的事情，她拿了修改过的手稿给我看。很明显她修改得非常认真，有的地方措辞改过好几次。当然，这依然是一篇稚嫩的作品，但我认为已经写得很好了。我很认真地告诉维妮弗蕾德："你能行的，妈妈相信你，你也要相信自己，这是一首很漂亮的诗歌。"我非常热情地提议可以用打字机打出来寄给编辑，维妮弗蕾德最终投出了她的这篇作品，也很幸运地发表了。有时候，行与不行只有一线之隔。当母亲对孩子说"你能行"，孩子就会充满信心，迎难而上；母亲对孩子说"你还差得远"，孩子就会变得不知所措。

孩子们在一起玩橡皮泥时，维妮弗蕾德和几个孩子总是能很快地创造出作品，并愿意给大家展示，即便做得不好，也能很快地调整状态，再次创作。而有一两个孩子总是试图躲在角落里，一直不愿意拿出自己的泥偶展示，非常害怕听见这样的话"你做得不好，重做吧"。作为一位母亲，你应该明白，自信心对孩子的影响会有多大，不惧怕失败是一件多么重要的事情。

一个不能面对失败、害怕挫折、不敢重来的人绝不是幸福的人，我从维妮弗蕾德很小的时候就开始教育她成为坚强的人，学会一切事情都要自己解决，面对失败，就要有韧性、有毅力重头来过。

有自信的孩子不需要别人来评价自己的好坏。我们应当鼓励孩子将幸福掌握在自己手中，相信成功是自己努力得来的。给孩子机会让他们自行选择、决定，使他们看到正确的结果，这是最好的培养自信心的办法。

» 信心将人的一切潜能调动起来

《圣经》中有一句话："坚定不移的信心足以移山。"这则圣言在所有精神导师那里，无一例外地被视为最实用的成功智慧。信心就像人的能力催化剂，将人的一切潜能都调动起来，将各部分的功能推到最佳状态，并在不断重复不断强化的基础上，巩固并使之成为孩子的一部分。自信成为孩子心灵深处不竭的能量。

在许多伟人身上，我们都可以看到这种超凡的自信心，而正是在这种自信心的驱动下，他们敢于对自己提出高要求，并在失败中看到成功的希望，从而鼓励自己不断努力，最终获得成功。在人才辈出的国家里，在那些伟人、名人身上我们同样可以找到自信的催化作用；在我们周围的优秀人才身上，也能感受到自信的力量。

在我看来，对孩子自信心的培养必须从孩子最小的时候就开始进行。这就需要父母随时注意自己对待孩子的态度，不要以爱的名义过度地保护孩子，不要什么事都替他做。因为，孩子们需要一定空间去成长，去试验自己的能力，去学会如何对付危险的局势。

跟多数父母一样，我开始也在这方面犯过错误。如果维妮弗蕾德是个男孩子情况可能会好些，但正因为她是个女孩子，我总是怕她受伤害，担心她的安全，所以试图尽一个母亲的全力去保护她，替她做一些其实她力所能及的事。一次旅行途中，我看到一个女孩子的表现后改变了我的想法，那是个腿部有些残疾的女孩，她步履蹒跚，手负重物，我和维妮弗蕾德都很想去帮她一下，但我们觉察到，女孩子身边显然还有父母和朋友，他们都没有帮女孩的打算，这令我们感到诧异。后来在那个女孩登上船头的那一刻，我看到了世界上最美丽的微笑，那是自己克服苦难达到目标的自信的微笑，那一刻，我更明白了，父母对孩子的信任给孩子带来了信心，否则这个女孩很可能因为残疾而更多地依赖他人，丧失生活的动力。

我们要告诉孩子，没有谁比谁更强大，所有的人都有不足和缺点，再优秀的人也有自己的问题，只是要排除惧怕的情绪，相信自己的能力。每个孩子身上都蕴藏着巨大的力量，我们要从孩子体内激发出这个力量来。

父母不应当以命令或者鞭笞的方式来教育孩子。因为只懂得服从的孩子，在内心不会有足够的自信，永远也不知道自己做得对不对，不会坚持自己的立场。这种孩子看起来很听话，看似是父母的好孩子，实际上，他们的内心懦弱不堪。

所有的孩子都需要建立自己的主观意识。当维妮弗蕾德想要做什么的时候，我一般会支持她去做。如那是一个坏想法，我会用故事影响她，帮她改变想法，而不是用简单粗暴的命令去干涉她。尽管维妮弗蕾德是我的女儿，但她首先应该属于她自己，孩子只有能主宰自己，她才能主宰自己将来的生活。

古罗马的西塞罗说："自信是一种感觉，有了这种感觉人们才能怀着坚定的信念和希望，开始伟大而光荣的事业。"

4.坚韧性：坚韧不拔、勇于争取的心不是与生俱来的

» 感受突破苦难的喜悦

我们一直以来有意识地培养孩子坚韧不拔、面对挫折勇于寻找方法、突破困难的精神。维妮弗蕾德有自己解决问题的好习惯，在她遇到困难时，她会说："这个难题让我自己来解决，我想我一定能做好的。"维妮弗蕾德通常走进自己的房间去寻找正确的方法，如果尝试后再次失败，维妮弗蕾德依然会坚持新一轮的尝试，如此往复，直至找到成功的方法。维妮弗蕾德非常享受那种经过多次尝试后获得成功的喜悦。孩子不断努力，不断失败，然后再努力，最终获得的成功能让他充分感受到克服困难的喜悦和自我价值。

在维妮弗蕾德多次尝试终于解决问题后，我们也非常乐意倾听她讲述解决问题的整个过程：她是怎么遇到困难的，是怎么想的，第一次、第二次乃至第三次为什么失败了，后来又是怎么发现问题的关键点，如何开启了成功之门。我和丈夫非常愿意和她一起分享战胜困难的喜悦，这种分享更坚定了维妮弗蕾德克服困难的信心。

经过一次次磨炼，维妮弗蕾德的毅力和独立解决问题的能力得到了很大的发展。女儿总是尝试自己解决问题，从来不像其他孩子那样习惯于求助父母。女儿的这种品质，将会为她以后的人生道路打下坚实的基础，并为她将来取得非凡的成就创造优越的条件。

对于孩子能独立解决的事情，我们应该大胆放手，让孩子充分展现自己，即便失败，我们也要对孩子充满信心，那都是孩子锻炼意志力的时机。当我们发现孩子胆怯、过分依赖、没有克服困难的勇气、

没有坚韧的毅力时，可以有意识地创造机会，锻炼孩子，而我们需要做的就是不断地给他鼓励。

» 培养孩子勇于争取的品德

维妮弗蕾德的成长条件比较好，我当然不能给她创造贫穷的环境，让她经受磨炼，但我有责任让她知道好的成长环境是多么来之不易，也让孩子知道节俭的重要意义。女儿知道我爱她，愿意将世界上最好的机会提供给她，这种认识使她有安全感，这对她在情感上的健康成长是非常必要的。但同时，我要让她认识到我对她的爱是应当受到尊重的，当我在爱的鼓励下殚精竭虑为她创造尽可能好的发展空间时，她应该积极探索，勇于争取。

在维妮弗蕾德成长的过程中，我时刻提醒她明白要想得到机会就必须尽全力去争取。我们都知道，一个人的成功往往在于他善于利用各种机会。给孩子提供机会固然重要，让他懂得机会之珍贵更加重要，而让孩子学会主动争取机会更是我们的责任。

作为陪伴女儿时间最长的人，我总是在日常生活的细节中有意识地培养她的这种勇于争取的品德。因为我知道如果只给她机会，而不让她明白机会的可贵，那么她就很有可能随意地放弃机会。在孩子学习法语时，有一位非常好的教授，有着很有效的教授语言的方法，而且与自然教育的教授原则非常一致，那就是通过游戏让孩子学习。教授总是很忙，并没有时间安排给我们，维妮弗蕾德主动给教授写了一封信，表达了自己的意愿，在教授尚未回信时，又主动再次致信，希望教授接受她这个小弟子。那位教授非常喜欢维妮弗蕾德，对她这种主动争取机会、勇于表露自己心声的想法颇为赞赏。维妮弗蕾德终于如愿以偿跟随教授学法语，并成为了他很好的小帮手。

维妮弗蕾德善于争取但也懂得拥有谦逊品质的重要性，在很多表现自己的场合，维妮弗蕾德都很随和、低调，总是将机会让给其他的孩子，对于小维妮弗蕾德来说，争取应该得到的机会和过于表现自我是两种不同意义的事情。

» 坚韧的心不是与生俱来的，它需要培养

我需要再次强调培养孩子品行十戒中的"一定不要教孩子说出懦夫常用的话语——我不行"，把这句话常挂在嘴边的孩子永远没有获得成功的可能。我们要给孩子传输勇敢和进取的观念，要给他们讲伟大人物在面对生活困境时是如何咬紧牙关忍耐和坚持奋斗的。

现在回想起来，我那可爱的小女儿从小就是个非常好强的孩子，即使只有四五岁，她也是无论做什么都要求自己尽力达到最好的效果。在我的记忆中，这是她和别的孩子最显著的不同之处。一般来说，孩子们都很贪玩，只要能够完成自己的事就已经很不错了，很少有孩子主动要求把某件事做到超出自己的能力范围。维妮弗蕾德却不是这样，她不但按大人的要求去做一件事，还时常自己想办法把这件事做得更好。在维妮弗蕾德于沙堆上建造荷兰村庄时我就感受到了她坚韧而执著的心，她那种不达目的不罢休、不做到最好不罢休的态度令我吃惊。她那虚拟的荷兰村庄工程很是浩大，小桥、河流、小山、风车、花园、奶牛、郁金香应有尽有，还有很多姿态各异的荷兰人，仅仅为了体现荷兰人的服装特色，我们又买又做，弄了18条不同的裙子，维妮弗蕾德一点也不将就，所有的细节都尽力做到尽善尽美，执著地搭建了一个庞大的荷兰村庄。我能做的就是不断鼓励与配合她。

坚韧的心不是与生俱来的，它需要培养。

孩子坚韧、勇敢的品质早在婴儿阶段就已开始逐步萌发。之后的过程里，父母是孩子模仿的榜样，所以父母要以自己的勇敢行为去影响孩子。如果父母是坚韧勇敢的人，他们在日常生活中的言行举止便会在无形中使孩子形成坚韧勇敢的品质。训练孩子的耐心与毅力，父母自己就要有耐心，这一点极其重要。在教育维妮弗蕾德的过程中，我一直有着很强的耐心，从每一个字母几十遍学习、每一个单词十几遍重复、到每一个游戏几十遍玩耍、再到给孩子数十遍朗读，我都会坚持下来。刚会走的孩子是不可能会跑的，初学钢琴的人不可能即刻演奏出动人的乐曲，一切都需要坚韧的心才可以收获成果。

维妮弗蕾德是个非常健康的孩子，有着比同龄孩子更好的体魄，

并且非常喜欢户外活动，比如跳跃、蒙眼前进等。我鼓励孩子参加各种体育活动，体育运动可以使孩子变得更加勇敢。维妮弗蕾德喜欢阅读故事，她也从神话故事里的人物身上学习到了勇敢的精神。当书中或电影中出现勇敢人物时，我就表现出赞叹和敬佩，让她感到勇敢的品质是多么受人推崇。维妮弗蕾德经常会参加一些活动，在百人面前演讲或者表演从来都不会让她产生害怕的心理，她的勇敢表现总能获得我的及时鼓励。

» 在安全范围内鼓励孩子尝试

如果父母自身就对困难或对带有一些危险的活动感到害怕，那么培养出来的孩子就不可能有勇敢的精神。父母应该在安全知识方面给孩子画出底线，在这范围内鼓励孩子勇于尝试，孩子只要遵守一些重要规则，不逾越安全底线，一般就是安全的。

父母为求保险而对孩子加倍保护，会造成孩子缺乏勇气。不要做那种溺爱孩子的父母，在孩子稍有伤痛的时候就过分地安慰他，不让孩子再去努力尝试，这样会使孩子更加茫然，不知道该前进还是后退。正确的做法是迅速转移孩子的注意力，并鼓励他继续努力。

有一些父母，为了制约孩子，给他们灌输一些诸如神的惩罚、地狱之火的恐怖故事，用恐怖的故事来吓唬孩子，只会让孩子变成一个胆小怕事、逃避责任的人，这与教育的目的背道而驰。我们教育孩子是为了让孩子坚强、健康和快乐，而对他们讲恐怖故事永远达不到这样的效果，被恶魔和幽灵故事吓唬大的孩子也并不会因此而变得更听话。

5.责任心：无论孩子的年龄多小，都要为自己所做的事情负责

» 担任"助手"，锻炼孩子责任感

很多父母在孩子的早期教育中，只注重培养孩子的智力，培养孩子学会某种技能，但忽略了诸如责任心这些重要品质的培养。

为了使维妮弗蕾德从小就形成责任感，无论是在家里还是与别的孩子在一起时，我都会有意识地让她充当一些有意义的角色，使她感到自己的行为对其他伙伴所产生的作用，同时这也使她增强了信心。

有一年复活节，有很多朋友来家中做客，每个人都进进出出、忙忙碌碌，为这次盛宴准备。维妮弗蕾德也在厨房和客厅里进进出出，想要帮忙，但是这些"大人"们都有固定的思维习惯，他们认为孩子不应该做什么，孩子们是来添乱的，维妮弗蕾德只好闷闷不乐地坐在楼梯上发呆。于是，我叫维妮弗蕾德到厨房里帮忙，维妮弗蕾德主要负责烤蛋糕，她的具体任务是将厨师调制好的蛋糕推进烤炉，时间一到，就及时通知厨师取出蛋糕，再进行新一轮的蛋糕烤制工作。尽管工作任务简单，但维妮弗蕾德非常负责，做得异常开心。后来我又给她分配了摆鲜花、摆餐具的工作，她确实做得不错。让孩子承担责任是培养孩子责任心的好方法。

很多事情上，我都愿意让女儿担任我的"助手"，帮助我做一些她力所能及的事，从而锻炼她的责任感。我会给她分派一些与其年龄相当的劳动任务，例如打扫卫生、为花草浇水等，维妮弗蕾德会非常有责任心地完成这些工作。在自然教育学校，维妮弗蕾德也承担着一

些工作，她主动编写歌谣给其他孩子，帮助其他孩子寻找问题的答案，教其他的孩子法语或者其他语言。这些任务，都使她充满了责任感。在担当助手任务的过程中，维妮弗蕾德逐渐成为一个独立的有责任心的孩子。

家是孩子发育成长的最重要场所，培养孩子的责任感可以从家入手，让孩子当家庭小助手，给孩子权利，让孩子做主，让孩子充分体会对家的责任感。我生病的时候，维妮弗蕾德非常乐意承担更多的责任，并且对自己每天做的工作充满了信心。家里的很多事情，无论是否与维妮弗蕾德有直接关系，我们都希望她可以发表一下意见，让她帮着出谋划策，对她提出的好建议、好想法，我们也会积极采纳并加以表扬和鼓励。

» 孩子，让咱们一起做

在将懵懂无知的孩子抚育成人的过程中，父母的言行举止决定了孩子的习惯及成长。为了培养维妮弗蕾德养成好的品德，我必须成为孩子的榜样。我知道自己的一言一行，都可能影响到日后孩子的所作所为，因此我做事谨慎，和孩子一同努力。

我会要求自己在哪一天完成多少量的文字工作，而一旦我宣布了我就要为我所宣布的最后期限负责任，不管有什么理由和借口，我都不能破坏我自己的承诺，而维妮弗蕾德也会对自己的承诺负同样的责任。

我始终坚持两个原则，一是无论在什么情况下，都不强求孩子做什么，而是让孩子自己表述意愿，自己做出承诺；二是在生活中，我竭尽全力做好每一件事，主动承担我需要承担的责任。父母若不以身作则，而是一味地要求孩子去做这做那，孩子是不可能做好的。虽然我连一句强迫的话都没有说过，但正是在我潜移默化、身体力行的影响中，维妮弗蕾德已经不知不觉地形成了独立自主的意识和责任心。

» 要求孩子对自己的言行负责

要想培养孩子的责任感，就应当要求孩子勇于对自己的言行负责，不论有什么样的过失，只要他具备承担责任的能力，就要让他去勇敢地面对，不能让他逃避和推卸。我让维妮弗蕾德知道，无论她的年龄多小，都要为自己所做的事情负责。

一次，维妮弗蕾德把她最喜爱的布娃娃丢在草坪上，跑去一边玩。一条狗叼走了布娃娃，将布娃娃撕坏了。小维妮弗蕾德拿着破烂的布娃娃哭着找到了我，希望得到我的同情。我揽她入怀，等她平静以后告诉她，布娃娃是她自己丢在草地上的，把自己喜欢的布娃娃留在那样的环境中是不负责任的表现。我做了一个比喻，画了一幅画，画中有一个可爱的小女孩被妈妈不小心留在一个有老虎和狮子的地方。我想用这种方式让她明白：一切后果是她自己造成的，是因为她责任心的松懈，造成了布娃娃的悲惨命运。

英国父母基本是爱孩子的典范，他们对孩子的爱体现在生活的方方面面，但又绝对不会溺爱孩子。一个英国母亲给自己 5 岁的女儿买回一只会学猫狗叫的漂亮的玩具小闹钟，女孩有很强的探索欲，为了搞明白闹钟"肚子"里的秘密，将闹钟拆了个七零八散，无法再组装回原来的样子，女儿急得大哭。这时妈妈平静地对女儿说："你把闹钟弄坏了，可以自己把它修好。如果需要帮助，你可以找妈妈。"小女孩真的动手开始修理小闹钟。虽然最终她没有把小闹钟修理好，但是整个修闹钟的过程给了她不少特别的体验与锻炼，同时也让她明白了她必须对她的行为负责任。

在家中，我始终与女儿进行平等的交流，因为这也是一种培养她责任心的方式，不但要倾听她的心声、感受，也同她谈些自己的喜怒哀乐。我们要培养孩子认真负责的精神，我允许维妮弗蕾德犯错误，但不允许孩子推卸责任，更不会帮助孩子寻找理由逃避责任。对于错误，只要维妮弗蕾德勇于承认，我会原谅她，并对她的负责精神表示赞赏。孩子每一次犯错误，每一次愿意承担责任，都会使孩子自我完善一步，个性成熟一点。

在培养维妮弗蕾德的过程中，我从来没有打过她，我坚持着培养孩子品格的十戒原则，绝不使用棍棒法。我只是试着让孩子知道，做错一件事情就必须承担相应的后果，就像我们成年人在违背了自然法则和国家法律时要承担相应的后果一样。

6.诚实：无意的谎言与故意的谎言，只差一小步

» 不说谎纪念日

奥利弗·温德尔·霍姆斯说过："罪恶拥有许多工具，但谎言是所有罪恶的凶手。"教育孩子养成正直、诚实的品德，是母亲必须进行的一项艰巨工作。

维妮弗蕾德2岁那年，5月的一天，她的父亲郑重地将她叫过去，告诉她："今天是一个伟大的节日，叫作诚实节。"然后他为维妮弗蕾德仔细地讲述了这个节日的由来。这个节日是为了纪念一个勇敢、正直、诚实、拒绝说谎话的叫作埃默纽的孩子。为了让人们记住这个孩子的诚实，传播诚实的精神，市政府为这个孩子建造了一块纪念碑和一座塑像。纪念碑上镌刻着："怀念为真理而献身的人，愿他在天堂永生。"埃默纽死去的那天就成为了"诚实节"，也叫"不说谎纪念日"。

这个故事在维妮弗蕾德的脑海里留下了深刻的印象。培养孩子信守承诺是一种美德，是人与人交往的一条基本要求。一个不能信守承诺的人是不能取信于人的，因此也是不受欢迎的，所以父母一定要教育孩子养成守信践诺的好习惯。

» 辨别孩子的可爱谎言

不过，所有的孩子都有说谎的习惯，这大概源于他们过分夸张的表达方式。维妮弗蕾德的嘴巴里就经常蹦出一些"比脸盆还要大的西瓜"之类的话，不过很明显，这种"谎言"毫无危害，相反会令我们的生

活更加趣味横生，因此我称之为"可爱的谎言"。只要孩子没有滥用"可爱的谎言"，父母就不必约束，这是孩子一种想象力的衍生。

孩子有着丰富的想象力，有时会把幻想、愿望与现实混合在一起，所以他们常常说一些让人摸不着边的话。我们应该尊重孩子的世界。当你带孩子从公园回家的时候，他如果告诉你他在公园看见了独角兽，不要责怪孩子，他并不是在欺骗你，他也许还不能分清什么是真实的，什么是虚假的，他也同样不能把他的梦和真实的生活区分开。孩子常常无意识、不自觉地说这些"可爱的谎言"，这与品德行为无关，不要因此否认孩子的世界，我们要尊重孩子的表达方式。

孩子有幻想，我们不能压制孩子的幻想；孩子有童话，所有童话里的人物也会从孩子的脑海中走出来。父母可以让孩子相信圣诞老人，相信仙女，相信小女巫，但是必须让孩子知道人是不能飞起来的，即便插上翅膀也不能。

一次，有人为维妮弗蕾德编织了一条红色的围巾，维妮弗蕾德非常喜欢。可惜那条围巾戴上后刺痛了维妮弗蕾德的皮肤，戴过一次后，维妮弗蕾德就把这条围巾永远地收进了她的礼物盒。再次与送围巾的人相见时，维妮弗蕾德竟然毫不犹豫地告诉人家说那条围巾很不好，这使得送围巾的人有些尴尬。这件事情提醒了我，让我肯定"善意的谎言"是无罪的，我们所说的那个"美好的世界"，其中有一部分确实也需要谎言的加入，当然，那仅限于"善意的谎言"。真的是童言无忌，有时坦率、讲实话也给维妮弗蕾德带来相当大的麻烦，有时候孩子也需要懂得讲些善意的谎言。但当孩子还无法区分"邪恶的谎言"和"善意的谎言"（当他完全能够清楚区分的时候，或许就意味着长大了）时，我们要坦率地告诉孩子，如果她的回答可能会伤害到别人时，就试着换一种表达方式。

» 强迫孩子坦白是最糟糕的方法

孩子撒了谎，父母要妥善化解，一定要充分了解小孩子的想法，消除他说谎的动机，鼓励他诚实地生活。

强迫孩子坦白是最糟糕的方法，我们不要诱骗孩子说出真相，你可以告诉他为什么你要知道真相，让他知道你不想听到借口。应该使他从中学到诚实待人的道理，但绝不要强迫孩子老实交代，绝不要斥责孩子为什么撒谎。

父母若想培养一个实事求是的孩子，最重要的是要在彼此之间建立一种以相互信任为基础的关系。即使发现孩子说谎，父母也不应为此而结束对孩子的信任，应该告诉孩子，一句谎言是可以被宽恕的，但如果继续这样发展下去，他就会失去父母的信任。我对维妮弗蕾德表现出足够的信任感，维妮弗蕾德很珍惜我的信任，也很愿意诚实地生活。

如果你明知孩子说谎，就不要对他一再追问。其实，父母是希望通过追问给孩子一次说实话的机会，结果反倒又给了孩子一次说谎的机会，孩子因为害怕，因为逃避，就需要一个新的谎言。如果父母知道真相，就不要再反问孩子。即便父母不知道真相，但是能够肯定孩子的答案不可信，那么也不要再向孩子提问题。

事实上，你对他的斥责，你对诚实和正直的长篇大论，孩子并没有听进去，惩罚也不能使他知道问题究竟在什么地方，最糟糕的是，他也不愿意让你知道他那些淘气的事了。所以，关注孩子的行为的原因，效果会更好一些。你可以告诉你的孩子："我知道你是怕我不高兴，所以不想告诉我真相，但是我亲眼看见你打了小朋友。如果你下次对他礼貌些，我想他会把他的玩具给你玩的。"

» 对孩子同样要讲诚信

无论在美国还是世界上的其他国家，诚信都受到人们的重视。一个人要想有所成就，诚信是必不可少的品质之一。

当孩子爱撒谎时，父母应考虑的第一件事就是自己是不是一个爱说谎的人，那些无恶意的谎言对成年人来说可能算不了什么，但孩子则视之为真正的谎话。父母不要欺骗孩子，如果失掉孩子的信任，那么父母将不再会得到孩子的尊重。

　　有个孩子的父亲向我夸耀，他说："我那可爱的儿子将来一定会成为一个大政治家。上午的时候，我儿子把他母亲放在碗橱里的菜吃了，把剩下的抹到了猫的嘴巴上。"我当时的第一个念头就是，他儿子的欺骗行为肯定都是从他那里学来的。这个因为孩子撒谎而沾沾自喜的父亲，我认为是不可救药的。

　　不久前，我听到一个妈妈这样对他的小儿子承诺："如果你会背《巨人数学领域的探索》，我就给你 10 美分。"这个小家伙充满了热情，他花了整个早上的时间终于背会了这首诗，然后他满怀着希望来到母亲身边准备背诗给母亲听。正在忙碌的母亲不耐烦地说："去一边玩吧，我没时间听你背什么诗。"可怜的孩子懊恼地走开了。不用说，即便他妈妈以后答应给他 20 美分，让他去学任何别的东西，他都不会学了，因为这位母亲的承诺没有任何诚意，她失去了儿子的信任。

　　有一次，我和小维妮弗蕾德说好去树林里观察蜘蛛，可是，那天突然下起小雨来。我就犹豫着还要不要带她去。正在这时，维妮弗蕾德已经准备好装备，问我可不可以出发了。我最终还是带她去了。那一天，我们打着伞，在微微的细雨中观察到了许多平时见不到的景象。回来的时候，小维妮弗蕾德兴致勃勃地对我说，回去一定要把蜘蛛如何躲雨、如何在雨一停止就迅速结网的情景写成童话。我很庆幸那天冒雨带女儿去观察蜘蛛。如果我找借口说不去，我们不仅失去了一次和自然亲密接触的机会，也会让孩子觉得约定好的事是可以随便找借口改变的。

　　如果你希望在孩子幼小的心灵中奠定诚实的基础，首先就要以身作则，为他树立一个好榜样。父母说谎，常是造成孩子说谎的原因，父母对孩子说的话不兑现，也往往被孩子视为"骗人"。总之，想要孩子成为一个诚实的人，负责任的父母在小事上就一定要和孩子讲诚信，不能随便找借口爽约。

7. 自尊心: 如果没了自尊心, 一切道德规范都无从谈起

» 自尊心是所有品德的基础

自尊心是所有品德的基础。如果没了自尊心，一切道德规范都无从谈起。

有些父母会经常对孩子说："看看隔壁的汤米，他是我见过的最聪明的孩子""你什么时候能像苏菲那样懂事，我就心满意足了""迈克总是取得好成绩，你为什么总是比不上他"……这是种有损孩子自尊的比较，孩子的心灵是非常脆弱而敏锐的，需要成人的细心呵护和理解。只有这样，他才会感受到真正的自尊，产生自信。若把儿童看成不懂事的孩子任意去批评、指责，刺伤他的自尊心，那孩子就容易自卑、退缩、紧张，甚至出现憎恨、敌对的情绪。保护孩子的自尊心就是保护孩子的潜在力量。

很多父母给我写信，把自家的孩子和维妮弗蕾德相比，我很想提醒这样的父母，孩子如果比不上维妮弗蕾德，那是他们的教育方式存在问题，更多的责任应该在他们自身。而他们这样的比较，是伤害孩子自尊的行为。**孩子的成长动力，来自他内心的体验，而不是与他人比较后的结果**。孩子越小，心灵越不设防，越容易受伤害。父母需要给予细心呵护。不要当着别人训斥、指责孩子，使他感到难堪；不要总把孩子比来比去，让他无所适从。一个聪明的母亲在语言方面一定是艺术家，因为任何人都不喜欢被命令和强迫，所以要想出一种办法，不需要讲什么大道理就让孩子乐意去做。要知道，命令和强迫都是无效的，与其命令孩子，不如好好地引导他们。

有成千上万的方法可以让孩子失去自尊心，但重建自尊却是一个缓慢而困难的过程。父母以什么样的态度和方法来教育孩子，对孩子的自尊发展有着重要的影响。

» 对孩子应一视同仁

为了孩子的自尊，我们必须信任他们。因为无论是成人还是小孩，都希望自己被人看重。严厉的管束总会让人看到相反的结果。

有的父母喜欢采用严格的教育方式。严格的教育应有一个限度，那就是无论怎样都不能伤害孩子的自尊心。当孩子的自尊受到伤害之后，他很容易成为一个懦夫、一个逃避的人。

我非常注意保护女儿的自尊心：平等对待她，平等地与她谈话。很多父母让孩子穿姐姐或哥哥穿过的衣服，我并不赞成这个做法，即使家境不佳，最好也不要这样做，因为这样会损害孩子的自尊心。

有些父母，为了使孩子容易管教，根本不能平等对待孩子。我认识一位父亲，他对孩子的教育可以说是尽心尽力，一切都为了孩子着想。他家境富裕，无论衣、食、住、行，他都尽量让孩子得到最好的条件。然而，为孩子创造如此优越成长条件的同时，他却忽略了更为重要的因素，那就是忽略了孩子自尊心的培养。他始终把孩子当成不懂事、没有自主意识的孩子，任何事情都武断地帮孩子做主，既不信任孩子，也不鼓励孩子信任自己。他平常不许孩子做这个也不许做那个，常常监视孩子的一举一动并限制孩子的行为。在父亲的压力之下，孩子渐渐失去了信心，总认为自己是个无能和永远犯错误的人。这个孩子的自尊受损严重，难以康复。

父母营造的家庭应该成为孩子的乐园，冷酷而严格的教养环境必定产生不良的孩子。乐园并不意味着放纵，家庭依然应该注重礼节，每一个家庭都应该充满欢乐和温馨的气氛。记得狄德罗说过，"父母的责任就是为了孩子把世界改造成一个美好的家园"，所以我们说，建造家庭的乐园正是父母的义务，对孩子而言，家是世界上最美好的地方。不论年龄，不论身份，都应平等相待。

» 孩子的自尊心需要格外呵护

很多父母经常在不经意之间伤害了孩子的自尊心，这真是令人痛心的事。孩子都有自尊心，如果父母能够认识到这一点，一定能够避免许多不必要的麻烦。有些父母对自己的自尊心比较敏感，当孩子对自己叛逆时，便会怒不可遏。有的孩子一件小事没有做好，父母就立刻数落孩子的愚笨；孩子平时有些胆小怕事，就把孩子说成万事不成的胆小鬼；孩子偶尔一次小小的失误，父母也会挂在嘴边絮絮叨叨。现实生活中不注意保护孩子的自尊心、自信心，不尊重孩子的隐私，甚至有意无意地伤害孩子自尊心的事真是司空见惯。从我女儿出生到现在，我从来没有以这种态度对待过她，因为我爱我的小维妮弗蕾德，我不愿意给她造成任何方面的伤害。

维妮弗蕾德跟其他孩子一起玩耍，因为自己跑不过他们而感到分外沮丧。我对她说："维妮弗蕾德，你知道，在所有这些孩子中，你年龄最小，跑得没有他们快是很自然很正常的事，况且，如果他们连比自己小的维妮弗蕾德也跑不过的话，他们不就太笨了吗？不就连一点信心都没有了吗？也给他们一点信心好不好。你若是和同龄的孩子比，我相信，你一定跑得很好。"

有一次，自然教育学校组织春游，大家都穿上了简洁轻便的春装，小维妮弗蕾德却固执地穿上了那件觉得能让自己更好看的绿色大衣。尽管我建议她换上春装，但维妮弗蕾德执拗地拒绝了我。在温暖的天气下，维妮弗蕾德热得满头大汗，而且因为穿着重重的衣服，玩得很不尽兴。维妮弗蕾德感觉很不愉快，希望我带她提前回家。我很随意地说："春天真的让人很舒服，神清气爽，维妮弗蕾德，如果你想和其他小朋友一样穿上春装的话，妈妈正好为你带了一件，你要不要现在换上呢？"维妮弗蕾德高兴地接受了我的建议。如果我在出发时强迫女儿换上春装，维妮弗蕾德的自尊、自信就会受到伤害，而且会更加的固执，即便知道我的选择是正确的，她也不会觉得玩得很愉快。我这样做，帮助女儿克服了固执，又使她享受了美好的春光，更保护了女儿的自尊和自信。很多时候，在孩子面前，父母习惯充分发挥做父母的权威性，要求孩子、命令孩子、责骂孩子，这些行为都可能伤害到孩子的自尊心。

父母是孩子人生道路上的第一任老师，是孩子在这个世界上最信赖的人，热爱孩子是父母的天职。家教成功的父母深悟"良言"的妙用。他们善于观察与揣摩孩子的心态处境，然后选择时机有针对性地用"良言"抚慰、温暖、激励孩子，处处维护好孩子的自尊心。

» 孩子的自尊需建立在客观的基础上

外貌美丑不由我们自己决定，美貌是上帝馈赠给少数人的礼物。但礼貌和自尊，每个人却都能掌控。

没有自尊固然不行，盲目自尊也不提倡。有些孩子因为父母给予了太多的夸奖，太多的保护，变得无法承受失败和挫折，一旦遭遇批评，就脆弱而敏感，不能承担；一旦遇到比自己还优秀的孩子，他们幼小的心灵就会生出嫉妒的怒火。事实上，这是由于孩子将骄傲自大的情绪错误地放到自尊的位置上，这种错位会使孩子变得越来越不切实际，变成一个尖酸刻薄的人。所以，让孩子拥有自尊，必须是建立在客观的基础上的，他们应当能正确地认识自己、认识别人。

父母要妥善处理过度赞扬与合理鼓励的界限。父母培养孩子的自尊，要建立在正确的观念上——正确的自尊是既能感到自己值得别人尊重，同时也能正视自己的不足之处。

第九篇

社会能力法则

1. 社交能力：社交能力是孩子成长过程中不可缺少的

» 孩子的社交活动从出生那天就开始

　　孩子怎样学习了解自己与别人的关系？他什么时候开始交朋友？这些都是从父母那里开始学习的。父母是孩子的最初玩伴，也是孩子的最初社交对象。孩子听你的声音、看你的脸、被你抚摸。在你的帮助下，孩子逐渐熟悉他人，并且开始喜欢与他人在一起，这就是孩子社交技能的发展。**孩子和父母形成什么样的关系，直接影响孩子和其他人的交往以及关系的形成。**

　　我们如果希望孩子有礼貌，就要对孩子做到彬彬有礼，对孩子使用礼貌语言；我们如果希望孩子尊重他人，就要对孩子怀有尊重的态度。你怎样对待孩子，孩子就怎样对待外界。我用实际行动向维妮弗蕾德示范社交礼节，比如见面问候、相互谦让、分手再见等。我和维妮弗蕾德的父亲从来都严格要求自己的言行，给孩子树立好的榜样。女儿很小就会自己买东西，在买与卖的交流中，锻炼了与人沟通的技巧，发展了她最初的外界社会交往。

　　如果一位母亲从小就能尊重孩子的想法，即使孩子的想法极其幼稚，也能耐心同他探讨，那么当孩子长大后就会成为一位有礼貌、宽容且善解人意的人。

　　维妮弗蕾德不喜欢做的事情，我从不强迫她，尽量给她自由，尊重她的想法，所以维妮弗蕾德也学会了这样的社交准则。她非常喜欢参加各种社会活动，与各种小朋友交往、玩耍，她的社会交往能力为她带来了很丰富多彩的生活内容。当她和小伙伴们一起玩耍的时候，总会成为小伙伴们最好的玩伴，他们喜欢她，因为她从来不强迫小伙伴按照自己的想法做这做那，她尊重他们的选择，给他们自由发挥的空间。

切斯特·菲尔伯爵认为："举止教育至少应该占到儿童教育的一半，而且举止不仅是所谓的礼貌和简易的规矩，也应该包含真实习惯的训练，如诚实、毅力、勤奋和自尊。"良好的礼仪，还需要美好的内在精神予以支持。

» 让孩子展现社交能力

培养孩子良好的社交能力，不仅是孩子智力发展、健康成长的需要，更是他们日后生存和发展所必备的品质。

维妮弗蕾德是"少年慰问团"的会员，这个组织的目的是把手制的玩具和花束送给有病的孩子。维妮弗蕾德还参加并组织了"争取匹兹堡少年平等参政同盟"……维妮弗蕾德有很好的社会表现能力。

维妮弗蕾德曾是"美国少年和平促进会"协会会长，"美国少年和平促进会"是为了增进各国少年之间的友谊，克服种族偏见，促进世界和平而成立的协会。该协会的很多成员同时与一位以上的外国少年保持着通信联系。"美国少年和平促进会"每月开一次例会，例会有一项内容是孩子之间彼此分享与外国朋友的交流内容。孩子们会朗读外国朋友的来信，还会配合幻灯片来介绍这些国家的风土人情。协会的很多孩子通过通信获得了不少各地的纪念品，比如各种明信片、邮票、压花之类的礼物。维妮弗蕾德当然也有很多这样的礼物，这些饱含异国深情的礼物有的来自俄罗斯，有的来自印度，有的来自法国，有的来自西班牙。维妮弗蕾德社交能力广泛，收获丰富，其中最珍贵的是一位中国少年在一张大而漂亮的中国信纸上用5000句世界语写成的中国历史诗歌作品。

如此多的社会活动，使得维妮弗蕾德非常忙碌，但在这样的环境中，维妮弗蕾德进步很快，比起那些扮演游戏，她真正成功地走向了社会，这是孩子多项能力发展的结果，也很好地检验了维妮弗蕾德的社交能力。广泛的社交能力不仅让维妮弗蕾德学习了不少知识，而且让她充分体验到了交往的快乐和助人的快乐。

» 模仿戏剧中公主的礼仪学习社交规则

纽约有专门的儿童剧场，我认为这种剧场应该多建一些，因为孩子们都喜欢模仿别人，特别是戏剧和电影里的人物形象。

有一次我陪女儿看了一出名为《国王和他的女儿》的儿童剧，讲述的是国王聪明的女儿如何捉弄那些阿谀奉承的大臣的故事。回到家后，我和维妮弗蕾德就开始模仿戏中的一个情节，维妮弗蕾德扮演公主，而我则扮演一个贪婪而无知的宰相。

维妮弗蕾德昂首挺胸，一副神气的小模样，她模仿得惟妙惟肖，神态和举止完全就像个真正的公主。这样的表演模仿游戏给维妮弗蕾德铺垫了很好的礼仪基础，维妮弗蕾德很多待人接物的方式就是从对戏剧表演和电影的模仿中学习的。

教会孩子必要的礼节是非常重要的。通过戏剧角色模仿的形式给孩子传输礼仪观念是很有趣的方式。

人们虽然对电影有种种看法，但我却认为，只要选择好的影片，电影还是很有教育价值的。我经常带女儿去看好的儿童剧和电影。回家后，我们母女二人就开始表演。角色不够时，我们就用玩偶和其他物品代替。我发现，在这种模仿电影和戏剧人物的游戏中，女儿学到了不少东西，比如勇敢的表情、幽默的话语、丰富的语气、适宜的礼节等。通过模仿，维妮弗蕾德掌握了不少社交规则和社交技巧。

» 男孩女孩一起玩

一般兴趣爱好相似、经验能力一致的孩子会自发地集中在一起，他们容易形成共同语言，思想感情也容易沟通，有利于发挥孩子交往的积极性与主动性。在孩子们的区域活动中，孩子能学到社会交往技能，学会表达思想感情，丰富知识和体验。我鼓励孩子们在户外一起玩，很多的孩子聚集在一起就形成了一个小小的社会。维妮弗蕾德跟不同年龄、不同性格的小朋友们交往、嬉戏，逐渐学会了与他人交往，学会了共同分享，培养了合作意识，养成了懂礼貌讲礼仪的习惯。与学习其他技能一样，孩子在发展社交能力时也需要不断尝试。

有人反对男孩和女孩一起玩，认为这是有害的，但我并不这样看。男孩和女孩一块玩可以互相学习，男孩可以从女孩身上学到礼貌，女孩可以从男孩身上学到勇敢。女孩富于想象，男孩的理解力较强，男孩女孩一起玩，能够在性格上互相弥补，互相学习。

爱默生说过，"如果世界上只有两个人，不到一天，其中一个必是主人，另一个则会沦为仆人。"孩子们在一起玩也是如此，所以我从不让维妮弗蕾德只和某个固定的小朋友玩。两个人老在一起玩，很容易产生类似的不良关系，那样反而破坏了孩子们纯真的友谊。

» 尊重孩子与他人交往的方式

要把孩子当作与成年人平等的人，尊重他们。在让孩子与他人分享之前，一定要征求孩子的同意。如果孩子不同意，则要尊重孩子的意愿，并可以真实地告诉另一方"很抱歉，他不同意"。

不过我们或许可以从动物界学到一些东西：小狮子打打闹闹的时候，狮子妈妈和爸爸都懒懒地躺在一边，不理不管不干涉。因为它们知道，如果自己以成年的力量替孩子们解决矛盾，虽然能够暂时阻止纷争，却阻挠了幼狮生存技巧的开发进程。打闹是幼狮在为成年做准备。孩子间若有冲突，也请尊重孩子，尽量由孩子自己解决。我们可以帮助孩子学会遵守"轮流""等待"等规则，大家轮流玩秋千，大家交换玩具；我们可以帮助孩子学会分享，学会给予，但如果孩子愿意用他自己的方式与人交往，我们也应该尊重——孩子的世界有孩子的规矩。

2. 表现力：孩子的内心有表现自我的想法

» 表现力锻炼游戏

　　自然教育法中的装扮角色游戏、演讲游戏等都有利于培养孩子的表现力，可以为孩子布置"情境"，设定"情节"，让孩子为"观众"进行表演。这些"观众"可以用洋娃娃、小熊、小狗来代替，让孩子假想它们是真正的观众，自己正在舞台上或者会场中单独表演，越真实的情景模拟，越容易让孩子产生现场感，增强孩子的表现力和认真的态度。维妮弗蕾德很喜欢这种表演游戏，她每次都很认真地表演，以获得观众的掌声。每当维妮弗蕾德表演完毕，我就代表所有的"观众"给她鼓掌。维妮弗蕾德也与这些观众握握手，然后谢礼、闭幕，就像在舞台上一样。

　　爱玩是孩子的天性，互动游戏对孩子的表现力是很好的锻炼，我们可以创设各种情境增强孩子的探索兴趣。可以玩人物模仿、特长展示、问路、购物游戏等，可以让孩子"讲故事"、"唱歌"和"艺术表演"。

　　鼓励孩子参与小伙伴的游戏，以此来结识新朋友，即使在玩耍中彼此之间产生纠纷，对于孩子的成长也是有益的。在各种纠纷的解决过程中，孩子学会了如何与人相处，增强了参与活动的积极性。

» 创造机会让孩子表现自我

　　维妮弗蕾德 5 岁的时候，常常随我到各地宣传世界语，在新泽西州的莱卡特宣传世界语的时候，维妮弗蕾德表现出色，不仅赢得阵阵喝彩，也赢得了更多的世界语支持者。演讲会上，维妮弗蕾德以出色的表现力配合我的演讲，5岁的她现身说法，充满自信地为大家背诵她自己用世界语写的诗歌。她优秀的表现为我赢得了众多的支持者。

我愿意为孩子创造更多的机会来锻炼她的表现能力。在自然教育学校，小维妮弗蕾德也是个小老师，她自信地承担着老师的责任，落落大方。在很多时候，我交给她一些任务，让她自由发挥，尽情表现。

表现能力是各种能力的综合运用，表现力也能够刺激、引发、带动各种能力的发展。

» 孩子喜欢被关注

不要以为只有成年人才有强烈的表现欲，其实孩子小小的内心早有了表现自我的想法。很多父母应该都遇到过这样的事，当家里有客人的时候，孩子都特别高兴，而且喜欢在客人面前唱歌跳舞来表现自己，一旦获得称赞，孩子更会喜不自禁。

孩子的表现欲是一种积极的心理品质，当孩子的这种心理需要得到满足时，便会产生一种自豪感。这种自豪感会推动孩子更有兴趣去学习新东西，探索新问题，获得新的提高。我们要保护好孩子的表现欲，不能压抑它。

我们也提到过孩子炫耀的心理，孩子的表现力和炫耀之间需要把握好尺度。我们可以引导孩子逐渐懂得什么时候应该表现，什么时候不能表现，以免孩子滋生虚荣心理，不合时宜地过度表现。

维妮弗蕾德有谦虚的品质，但她也和所有的孩子一样喜欢被关注，喜欢朋友来家里做客，喜欢承担责任，表现自己。

3. 共融性: 让孩子懂得世界美丽, 是因为人们互相体谅

» 向孩子灌输助人精神, 分享精神

世上有许多人, 虽然读过很多书, 了解不少知识, 却不知道如何去应用。我不想让女儿变成这样的人, 所以尽量教给女儿实用的知识, 并努力向孩子灌输助人精神。我希望孩子在任何情况下都能游刃有余地与人际环境产生很好的共融性。

维妮弗蕾德是个开朗的孩子, 她愿意同别人分享她所得到的一切。从 5 岁开始, 维妮弗蕾德就给小朋友们上课, 认真承担老师的责任, 她愿意将自己所知道的教给其他的孩子。同时她还发挥创造力, 发明了很多新的教学游戏, 帮助更多的孩子更容易地获得知识。

我希望维妮弗蕾德从小就具有无私的品格, 做一个慷慨、懂得为别人付出的孩子。我让她跟我一起参加教会组织的义工活动, 为那些贫病的人们进行街头募捐。维妮弗蕾德会做一些简单的手工, 送给一些孤儿或者那些年迈的孤寡老人。为维妮弗蕾德的爱心所感动, 一位 70 岁的老人在复活节的时候专门送了一副蓝色的手套给她, 并对她说: "亲爱的孩子, 是你的'国王'(维妮弗蕾德的小手工)让我拥有了活下去的勇气。你有一颗金子做的心!"

尽管我从来没有命令或者教育维妮弗蕾德去奉献些什么, 但是维妮弗蕾德却已经把慷慨与慈悲当成了她必须履行的义务。维妮弗蕾德在儿童时期就希望能赚很多的钱, 她认为只有拥有了足够的财富, 才能买漂亮的玩具和厚实的衣服送给那些衣衫单薄的孩子。维妮弗蕾德看到那些贫穷的孩子渴望玩具的眼神时, 就会感到悲伤。她试图通过自己的努力建一个"玩具基金", 这样所有的孩子都有玩具, 我鼓励

她坚持这样的想法。维妮弗蕾德和她的朋友们组织义演，表演他们所熟悉的《哈姆雷特》，为自己的"玩具基金"募捐。为了这个美丽而伟大的事业，她写了一篇感人的演讲词，以便在各种聚会上进行演讲以募捐"玩具基金"。维妮弗蕾德在她的稿子中写道：

> 南丁格尔女士在战地医院用她的微笑抚慰每一位伤兵。每一天，她都最早工作最晚休息。伤兵们热爱她、尊敬她，见到她，就像见到能消除一切痛苦的女神。因此，这位尊敬的女士被称为"光明女神"，她挽救了无数战士的生命，成为一位受人敬仰的女士，并得到了英国国王亲授的功绩勋章……

维妮弗蕾德认为这是个能够打动人心的故事，一定能感动更多满怀悲悯之心的人。这是一篇稚嫩的演讲词，但它感动了我。这不仅仅是因为她的演讲，更是因为她美丽的心灵，高尚的灵魂，无私的服务精神和分享精神，我为有这样的女儿感到骄傲。

生活中很多父母并没有意识到奉献的真谛，没有体验到助人的快乐。他们放任孩子自私、吝啬、无度索取……如果想让世界充满爱与奉献，就从教育我们的孩子乐于助人开始吧。

» 在零食面前谦让远远不够

在维妮弗蕾德的朋友中，有一位胖胖的小绅士叫特里，他是维妮弗蕾德最好的男性伙伴。特里5岁的时候第一次拜访我们家，我注意到他在分享零食的时候，总是让维妮弗蕾德先挑选，彬彬有礼。即便我告诉他，他是客人，有优先权，可以先挑的，但他总是笑眯眯地把这个权利让出去。维妮弗蕾德很容易就吃到了她心仪的巧克力小熊饼干。

特里的绅士风度让我很感兴趣，特里的妈妈一定是一位优秀的母亲。为了引起维妮弗蕾德的注意，我赞扬了特里的谦让和礼貌。特里非常适宜地说道："零食是女孩子的特权，如果维妮弗蕾德是个男孩子，我相信，她也会像我这样做的。"特里走后，维妮弗蕾德认真地向我致歉。

尽管我没有指责她，没有流露出不满的情绪，但是特里的行为让她意识到自己做得不够好。我非常坚定地告诉她："妈妈知道你以后一定会像特里那样做，是不是？"维妮弗蕾德通过这件事情学会了为别人着想，学会了分享的另一层含义，从此之后，她再也不会第一个把手伸向零食盘子。

关注别人的需要和感受、富有同情心，是一种美德。只明白在零食面前谦让还远远不够，我需要让维妮弗蕾德懂得这个世界之所以美丽，是因为人们互相体谅。一个人的灵魂之所以美丽，是因为他能够首先考虑别人的痛苦和快乐。如果一个孩子在享受的时候，能够先想到别人，能够保持礼让的风度，我相信他已经长大了，而且一定会成为一个讨人喜欢的人。

» 共融的意义在于分享获得的快乐

很多母亲喜欢逗弄孩子，她会对孩子说，给妈妈吃一口，等到孩子真给时，她又不吃了。父母不经意间拒绝了孩子，扼杀了孩子分享的快乐，分享的真正意义在于孩子给予之后所获得的快乐。孩子在这个过程中体会到了被他人接纳的愉悦。

分享不只是孩子跟孩子的事。你可以要求孩子跟你分享，如果孩子连他最亲密的人都难以分享，又如何和别人分享？家庭是孩子分享的重要场合，我会和维妮弗蕾德分享很多东西，我接受维妮弗蕾德的帮助，尊重维妮弗蕾德的建议，分享维妮弗蕾德的思想以及她为我做的香蕉船。

不要强迫孩子分享他心爱的东西。孩子可能会自愿跟伙伴分享很多东西，但不一定非是他最心爱的，这并不妨碍他分享意识的建立。不要呵斥孩子必须分享，这对孩子来说是一种痛苦的经历，这种经历很可能会让孩子畏惧"分享"。

分享是个过程，一定需要循序渐进地培养。只有孩子从分享里感受到自己带给他人的快乐，以及因他人快乐而带给自己的满足感，他才真正懂得了分享的意义。

第十篇

气质怡人法则

1.美丽：很多人因外表散漫而一生失意无为

» 温馨的育儿室起着举足轻重的作用

孩子的周围环境，应尽可能美观，令人感到愉快。日本人坚信周围环境美，孩子也会美，孩子们只有在美丽的环境中成长才能变得漂亮。因此，日本的母亲们总是尽己所能，让孩子处在赏心悦目的环境中。

希腊人也有个习惯，妇女在怀孕期间要观看美丽的事物，这是为了使孩子也能成为美丽的人。因为美能使人精神愉快、感到幸福，而愉快和幸福感能使人变得更加美丽。

育儿室，是属于孩子的第一个小家，孩子很长一段时间将生活在这里，所以需要精心设计，这里对他的成长起着举足轻重的作用。在我那可爱的小天使出生之前，我就尽力把她和我居住的环境布置得美丽而温馨。如果女儿待在美丽的环境之中，那么她会时时受到美的陶冶。为了让孩子爱美的潜能尽早发挥，我精心布置这一切。

维妮弗蕾德的婴儿室是家中最好的屋子，阳光充足，通透性好，空气新鲜；墙壁是很好看的暗绿色，这有利于孩子的眼睛；床是洁白的颜色，床单、小被也是洁白的，还有又软又轻足够舒适的毛毯；育儿室的墙壁悬挂着好看的图画和伟大艺术家作品的复制品，色彩鲜艳；桌子、柜子或者壁炉架上放着雕刻作品，孩子每天一睁开眼就能看见美的物品，不仅让她体会到了世界的美好，潜移默化中也让孩子拥有很好的艺术眼光和审美品位，能为孩子的美丽做好铺垫；当然还要装饰天花板，因为婴儿会花大量的时间望着天花板，天花板上我挂了一盏七彩的水晶灯，还有一串用扇贝串的风铃。

为了让维妮弗蕾德处在一个开心快乐的育儿室，我花费了很多心思。比如，每隔几天我就增添或者替换一些小玩意、小装饰。当墙壁上的装饰老旧后，我总会精心地选择一批新的，偶尔也会改变一下家具的布局，更换一下窗帘的颜色甚至墙壁的颜色。

美丽的生活应该拥有舒适的环境、充满智慧的图书、漂亮的丝带和衣服，以及可口的食物，还要有热爱美丽的相亲相爱的一家人。母亲们应该想方设法让孩子们的生活环境看起来美丽而富有趣味。

» 好的母亲应该有自己的装扮原则

在近期我所看到的一本杂志中，有位作者抱怨美国的女性正变得越来越糟糕，批评她们缺陷化的审美风格，抱怨她们已然失去了往日的优雅和柔美。我非常不希望这样一种嬉皮的风格在美国蔓延。

美丽得体的母亲会有气质美丽的孩子，因为孩子是母亲的翻版。我和周围的朋友们都非常重视自己的仪表，做到得体大方，我们这样做不仅是为了看起来美丽，更重要的是给孩子们做一个好的榜样。如果我邋遢，穿着脏衣服或者带泥的靴子在房间里走，维妮弗蕾德就会肆意破坏整洁的室内环境。所以，我会让我们的小家尽量保持干净、色彩明朗、美丽舒适，维妮弗蕾德也会更加注意自己的仪表。

不少男孩儿和女孩儿都遭受着一种痛苦，这种痛苦来自于别的孩子对他们父母的嘲笑，孩子取笑他们的父母讲话草率、着装邋遢、不修边幅。如果我们要让孩子保持对我们的尊重，我们就必须保持衣冠整洁，掌握最新的知识，了解最新的动态，做值得尊重的父母。一个好的母亲应该时时刻刻注意自己的言行举止，不要让自己的着装打扮成为人们的笑柄而使孩子遭受困扰。因为当孩子看到这一切时会感到非常难堪，同时对孩子的精神也有很不好的影响。所以，作为母亲一定要行为检点，着装讲究，穿着既不要过分妖艳，也不能过分懒散。

我的邻居中，有一位母亲非常节俭，自己穿得非常寒酸，省吃俭用，送女儿去贵族学校上学。女儿非常不喜欢妈妈到学校去，我曾听女儿这样讲："妈妈的打扮，实在让我难堪。"也许有人会说这女孩太不懂事，但我却明白她这样说的原因。要知道，即使把孩子送到贵族学校读书，也并不等于就尽到了母亲的责任。

老卡尔说过"孩子是父母的翻版"。孩子的一切都会受到父母的影响。他常说，要教好小卡尔，他自己必须首先做出榜样。我对此完全赞同。母亲爱打扮，女儿自然也喜欢打扮；多嘴多舌的母亲会有饶舌的女儿；父亲言语不检点，儿子也会学着说粗话，这几乎成为了一种社会定律，所以人们常说，在孩子的心中播种什么就会收获什么。

一个衣冠不整的母亲，是个懒散的母亲。懒散是纠缠人一生的坏习惯，很多人都是因为外表散漫而一生失意无为。培养孩子的品行，很重要的一点就是教育他一定要爱整洁爱干净，而衣服材料的好坏、款式是否时尚并不重要，整洁干净总能使人精神昂扬，自信心大增。清洁干净的衣服与清洁干净的身体和脸蛋能让孩子神采焕发，脏乎乎的孩子常常被人看不起，老是垂头丧气的，所以我们从小就要教孩子讲卫生、爱干净。

» 恐惧的情绪损伤美丽

父母必须注意的是，孩子的健康成长，是不需要那些诸如恐怖、悲伤、憎恶、愤怒、不满足等情感的，不健康的情绪只会导致孩子不健康的身心发育，损伤孩子的美丽与平和。

我从一开始就希望维妮弗蕾德在心态上有能力达到平和与快乐，即使她将来会选择探险运动作为精神上的享受，也是出于一种平和的心理愿望，出于一颗感受丰富的心。

良好而平静的心态可以使人更加美丽，如果时时处于着急和焦虑之中，从皮肤到心灵都会丑陋，那些具有美丽平和的心境的孩子气质更怡人。

无论维妮弗蕾德做功课还是玩耍，我都从不催促她，从不以自己的要求去强求她。在很多情况下，父母经常催促孩子快点、快点，但没有去考虑孩子的感受。父母总是匆忙的，因为成年人总是有事情要办，要赶时间。然而对于小孩子来说，时间似乎对他们并没有那么大的意义，父母的催促常常使孩子感到自己的自由被侵犯了。有时候，这种逼迫会适得其反，这种被逼的感觉不但不会使孩子快一些，反而会让他产生逆反心理，有意拖延时间，以显示自己有控制的能力。

在维妮弗蕾德的成长过程中，无论是学习还是要出门，我都会给她足够的时间做准备。让她意识到目前的活动要告一段落，下面要做另一件事了。有了这种精神上的准备，女儿对于我的安排，往往很容易接受。要做好一件事情，必须有一个良好而平静的心态，如果总是处于着急和焦虑之中，往往会把很简单的事情弄得很复杂。

当我和维妮弗蕾德在某件事上有冲突时，我时常暂时搁置，过一会儿再处理，这往往会有很好的效果。当我宣布重新开始谈论刚才的问题时，我们会避免刚才的紧张，创造一个比较合适的新开端。勇于承认错误、勇于探索新路径的父母，远比固执、专横的父母要可爱得多。宽容平和的父母也一定能教育出平和而美丽的孩子。

如果我们不断告诉一个孩子，他很坏，长得又丑，他就会真的变丑，并生活在我们给他评价的阴影里。如果我们告诉他，在我们的眼中他既善良又漂亮，他就会努力把自己塑造成我们评价的那个样子。

别在孩子睡觉前打骂他，这样孩子会带着沮丧的心情入睡，这不但对孩子的生理发育不好，还会影响孩子的性格和精神发育。其实无论是成人还是小孩，每天都应该带着快乐和希望进入梦乡。

2. 快乐：如果我们快乐，回报给我们的也将是快乐

» 微笑始自哪里？

幼儿会在醒着的大部分时间里观察他周围的世界，很快他会开始用笑来跟你交流，他会发出世间最动听的咯咯的笑声。母亲要对孩子的微笑表现出热情的回应，孩子的微笑只有在快乐的互动中才能传递下去。快乐的母亲传递微笑给孩子，孩子再用快乐回报、感染自己的母亲。

我的一位女友安娜是个单身妈妈，生活的负担使她疲惫不堪，而婚姻上的挫折也使她灰心丧气，女儿的欢笑是她唯一的慰藉。女儿一天天长大，但却越来越不快乐，孩子总是显得很压抑，心事重重，也不喜欢与朋友交往。

安娜试图与女儿沟通，但孩子总是不愿意多讲，直到有一天，老师送来了女儿的作文。在作文里，女儿描述了一个自卑的女孩，头脑不灵活，生活不如意，不快乐，常忧郁，没有生活的方向和目标。

安娜看过作文，想了很久很久，这篇文章像一面镜子，照出了安娜自己的生活和心态。回忆起自己平时总是自怨自艾，难得情绪高昂，常常陷入忧伤之中，总是埋怨生活的不公平，而这一切都影响了相伴在旁的女儿。安娜意识到正是自己的态度，自己处理情绪、应对生活的方式造成了女儿的低沉和消极，只有改变自己才能帮助女儿。于是，她开始积极寻找可以改变自己的方法。她对女儿讲述了自己的新计划，要女儿监督，当好她的顾问。每天晚上，安娜都写下一件明天要做的具体事情，比如与同事共进午餐，增进了解；比如将家中所有的旧物

送去垃圾站；比如穿上美丽的衣服去看戏剧……以此逐渐摆脱自己孤僻而忧郁的形象。她充满热情，积极执行新计划，每天打扮得很精神，而且常常微笑，常常去运动，常常外出郊游。女儿看到母亲坚持不懈、积极认真地改变生活的态度，很感动，晚餐时她们常在一起讨论这些行动的效果，女儿开始给母亲充当顾问，提出建议。不久，安娜很开心地发现，女儿也开始一点点改变，有了更多的微笑、更主动的关怀、更积极的态度。最后，当女儿从低沉的情绪中恢复过来时，安娜也已经精神焕发，获得了新生。

生活是一面镜子，你快乐，它也快乐；你微笑，它也微笑。

» 让孩子感受主观的快乐

我同意凯雷的观点，世界是一面镜子，如果我们微笑，回报给我们的也将是微笑；如果我们忧伤，我们也会收到忧伤。对于孩子来说，快乐和幸福是件很自然的事情：是妈妈的一个笑容，是甜甜的一块糖果，是一句鼓励的话。

我们都有自己的悲伤和痛苦，但是我们应该努力锁住那些冷酷、邪恶的怪物，微笑着面对我们的孩子。

有一天，我发现女儿闷闷不乐地坐在房间里，问她怎么了，却得不到回答。我走到钢琴边，敲响了低声琴键，把音乐弹奏得低沉、凄凉。一会儿，我开始弹奏高音区，选择了那些节奏很快、音色高昂响亮的段落，尽力使音乐热烈奔放。女儿也来到了钢琴旁，满脸的好奇和惊讶，并且跃跃欲试想重复我刚才弹奏的曲目。维妮弗蕾德弹钢琴的低音区、高音区、然后又回到低音区，然后又去弹高音区，反复几次。女儿告诉我，她觉得高音可以使郁闷的心情得以释放，那明快的乐曲"好像是在阳光下飞舞的蝴蝶"。维妮弗蕾德发现音乐能使自己快速走出不快乐的阴影，她理解了自我调节的能量原来可以改变心情，改变情绪。生活是客观的，但心情是主观的。

» 培养孩子的幽默感

幽默是一种特别的言语或肢体表达方式，让人因会意而愉悦，它是非常巧妙和有益的能力。具有幽默感的孩子通常很乐观，在生活中不断地制造欢笑，让周围的人感到轻松愉快，自己也会富有成就感和自信。因此具有幽默感的孩子，也较容易获得友谊。幽默不仅是一种可爱的性格，甚至是可贵的品质，培养孩子的幽默感也是素质教育的一个组成部分。幽默感在培养孩子自尊心、解决问题的能力和社交能力中发挥着重要作用。父母要注意在孩子成长的过程中通过有意识的引导来培养孩子的幽默感。

人们的爱能让彼此微笑，爱是生命的本能，但是靠幽默引发微笑，却需要培养，幽默并非与生俱来。培养幽默感应该从童年开始，给孩子们讲幽默的故事，让他们能够领悟幽默的思想精髓。幽默也需要品味，人们总认为英国人看到一个笑话反应很慢，但是我更倾向于相信真正的智者和拥有敏锐发达幽默感的人在任何国家都是很难找到的。

匹兹堡一位著名的天文学家对我说过："我不喜欢让我的科学讲座枯燥无味。在讲座的进行过程中，我会给观众穿插笑话，使他们有一个愉快的心态，这样他们在听我讲东西时便会更加认真、投入，效果也会更好。"

笑是可以传染的，幽默也是有力量的。我教孩子们一些李尔的"荒唐"的韵律诗，他们特别喜欢《猫头鹰和小猫去海边》。这首诗节奏轻快，意境风趣，孩子们可以想象一只愚蠢不开窍的大眼睛猫头鹰在对一只猫唱歌。还有《鸭子和袋鼠》《威金斯里的圣母院和她的七只奇妙猫》《比尔肯和诺德》以及莱利的《童年的诗》和大部分《鹅妈妈》都是极好的培养幽默感的作品。

» 让孩子传播微笑

每个人都愿意亲近微笑者，而不愿意接近一个坏脾气的暴躁之人。微笑可以化解怒气，可以化解尴尬，可以化解矛盾，可以化解陌生。

让孩子继承微笑，传播微笑，并让他们在喜悦、微笑的气氛中成长，这是我们义不容辞的责任。

最近，我访问了一个氛围非常融洽的家庭，这里所有的一切都充满了幸福与和谐。一个用树枝摆成的"微笑"单词就贴在屋子中巨大的壁炉上，那是这个家庭的座右铭。如果微笑可以成为每一个家庭的座右铭，那么忧虑、愤怒、不满和悲伤的恶魔将无处藏身。

如果我们微笑，生命就有价值。我认为，在如何教育孩子方面，做母亲的懂得的知识和技巧似乎永远也不够多，因为孩子的问题总是千奇百怪，不断变化，我们时常会遇到新的问题，需要新的解决方法。而微笑不同，它是一笔价值连城的财富，可以成为教育孩子过程中永远不变的法宝。

3. 幸福：失去了童趣的人，难以得到真正的幸福

» 孩子最初的幸福感来自哪里？

看着刚刚来到人世的女儿，我不知道怎样爱她才好。我想，天下所有的母亲在自己的孩子降临人世的那一刻都会有这样的感受。

孩子一出生，最基础的幸福需求就是安全感。**对于外在世界的信任感，是孩子获得安全感的基础，是孩子抵御焦虑并产生主观幸福感的基础。**孩子最初的信任感来自于母亲，是母亲的呵护，让孩子体验到了信任与安全，母亲是第一个给孩子幸福感的人。

在生下维妮弗蕾德之后，我深深地体会到，想要成为理想的母亲是非常困难的。即便是母亲，也仍然处于人生的成长阶段，仍然面临着生活的各种考验和困惑，仍然有自己的缺点和不安，仍然会有失败和焦虑。但我尽力做得更好一些，尽量向一个完美的母亲靠近。

怎样才是理想的、优秀的母亲呢？理想的母亲应该永远镇静自若，永远和善、充满温情与爱意地对待孩子，永远知道培养孩子的最适宜的方法，永远愿意花足够的时间在孩子身上，永远对孩子抱有乐观、积极的态度，永远知道如何解答孩子的疑问……她能让孩子不断感受幸福，并领着孩子沿着幸福之路前行。

» 和睦的家庭是孩子幸福的根源

兰尼说过："一个幸福美满的家庭，如沙漠中的甘泉，涌出的是静谧和踏实的心，使人洗心涤虑，怡情悦性。"家庭环境对每个成员

的影响都是巨大的，对于敏感的孩子影响更大，和睦的家庭是孩子获得幸福的根源。

孩子智力的健康发育需要宽松愉快的环境。如果家庭环境不和谐，缺乏笑声和欢乐，缺乏彼此的支持和协作，必然给孩子的心灵蒙上阴影，影响孩子的幸福感。

一对相爱的男女一旦走入婚姻，成立家庭，并决定为爱情缔造结晶——一个小婴儿的时候，就要注意家庭环境和氛围的营造。在这一点上，很多年轻的父母做得不好，他们往往无法克制自己的情绪，总是随性而为，责任心欠缺，他们表现得比孩子还任性，总想从家庭中索取更多的东西。

孩子在什么条件下能体验到幸福呢？毫无疑问是当他感到家庭温暖和谐、父母相敬相爱时。当我听到一位男士说"为了我的孩子，我愿意更爱他的母亲"时，我为之感动。这是一位伟大的父亲，他懂得家庭是孩子幸福的根源所在。

尽管每一个家庭都会遇到自己的问题，正如每一艘船都会遇到不同的风浪一样。但不管面临怎样的生活，为了孩子，父母有责任营造家庭的温馨氛围，为家庭带来幸福感，让孩子在幸福的感觉中徜徉。

自维妮弗蕾德出生之后，我和她的父亲都非常注意家庭欢乐气氛的营造。当然，我们本来就拥有一个和睦的家庭，有了孩子之后，我们变得更加谨慎，更加理智。家庭矛盾总是不可避免，但我们都约定以讨论或者暂时搁置的方式进行，绝不产生激烈的争吵，伤及感情。如果谁说了过分的话，就应该立刻向对方道歉；如果情绪激烈，就暂停讨论。往往再次面对时，问题就变得很容易解决。如果是因为不可避免的原因（家庭以外的事情）而生气，也尽量不让维妮弗蕾德看到。虽然她还很小，但我相信孩子的感知能力是敏锐的，即使你很努力地去掩饰你的不高兴，她依然可以从你的眼睛里读出那些悲伤的因素。

快乐，对于孩子来说，就像新鲜空气之于生命一样重要。鲍姆林德教授对父母教养孩子的方式进行了研究，将孩子的个性表现与家庭教育方式做了相关分析后，得出这样的结论：**在民主、宽容型的家庭中，孩子的个性表现为谦虚、有礼、自信、乐观、待人诚恳、亲和力强；在权威、专断型的家庭中，孩子的个性表现为软弱、爱说谎、信任感低、自我评价低、内向、孤僻、性情暴躁、有攻击性；在放纵、溺爱型的家庭中，孩子的个性表现为自理能力差、懒惰、贪吃、自私、蛮横、无责任心、任性妄为、无礼。**

» 给予孩子追求幸福的信心和能力

我认为，做一个快乐幸福的人有许多条件，其中的一条就是懂得追求生活中的快乐，敢于追求生活中的幸福，愿意接受生活的改变。我不能保证给予女儿幸福，但我相信自己能够给予她对幸福的正确认识及追求幸福的信心和能力，这也是我最想做到的和能够做到的。

维妮弗蕾德 14 岁时，已经是"美国少年和平同盟"的会长。而我的身边摆放着两本书：《我在动物园里的朋友》和《与我在动物园里的朋友聊天》，这是女儿 5 岁时的作品。女儿的童年是幸福的，是有意义的，她慢慢地理解着幸福的真正内涵，她在和谐快乐的家庭中成长；她有尽情玩耍、游戏的权利；她有自我决定、自我控制的能力；她感受到付出与收获的喜悦；她满怀慈悲之心，愿意帮助他人；她有自己热爱的事业，她在幸福的生活道路上坦然前行。我为女儿的成就高兴，也为她的健康成长高兴。同时，也为自己成功地教育了女儿感到欣慰。

有一位著名的心理学家说过：

> 人的个性，就像树的年轮，是一圈又一圈发展起来的。婴儿的那一圈代表爱与享受；儿童的那一圈，代表创作与幻想；少年的那一圈是玩耍和嬉戏；青年的那一圈是情爱和探索；而成年人的一圈则象征现实与责任。其中任何一圈未完成，这个人的个性就会负伤。

维妮弗蕾德走过的每一圈都很完善，甚至美好，因为我愿意付出更多的努力让女儿的那一圈人生有更好的收获，且绝不违背女儿的心及其生活规律。

》 以天真之心享受单纯生活

不要剥夺孩子天真烂漫的性情，不要过于约束孩子性情的发展，一个不会享受生活、不会释放自己的人，绝对不会成为一个幸福的人。大部分父母总以为自己一直是在为孩子的未来着想，他们为孩子的智力开发、学习成绩殚精竭虑，却忽略了最重要的一方面，那就是孩子应该过什么样的生活，拥有什么样的权利，那属于孩子的特有的幸福到底应该是怎样的。一个完全失去了童趣的人，是乏味、抑郁、单调的人，无论他在事业上取得多大的成就，都难以得到真正的幸福。不要剥夺孩子以天真之心享受单纯生活的权利，不要在孩子充满游戏与快乐的生活中不断增加沉重的现实砝码。

在这个世界上，尤其在这个充满竞争的社会中，许多人从孩童时期，就丧失了这种原始的追求快乐生活的能力。

"我知道如果做这件事，会让孩子很开心，我也愿意去和孩子一起做，但是我没时间，我目前有很多的事情，而且迈克自己最近也很忙，我得给他新的任务，再过一段时间，我们应该不会这么忙的，到时候，我们会去的。"这不是我们常常听到的话吗？很多人忘记了生活原来的意义，也剥夺了孩子自由快乐生活的权利，大人如一台机器一样不停地运转、奔波，麻木地生活，感觉不到任何生活的激情和乐趣。而孩子也如同小机器一样费力运转着，承担着太多与年龄不相适应的生活方式。

人一旦失去了生活的快乐，失去了感受幸福的能力，那生命也就没有意义了。如果我们已经丧失了生活的幸福感，那么，请为孩子保留这些，保留孩子自由快乐、简单生活的权利，再为孩子多保留一片明净的天空，多保留一份生命中的绿色。

后 记

　　其实阅读是自然教育中非常重要的内容，斯特娜夫人在《自然教育》一书中列举了很多的书目提供给信奉自然教育法的人。很遗憾，我们和其中的有些书有着久远的时空之隔，还要处理语言与文化的差异，不过其中还是有很多书，我们可以找到。至于其他那些目前在国内买不到甚至国外已经不再出版的书，也有很好的可以代替的读物。

　　我们不要忘记斯特娜夫人在关于"阅读"中提到过的三个重要原则：一是孩子的阅读习惯可以经由父母传递，如果父母有很好的阅读习惯并持续下去，孩子也将在模仿中获得好的阅读习惯；二是要让孩子多读各个国家的传世经典之作，这些作品经由岁月的考验，能在岁月的磨蚀中依然熠熠生辉，那里面充满了智慧和思想，还包含着那个国家历史的精髓；当然还有第三点，永远不要在孩子的世界里摒弃童话，放弃仙女。

　　《知识百科全书》是斯特娜夫人书目单中的第一部。《知识百科全书》是一部儿童大百科全书，包含很多不同科目的知识信息，如果孩子能够掌握这套书中的全部内容，将会成为一个见多识广的人。我们国家当然也有类似图书，相信很多父母也已经购买。这种书不仅属于孩子，更可以帮助我们回答孩子提出的那么多"为什么"。

　　斯特娜夫人还列举了《自然教育法》等其他有关孩子成长教育的书。这些图书可以帮助母亲培养孩子在不同年龄阶段身体、智力、心灵方面的发展。这一系列的培养孩子成长教育的书非常多，至少您现在读的就是其中的一本，所以我们不做特别推荐，相信每一位母亲更清楚自己孩子适合什么样的教育方式，是老卡尔·威特的天才教育法，还是斯特娜夫人的自然教育法，或者是塞德兹博士的天才培养法。

《新版标准字典》放在孩子可以取到的地方，便于孩子辅助阅读。在斯特娜夫人看来，没有字典的家是不完整的。我们国家成语、俗语发达，《成语词典》也应该是家庭必备，因为这也是孩子辅助阅读的实用工具。

对于孩子们来说，《彼得兔》是一本经典童话书。书中的插图可以培养孩子的幽默感，内容也十分有趣，很能吸引孩子阅读。斯特娜夫人建议孩子用打字机复写这本书。这本源于英国的童话书在我们国家也能买到，不过孩子们不需要操作打字机了——用电脑更方便。

斯特娜夫人还推荐了一本印度宗教类的教导孩子道德伦理的优秀读物，书的内容不会让小孩子有被"说教"的感觉。由于宗教和政治不同，这些印度故事似乎适于所有国家和所有有信仰的人阅读。

《健康系列丛书》是最好的面向儿童的健康讲座。书中潜移默化地教授孩子生理卫生知识，内容丰富有趣，孩子们应该很喜欢读这些书的内容，看书中的图片。

《古希腊罗马神话》应该是每一位母亲书架上的必备书，这样能使每位母亲熟知艺术、历史、音乐、文学、天文等知识，且与古代希腊和罗马神话紧密联系。这样的书国内版本也较多。

霍恩布鲁克的《数学》使母亲和儿童对数与数之间的联系有了了解。该书讲述了如何通过游戏学习算术、代数和几何，以及如何锻炼孩子的观察力和注意力。中国教育类关于趣味数学的书比较多，父母根据孩子年龄购买即可。

斯特娜夫人推荐的《知识顺口溜》《哲学课程》《儿童饮食》《母亲杂志》等国内都有相应版本。

安徒生的《童话故事》，丹尼尔·笛福的《鲁滨孙漂流记》，斯威夫特的《格列佛游记》自然在书单之列，这些书在中国大受欢迎，经年不衰，我们自然大力推荐。

其余的就是大量的童话故事了，在自然教育法中是不能离开童话的，这样的书就不再罗列了，因为童话书在我们国家永远是孩子幼年时期的重要书目，父母随手就能从书架中为孩子拿下。

附：自然教育图书书目节选

《知识百科全书》（*The Book of Knowledge*）

《自然教育法》（*Natural Education*）

《新版标准字典》（*The New Standard Dictionary*）

《彼得兔》（*Peter Rabbit*）

《奇妙旧世界》（*Old World Wonders*）、《育儿经典》（*Nursery Classics*）、《凯洛格健康系列丛书》（*Kellogg Health Series*），迈克·文森·奥谢著。

《印度本生谭》（*The Jatakas Tales of India*）

《古希腊罗马神话》（*Age of Fable*）

《仙宫传说》（*Asgard Tales*）

《帕提诺安瑟瑞诺》（*Patrino Anserino*），小司汤纳著。

《历史版鹅妈妈》（*Historical Mother Goose*），艾拉·惠勒·威尔科克斯著。

《数学》（*Books on Mathematics*），霍恩布鲁克著。

《知识顺口溜》（*Facts in Jingles*）

《弹歌唱曲》（*Play Songs*），A.E. 本特利著。

《诗和游戏》，香颂著。

《杰森的任务》（*Jason's Quest*），罗威尔博士著。

《易洛魁讲给孩子们的故事》（*Stories the Iroquois Tell Their Children*），梅波·帕威尔著。

《哲学课程》，哈钦森编著（梅林出版公司）。

《儿童饮食》，路易丝霍根著（鲍勃梅林出版公司）。

《仙境来者》，哈里斯著。

《榆树童话故事》、《杉树童话故事》、《橡树童话故事》，约翰逊著。

《水孩子》，金斯利著。

《绿皮童话书》、《黄皮童话书》、《红皮童话书》，安德鲁朗著。

《童话神话》，肯特里著。

《童话故事》，格里姆著。

《童话故事》，安徒生著。

《花的寓言》，奥尔科特著。

《童话和它的起源与意义》，班斯著。

《斯拉夫童话故事》，纳阿克著。

《友好的星星》，马丁著。

《鲁滨孙漂流记》，丹尼尔·笛福著。

《格列佛游记》，斯威夫特著。

图书在版编目(CIP)数据

斯特娜的自然教育法 ／（美）斯特娜著；胡敏编译.
－武汉：武汉大学出版社，2014.11（2022.3重印）
ISBN 978-7-307-12685-5

Ⅰ．斯… Ⅱ．①斯… ②胡… Ⅲ．儿童教育－家庭教育
Ⅳ．G78

中国版本图书馆CIP数据核字(2014)第004398号

责任编辑：陈　岱　　责任校对：刘延娇　　版式设计：文豪设计

出版发行：**武汉大学出版社** （430072　武昌　珞珈山）
（电子邮箱：cbs22@whu.edu.cn 网址：www.wdp.com.cn）
印刷：北京一鑫印务有限责任公司
开本：787×1092　1/16　　印张：17　　　字数：240千字
版次：2014年11月第1版　　2022年3月第3次印刷
ISBN 978-7-307-12685-5　　定价：45.80元